安徽省高等学校“十一五”省级规划教材

# 人力资源管理学

主　编　石佐生

副主编　郑　义　陈文江　李艳秋

编　委（按姓氏笔画排序）

陈文江　杨　冰　杨　憬

郑　义　赵　军　张云兆

合肥工业大学出版社

**图书在版编目(CIP)数据**

人力资源管理学/石佐生主编. —合肥:合肥工业大学出版社,2006
ISBN 978-7-81093-428-2

Ⅰ.人... Ⅱ.石... Ⅲ.劳动力资源—资源管理—高等学校—教材 Ⅳ.F241

中国版本图书馆CIP数据核字(2006)第071655号

**人力资源管理学**

主编 石佐生　　责任编辑 陆向军

| | | | |
|---|---|---|---|
| 出　版 | 合肥工业大学出版社 | 版　次 | 2006年8月第1版 |
| 地　址 | 合肥市屯溪路193号 | 印　次 | 2011年1月第3次印刷 |
| 邮　编 | 230009 | 开　本 | 710毫米×1000毫米 1/16 |
| 电　话 | 总编室:0551-2903038 | 印　张 | 18　　字　数　352千字 |
| | 发行部:0551-2903198 | 发　行 | 全国新华书店 |
| 网　址 | www.hfutpress.com.cn | 印　刷 | 合肥现代印务有限公司 |
| E-mail | press@hfutpress.com.cn | | |

ISBN 978-7-81093-428-2　　定价:25.00元

如果有影响阅读的印装质量问题,请与出版社发行部联系调换

# 前　言

高职高专教育以培养职业技能型、应用型人才为宗旨，在教材建设上应贯彻“必需、够用”的原则。本着这个原则，我们从社会所需人才的发展趋势和高职高专学生的自身特点出发，结合多年的教学经验和体会，编写了《人力资源管理学》这本教材。

人力资源管理是管理理论的重要组成部分，是各项专业管理的基础。它广泛吸收多学科知识，具有很强的实践性和应用性。自20世纪80年代传入我国以来，人力资源管理越来越受到人们的重视。随着社会的发展、知识的不断更新和技术的不断进步，经济的全球化、外部环境和内部结构的变化，这些都导致人力资源管理作用的变化，我们会面临着许多人力资源管理方面的挑战，人力资源问题越来越引起企业管理者和社会各界人士的关注。今天，我国的社会主义市场经济体制在不断完善，市场竞争在不断加剧，产业结构不断升级，人们从追求产品数量逐渐转向追求产品质量，而且人们的消费方式、生活方式也发生了巨大变化。

面对这种变化的压力，以及人才争夺的压力，越来越多的企业更加重视人力资源的管理。如何吸引人才，如何整合人才成为各个企业的首要任务。择业、应聘、培训、职业生涯规划与管理等不再仅仅是人力资源管理者研究的课题，它和我们每个人都有了切身的关系。如何管理下属，如何被激励和每一个社会人息息相关。

在编写本教材过程中，我们始终坚持以下指导思想：(1) 力求反映时代性和前瞻性，即力求反映最新的人力资源管理的理论、理念和实践；体现人力资源管理领域正在发生的变化和趋势。(2) 注重知识的基础性与实用性。分析问题从基本原理出发，做到理论知识的观念意义与实用技能意义相统一；提高学生分析问题与解决问题的能力。(3) 强调理论与实践密切结合。本书各章都介绍了本章要点、开篇案例，将知识点分为掌握和了解两个层次，使读者明确必须要达到的教学目的和要求；插入了大量的阅读资料，以帮助学生了解人力资源管理的最新理论、实践活动等；此外还设有“案例讨论”。“案例讨论”是指通过选择实际生活中的案例，为读者提供背景情况，并提出问题，通过讨论解决实际问题，同时通过这种形式教会学生相互沟通、交流，从而提升学生的人际技能；同时也配有测试，以习题的形式，把本章主要内容提出来，便于读者学完本章后，进行练习，自检对本章主要内容的了解程度。

本书由石佐生负责全书的整体框架设计及统稿工作。参编人员及具体分工情况如下：第一章、第八章、第九章由郑义编写；第二章、第四章由杨冰编写；第六章、第七章由陈文江、李艳秋编写；第三章由赵军编写；第五章、第十一章由杨憬编写；第十章、第十二章由张云兆编写。在本书的编写过程中，我们参考了国内外的有关论文、专著、教材及其他资料，借鉴和引用了国内外学者大量的研究成果，得到了安徽大学梁德阔老师的帮助和启发，在此，向这些文献的作者和梁德阔老师表示衷心的感谢。

限于编者水平，不足之处在所难免，敬请读者批评指正。

**编　者**

2006 **年** 8 **月**

# 目　录

# 第一章　人力资源管理概述

**【本章要点】**

通过本章内容的学习，应了解和掌握如下问题：

1. 什么是人力资源，人力资源有哪些特征？
2. 人力资本的含义。
3. 人力资源管理的基本问题。
4. 企业的核心能力。

**【开篇案例】**

**惠普用人之道**

美国惠普公司创建于1939年，1997年销售额为429亿美元，利润额为31亿美元，雇员近12万人，在全球500家最大的工业公司中排名第47位。惠普公司不但以其卓越的业绩跨入全球百家大公司行列，更以其对人的重视、尊重与信任的企业精神闻名于世。

作为大公司，惠普对员工有着极强的凝聚力。到惠普的任何机构，你都能感觉到惠普人对他们的工作是如何满足。这是一种友善、随和而很少压力的气氛。

惠普公司重视人的宗旨源远流长，目前还在不断自我更新。公司的目标总是一再重新修订，又重新印发给每位职工。每次都重申公司的宗旨："组织之成就乃系每位同仁共同努力之结果。"然后，就要强调惠普对有创新精神的人所承担的责任，这一直是驱使公司获得成功的动力。正如公司目标的引言部分说："惠普不应采用严密之军事组织方式，而应赋以全体员工以充分的自由，使每个人按其本人认为最有利于完成本职工作的方式，使之为公司的目标做出各自的贡献。"

惠普公司对职工的信任表现得最为清楚，实验室备品库就是存放电气和机械零件的地方。开放政策就是说工程师们不但在工作中可以随意取用，而且实际上还鼓励他们拿回自己家里去供个人使用！这是因为惠普公司认为，不管工程师用这些设备所做的事是不是跟他们手头从事的工作项目有关，反正他们无论是在工作岗位上还是在家摆弄这些玩意儿能学到一些东西。它是一种精神，一种理念，员工感到自己是整个集体中的一部分，而这个集体就是惠普。

公司采用的雇用制是日本大企业的典型做法，在欧美企业中形成鲜明的对照：重视个人，关心职工利益，与员工们同甘共苦。

惠普公司的用人政策是：给你提供永久的工作，只要员工表现良好，公司就永远雇用你。早在20世纪40年代，公司的总裁就决定，该公司不能办成“要用人时就雇，不用时就辞”的企业。在那个时候，这可是一项颇具胆识的决策，因为当时电子业几乎是全靠政府订货的。后来，惠普集团的勇气又在1970年的经济衰退中经受到了一次严峻考验。他们无一个人被裁，而是全体人员，包括公司领导在内，一律减薪20%，每人的工作时数也减少了20%。结果，惠普保持了全员就业，顺利地渡过了衰退期。

惠普的创建人比尔·休利特说：“惠普的这些政策和措施都来自于一种信念，就是相信惠普员工想把工作干好，有所创造。只要给他们提供适当的环境，他们就能做得更好。”这就是惠普之道。惠普之道就是尊重每个人和承认他们每个人的成就，个人的尊严和价值是惠普之道的一个重要因素。

**点评：**

管理的最高境界是无管理。

尊重人才、重视人才，激发员工的劳动积极性和主观能动性是人力资源管理的重要任务。

## 第一节　人力资源

### 一、人力资源的概念和特征

（一）人力资源的概念

企业中人力资源管理的对象是企业所拥有的人力资源。所以首先来阐述什么是人力资源。对一个组织而言，其所能够运用的资源主要有三种：物质资源、财政资源和人力资源。物质资源，如土地、原料、机器等；财政资源，如金钱与融资信用等。那么，什么是人力资源呢？目前理论界对人力资源的定义并无一致意见。但无论从广义还是从狭义来理解，人力资源的核心都是人。对组织来说，它是指组织内部成员及外部的与组织相关的人。当代著名的管理学家彼得·德鲁克（Peter Drucker）在其《管理的实践》中指出，和其他所有资源相比较而言，唯一的区别就是它是人，并且是经理们必须考虑的具有“特殊资产”的资源。当然把人看作是一种资源，不能简单地从数量上来理解，也要考虑其质量，即体现在人所具有的知识、技能、经验、态度、创造力等。也就是说，当谈论人力资源的时候，指的是“具有智力和体力两方面能力的人们的总和”。因此，可以将人力资源定义为：组织中具有智力和体力两方面能力的人们的总和。在所有的资源中，人力资源是第一资源。尽管其他资源都各有其重要性，但人力资源最为重要。人力资源是一种能动资源，它在组织中起主导作用，处于中心地位；它发起、使用、操纵、控制其他资源，使其他资源得到合理、有效的开发、配置和利用；同时它是唯一起创新作用的因素。整体而言，人力资源是一个组织系统的动力。

（二）人力资源的特征

人力作为一种资源，与其他资源一样具有使用价值、共享性、可测量性、可开发性和独立存在性，以及需要管理和有效配置等特征。但人力资源作为一种特殊资源，具有如下特征：

1. 社会性

人力资源处于特定的社会中，不同的社会形态，不同的文化背景，都会反映和影响人的价值观念、行为方式、思维方法。从本质上说，人力资源是一种社会资源。人力资源的社会性要求在开发过程中特别注意社会政治制度、国别政策、法律法规以及文化环境的影响，特别要注意开发措施的人群针对性。

2. 时效性

人力资源的形成、开发和使用，都具有时间方面的限制，这是同人的生命年龄有直接关系的。不同年龄阶段表现出不同的资源效力。每个人都有其才能发挥的最佳期、最佳年龄段。时效性要求人力资源开发要抓住人的年龄最有利于职业要求的阶段并实施最有力的激励措施。

3. 能动性

人具有主观能动性，能够有目的地进行活动，有目的地改造外部物质世界。人力资源的能动性表现在三个方面：一是自我强化，即通过努力学习和锻炼身体等积极行为，可以使自己的劳动能力大大增强；二是可以主动选择职业，每个人都可以通过主动地选择职业甚至岗位，来体现自己的能力和才华；三是积极性的发挥，这是人力资源能动性最重要的方面。积极性的发挥，对于能否挖掘人力资源的潜力具有决定性的影响。所以在人力资源开发过程中，对其能动性调动得如何，直接决定着开发的程度和达到的水平。

4. 再生性

人力资源是一种可再生性资源。人类的繁衍生息，使人力资源取之不尽，用之不竭。特别是，人力资源在开发和使用过程中，不会像不可再生性资源（如矿物资源）那样因为使用而减少；相反，人力资源还可能会因为使用而提高水平，增强活力。因为人力资源具有可再生性特征，所以对人力资源可以进行二次开发乃至多次开发。人力资源的特点启示我们在进行人力资源开发和使用中，必须把握人力资源的特点，采取针对性强的对策。

## 二、人力资本的概念

人力资本（human capital）的提出，实质上是资本概念的扩展，是资本概念在人身上的应用。把人当作一种可以增值的资本，这时候，人就与其他资本一样，具有了资本的特性。人力资本思想的渊源，可以追溯到古典经济学家威廉·配第（ William. petty)、亚当·斯密（Adam. Smith）和近代经济学家 A. 马歇尔（A. Marshal）关于人力资本的思想及观点。马歇尔在他的代表作《经济学原理》中指出："所有资本中最有价值的是对人本身的投资。"

在理论界，通常将美国著名经济学家 T. W. 舒尔茨（ T. W. SchultZ）看作人力资本理论的创立者、人力资本之父。舒尔茨的代表作是《论人力资本投资》。舒尔茨在人力资本理论方面作了系统、深刻的研究，开创了人力资本研究的新领域。

舒尔茨的人力资本理论的主要观点是：人力资本是通过对人力资源投资而体现在劳动者身上的体力、智力和技能，它是另一种形态的资本，而它的有形形态就是人力资源。舒尔茨认为，对人的投资的渠道主要有五种，即包括营养及医疗保健费用、学校教育费用、在职人员培训费用、择业过程中所发生的人事成本和迁徙费用等。人力资本理论突破了传统理论中的资本只是物质资本的束缚，将资本划分为人力资本（human capital）和物质资本（physical capital)。物质资本指体现在物质产品上的资本，包括厂房、机器、设备、原材料、土地、货币和其他有价证券等。归纳起来，可以将人力资本定义为：体现在人身上的资本，即对人进行投资所形成的蕴含于人身上的各种知识、技能、经验、态度、创造力和健康素质的存量总和。人力资本与物质资本既有相似之处，又有很大的区别。人力资本与物质资本的相似性表现在：

(1) 两者对经济都具有生产性的作用；

(2) 两者的作用都能使国民收入增加；

(3) 两者都需要投资才能形成。

人力资本与物质资本的区别主要体现在：

(1) 表现的方式及对经济发展的推动作用的大小不同，人力资本对现代国民经济增长和国民收入增加的作用比物质资本增加要重要的多。

(2) 物质资本所有权可以被继承或转让，而人力资本的所有权不具备继承或转让属性。

### 三、人力资源与人力资本的区别

人力资源和人力资本这两个概念有时容易混淆，人力资本与人力资源之间的区别首先在于将"人力"视作"资源"还是"资本"。

可用以下这个实例来理解人力资源与人力资本之间的区别。

**阅读资料**

2000 年北京出现了 11 次沙尘暴天气，科学家发现沙尘主要来自内蒙古自治区，内蒙古草原的沙化是根本原因之一。而草原沙化的一个重要原因则在于，草原作为畜牧资源被过度利用而缺少养护。改革开放以后，内蒙古自治区的畜牧业开始打破“大锅饭”，转而取类似于种植业“包产到户”的政策。但不同的是，农民不仅得到了庄稼的产权，也得到了土地的使用权；而牧民只得到了畜群的产权，牧场的产权（包括其中的使用权）则完全归“国家所有”。这样的政策导致牧民只在乎放牧的直接收益，而不考虑草场的“成本”。换言之，草场对于牧民来说，只是可利用的资源（而非资本），草场的损益与牧民没有直接利害关系。牧民在决定是否扩大它的畜群的时候，只需要考虑边际收入是否大于每只羊的单位变动成本即可，即当“边际收入大于单位变动成本”时，牧民就有扩大畜群的动力。事实正是如此，它的后果是草场的严重退化和不可持续发展。因此有经济学家建议，汲取农业的经验，把草场的使用权从国家下放到牧民，将草场从牧民“外部性”资源变为牧民的“内部性”资本。如此，在牧民的成本支出中就会多出一个固定成本（草场的成本），牧民在计算它的投入、产出的时候就必须考虑草场的损失的机会成本和可持续发展问题，即只有当“边际收入＞边际成本（包括边际固定成本）＋机会成本”的时候，它才会有扩大畜群的动力，从而实现了社会资源的优化配置。人力从“资源”到“资本”的转变也具有相似性。

人力资源是被开发、待开发的对象，正像牧场一样。人力资源得不到合理开发，就不能形成强大的人力资本，也无法解决可持续发展问题。资本与资源不同，资本是一种社会状态，是一种无形物；资本可以积累、需要经营，会增值。人力资本的外在表现形式是人的价值，可以用货币来计量。因此，可以说某人的资本（价值或身价）是多少货币量。人力资本的核心是教育投资，教育投资的过程就是人力资本积累的过程。换句话说，人力资本的形成和积累主要靠教育。如果没有教育，人力资源就得不到合理开发。重视教育，就是重视企业的发展，就是在开发人力资源和积累人力资本。也就是说，人力资源得到合理开发和有效配置后，可以转化为人力资本。

## 第二节　人力资源管理

### 一、人力资源管理的概念

人力资源管理（human reource management，HRM）就是对人力这一资源进行有效开发、合理利用和科学管理，以实现组织的目标。

人力资源管理与传统上所说的人事管理有重要的区别，主要体现在：

1. 传统人事管理的特点是以“事”为中心，而现代人力资源管理是以“人”为中心，管理的根本出发点是“着眼于人”。

2. 传统人事管理把人设为一种成本，将人当作一种“工具”，注重的是投入、使用和控制。而现代人力资源管理把人作为一种“资源”，注重产出和开发。

3. 传统人事管理是某一职能部门单独使用的工具，似乎与其他职能部门的关系不大，但现代人力资源管理却与此截然不同。实施人力资源管理职能的各组织中的人事部门逐渐成为决策部门的重要伙伴，从而提高了人事部门在决策中的地位。

## 二、人力资源管理的职能

人力资源管理职能，是指各种规模的组织中用于提供和协调人力资源的任务和责任。有效的人力资源管理，涉及以下几个主要职能：人员配置、人力资源开发、薪酬和福利、安全和健康、劳动关系等。

1. 人员配置。人员配置的主要任务，就是基于组织的战略目标来配置所需要的人力资源，根据定员标准来对人力资源进行动态调整，引进组织需要的人力资源，对现有人员进行职位调整和职位优化，建立有效的人员退出机制，通过人力资源配置实现人力资源的合理流动。人员配置涉及工作分析、人力资源规划、员工招聘等内容。

2. 人力资源开发。这是人力资源管理的主要职能之一。它的主要任务是对组织现有人力资源进行系统的开发和培训，以满足组织的需要。它主要涉及员工的培训、设计和实施员工的职业规划和发展、设计员工绩效评估体系等。

3. 薪酬和福利。它的主要任务是要设计和实施针对所有员工的薪酬和福利制度。

4. 安全和健康。它的任务是要设计和实施确保员工安全和健康的方案。

5. 劳动关系。现在劳动关系的不和谐现象已经非常突出，构建和谐社会，建立起和谐的劳动关系已成为我国人力资源管理的核心问题，劳动关系的管理必须体现在整个人力资源管理的过程中。

## 三、履行人力资源管理职能的人员

随着企业或组织的变化与发展，企业内部结构和管理会越来越复杂。通常，小企业的内部结构简单，其职能部门少，往往没有一个专门的人力资源管理部门。从事人力资源管理工作的，如业主或业务经理，只是其工作的一部分，如图 1－1 所示。当然，小企业也有其人力资源管理的职能要求，只是这一职能通常由业主或经理来履行的。有的小企业设有一个管理部或行政部，来负责人力资源管理的职能。但管理部或行政部并不是专门的人力资源管理部门，它还兼有其他许多职责，如企业办公室的一切行政工作，包括接待、后勤、保卫、文秘、总机，甚至采购等工作。在实际中，小企业在某些人力资源管理方面可能比大企业更为重要。例如，一种人力资源配置错误（雇佣了一位不胜任的员工，他赶跑了消费者），可能引起该企业倒闭。对于大企业来说，这样的错误可能产生的损失比小企业小的多。

对于中型企业来说，人力资源管理的任务就重的多，由业主或经理来兼任就难以胜任了，需要有一个独立的人员配置职能来协调人力资源活动。有的企业设一个人力资源专员，有的企业称为人事员。人力资源专员或人事员是专门负责日常的人力资源活动，如专门负责和协调人员的配置，负责人力资源开发。但这些企业还不存在人力资源专业化问题。人力资源专员或人事员只是把绝大部分时间用在人力资源问题上，但还没有专门从事人力资源管理的任何专门领域的研究，如图 1-2 所示。

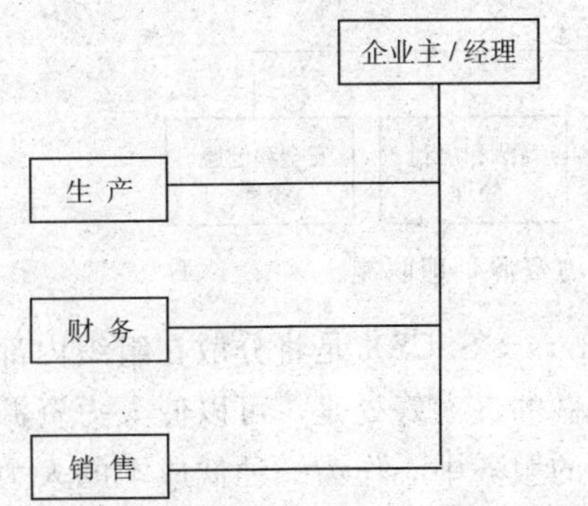


总 裁
生产总裁
人事总裁
财务总裁
销售总裁

图 1-1　小企业的人力资源管理职能　　　图 1-2　中型企业的人力资源管理职能

在大型企业中，人力资源管理职能变得更加复杂，需要设置具有负责行使人力资源职能的人力资源部门，要设置多个人力资源专员或经理，这些企业往往会配备一个或更多的人力资源专家（ human resource specialists ）。人力资源专家在人力资源管理专门领域受过专业训练。人力资源部门将典型地完成人员配置、人力资源开发、薪酬和福利、安全和健康等工作。每一项人力资源职能可能设置一位经理和一些职员，如图 1-3 所示。

当然，在这些人力资源管理专门化的企业中，人力资源职能并不是都由人力资源部门来承担的，绝大多数运营经理（或直线经理）也必须经常地履行和涉及到许多人力资源职能。

当今，随着经济专业化，出现了许多新的部门和领域，如人才中介机构、培训中心等。这些新的部门的产生，使许多企业或组织需重新检查内部的各种职能，人力资源管理也不例外。在一个组织中，要设置配套的各种专业人力资源管理人员，代价是相当高的，许多中小企业也没有必要在小规模的企业中设置这样多的人员，于是就将人力资源管理的部分职能交由专业公司去完成，这称为人事外包（HR outsourcing managed service）。具体讲，人事外包就是将人力资源管理中非核心部分的工作全部或部分委托专业公司管（办）理，但托管人员仍隶属于委托企业。这是一种全面的高层次的人事代理服务。专业公司与企业签订人事外包协议以规范双方在托管期间的权利和义务，以及需要提供外包的人事服务项目。实施人力资源管理职能外包，可以得到外部（社会）专业化的人力资源服务，同时也可以使组织降低人力资源投资风险。目前在我国最为流行的是公司的养老金管理外包。

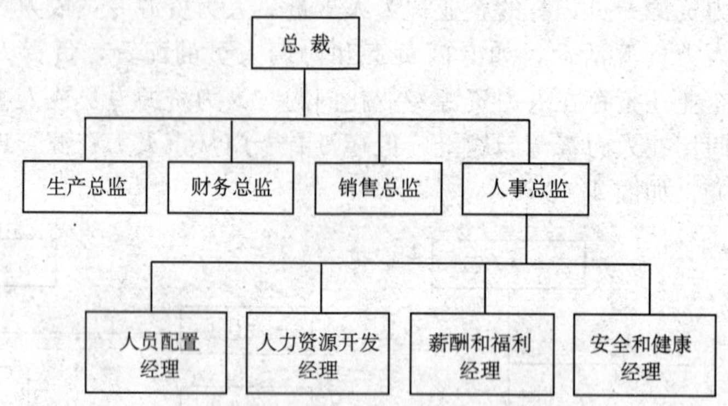


图 1-3 小企业的人力资源管理职能

共享的服务中心（shared Service centers，SSCS）是将分散在组织内部的日常的、事务性的活动整合在一起。这样做的最大好处是，可以使人力资源经理从琐碎的日常事务中解脱出来。把共享的服务中心作为一种低成本的人力资源服务提供渠道是比较成熟市场的一个新兴趋势，它被用来规范常见的人力资源管理职能和交易过程。尽管大多数考虑使用人力资源服务中心的公司的一个主要目标是削减成本，许多公司还将管理自动化、增加交易准确率、提高生产率等列为重要的目的。

**四、人力资源经理面临的挑战**

人力资源经理面临的挑战具有时代性。随着社会的发展，知识的不断更新和发展，外部环境和内部结构的变化，这些都导致人力资源管理作用的变化，管理内容的扩大，从而给人力资源经理带来了新的、不同的挑战。

（一）职能转换带来的挑战

人力资源部门到底应该做些什么？从事招聘、培训员工、薪金福利设计、员工的辞退等业务是人力资源部门的一些传统的业务，

在当今时代，人力资源部门光做好这些工作已远远不够了。在这些业务中，凡不涉及人力资源的核心业务，有条件的公司都可以实行外包的方式。如在员工招聘上，筛选简历、通知面试、跟大学联系等全部都可实行外包。在现代企业中，人力资源部门的主要使命是要成为业务部门的战略伙伴，或者说，人力资源部门的角色要尽快向企业管理的战略合作伙伴关系转变。美国人力资

源管理协会副主席格拉德（Brian . Glade）指出，HR 应该把 CEO（首席执行官）当作顾客，要对 CEO 负责。亚信科技副总裁李建波说：“ HR 经理应该和 CFO（首席财务官）一起，成为 CEO 的左膀右臂。”

然而成为伙伴也不是件容易的事，比如人力资源部门讲的语言是不是公司的业务语言，与业务部门的见解是否一致，在员工招聘、定位、薪酬方面有没有共同的哲学。同时，人力资源部还要为业务部门带来附加值，起到内部顾问的角色。比如商业伙伴要解聘一个人，然而怎么操作对公司最有利，应该由人力资源部提供这方面的资讯，因为人力资源部了解《中华人民共和国劳动法》（以下简称劳动法），通晓行业的普遍做法，知道程序上怎么进行才不至于使公司吃官司，所以在这个时候，人力资源部应作为顾问给业务部门设计解聘的程序。

人力资源部门要从以往的“行政支持”转变为“策略的筹划及执行者”，为业务部门提供增值服务，这就需要了解企业的经营目标，了解各业务部门的需求，多方面了解企业职能、产品、生产、销售，并围绕目标实现的高度来设计对员工的基本技能和知识、态度的要求，深入企业的各个环节来调动和开发人的潜能，所以工作是否具有预见性、有无管理技能及对管理的操作能力成为衡量人力资源经理是否称职的重要标准。

人力资源部门不能把大部分时间都用于日常性事务的协调和处理上，而要能腾出较多的时间来研究和预测、分析、制订计划来解决企业的战略问题。人力资源的从业人员只有对企业存在的问题、发展方向、面临的挑战和机遇有清醒的认识，才有可能为各业务职能部门提供有益的帮助。人力资源部门还要用更多的时间从事战略性人力资源的规划上，同时也要在人力资源咨询、技术应用和开发上发挥一定的作用。

（二）“寻人”与“留人”的挑战

寻人与留人，这是人力资源经理面临的一个挑战。现在，在一些知名的招聘网站，许多企业都有空缺职位等待能人的问津；在国内外的许多报纸上，都有很多“招聘”广告。可见，这个世界还是非常短缺人才的。但需要的永远是“适合某个位子的最恰当人才”。找合适的人对任何一个招聘企业都是挑战。内部发展人才和外部招聘结合在一起是发现和培育人才的唯一途径。在这个过程中，如何平衡企业内外部人员间的关系，是个很微妙的挑战：发展和提升内部员工可以巩固企业文化，但也有可能令企业放缓吸收新管理流程、新技术的速度。在瞬息万变的当今社会，牢固的企业文化很可能会演变为一种劣势。然而，在企业外部招聘过多的员工，由于同事间缺乏共事经验、不了解对方的工作风格，无法建立起顺利决策所需的必要信任，会使企业陷入难以形成一支管理团队的危机。

随之而来的挑战，就是如何留住人才。从业经历丰富的人力资源经理坦言："流失一名重要员工或者重要的职位上的人才，至少需投入两个月时间、4个月的薪金才可以找到新的合适的人。此外，还要附加3～6个月的时间让新员工适应工作，才能令其真正开始发挥作用，而其间的薪水及福利待遇当然也要算在公司的账上。"也就是说，"留住员工"意味着节省成本，为公司创造价值。更为严重的是，由于重要人才的流失导致企业衰败的例子层出不穷。尽管企业的员工具有很高的专业素质和综合素质，但谁都想挖走！如何留住他们？除了合理的薪酬福利，还要用更高境界的东西来拴住员工。这对于人力资源经理来讲，是一大课题。

然而，人才流动又是任何公司不可避免的现象。据有关资料显示：41%的经理认为在一家公司工作1～3年是合适的，55%的经理认为是3～5年，而只有4%的人认为应该坚持5年以上。那么，怎样保证人才相对稳定，使企业损失最小？这对人力资源经理来说是重大挑战。

（三）外部环境的挑战

随着经济的全球化，以及我国加入WTO，更多的跨国公司进入我国，我国的公司也会有更多的产品打入国际市场。人力资源经理面对的是国际化的竞争，是全球化的商业环境，人力资源的国际化争夺已是一种趋势。人力资源经理必须内藏一个关于全球的观念。在资金，产品，人员迁移，流动全球化世界里，对于一个企业来说，劳动力的国际化并不是一个让人感到惊诧的结果。人力资源经理必须逐渐培养起对国际经营实践，国际人力资源实践，国际劳动法规及其习惯有全面的了解，需要具备相应的全球人力资源管理技能。

另外，在快速发展的经济形势下，企业、市场瞬息万变，人力资源如何应对企业的快速变化，帮助企业来面对变化，并走在变化的前面，也是每个人力资源经理面临的前所未有的挑战。

（四）劳动力多样性的挑战

劳动力的多样性表现在多种方面，一个方面是劳动力来源的多样性。人才市场的形成和完善，加快了人才的流动。现在企业中的员工往往来自四面八方，五湖四海，没有过去地域的限制。他们除了具有不同的文化程度以外，可能具有不同的语言，不同的生活习惯。随着我国改革开放以及世界经济的全球化趋势，人才流动已具有国际化趋势。公司员工不仅有跨地域、跨民族的情况，甚至出现了跨政体、跨国体的情况。在一个公司中，员工具有了不同的价值观、宗教、信仰、精神、沟通模式等，出现了人力资源管理中跨文化现象。跨文化人力资源管理，是现代人力资源管理的一种趋势。在跨文化企业中，文化因素对人力资源管理的影响是全方位、全系统、全过程的。跨文化给人力资源管理增加了复杂性，这是给人力资源经理的一种新的挑战。

另外，现代社会，劳动力个性化也是一种趋势。人力资源经理必须适应这些新的变化。在人力资源管理过程中，不是叫个性丰富、需求多样、经验各异的员工来适应人力资源经理单一的需要，而是人力资源经理必须通过积极的工作适应不同层面的员工的需求。这包括：如何恰当的为企业提供恰当的人才；怎样设计薪酬体制，来调动员工各方面的积极性；如何促进员工的沟通，让大家彼此合作，快乐工作。

挑战与机遇并存。除了选人、用人、育人、留人四大工作重点外，HR 将面临更大的挑战，从前的那种基于简单人事管理的 HR 将不再被认可。公司更希望看到的是以顾问和业务合作伙伴身份出现的 HR。专业的 HR 应该是真正能帮公司解决问题，提升业绩并推动业务发展的战略合作伙伴。

## 第三节　人力资源管理的历史和发展

人力资源管理是一门新兴的学科，问世于 20 世纪 70 年代末，到 20 世纪 90 年代才传入我国。人力资源管理作为一门学科的历史虽然不长，但人事管理的思想却源远流长，在人类长期的实践活动中，留下了极其丰富的人事管理思想遗产。虽然人力资源管理和传统的人事管理有着根本的区别，但两者又有着必然的联系。人事管理是人力资源管理的前身。可将人力资源管理的发展划分为人事管理阶段和人力资源管理阶段两个方面来进行分析。从时间上看，从 18 世纪末开始的工业革命，一直到 20 世纪 70 年代，这一时期被称为传统的人事管理阶段；从 20 世纪 70 年代末以来，人事管理让位于人力资源管理。

### 一、人事管理阶段

人事管理阶段又可具体分为以下几个阶段：

（一）科学管理阶段

早期的人事管理活动开始于 18 世纪 80 年代的工业革命。工业革命所带来的社会化大生产，大力推动了社会经济的发展、劳动分工以及专业化程度的加强。生产力发展水平和劳动方式的变化对管理提出了新的要求，从而促使人们从许多方面对管理工作进行探索。这一时期产生了以技能为基础的工资等级。罗伯特·欧文（ Robert Owen）创建了最早的工作绩效评价系统。他认为，工厂是由员工组成的，把他们有效地组织起来，相互合作，就能产生最大效果。他开始了一种新的实验，大力减轻劳动强度，改善劳动条件，为职工提供较多的福利设施。

20 世纪初，弗里得·里克·泰勒等开创了科学管理理论学派，并推动了科学管理实践在美国的大规模推广和开展。泰勒提出了“计件工资制”和“计时工资制”，提出了实行劳动定额管理。1911 年泰勒出版了《科学管理原理》一书，这本著作奠定了科学管理理论的基础，因而被西方管理学界称为“科学管理之父”。泰勒的主要观点和理论贡献可归纳为以下几方面：（1）科学管理的中心问题和根本目的是提高劳动生产率；（2）用科学的管理方法代替老的经验方法；（3）科学管理的核心是要求企业管理人员和工人双方实行重大的精神变革。从泰勒的科学管理理论中，我们可以看到人力资源管理理论和方法的雏形。

（二）工业心理学阶段

以德国心理学家雨果·芒斯特伯格（Hugo Munsterberg）等为代表的心理学家的研究结果，推动了人事管理工作的科学化进程。雨果·芒斯特伯格于1913年出版的《心理学与工业效率》标志着工业心理学的诞生。该书主要研究人体疲劳、劳动合理化等问题，这些研究已经开始涉及人事管理问题。美国心理学家马斯洛（Abraham Harold Masfow）的五个需要层次理论就源于这一时期。

（三）人际关系管理阶段

1929年，美国哈佛大学教授梅奥（G. Mayo）率领一个研究小组到美国西屋电气公司的霍桑工厂进行了长达九年的霍桑实验，真正揭开了对组织中的人的行为研究的序幕。霍桑实验证明，员工的生产率不仅受到工作设计和报酬的影响，而且更多地受到社会和心理因素的影响，即员工的情绪和态度强烈地受到工作环境的影响，而这种情绪和态度又会对生产率产生影响。在影响员工工作效率的众多因素中，人的因素最为重要。该理论提出了以人为中心的管理模式。

1933年，梅奥发表了《工业文明中的人》一书，提出的见解如下：

1．以前的管理把人假设为"经济人"，认为金钱是刺激积极性的唯一动力；霍桑实验证明人是"社会人"，是复杂的社会关系的成员，因此，要调动工人的生产积极性，还必须从社会、心理方面去努力。

2．以前的管理认为生产效率主要受工作方法和工作条件的制约，霍桑实验证实了工作效率主要取决于职工的积极性，取决于职工的家庭和社会生活及组织中人与人的关系。

3．以前的管理只注意组织机构、职权划分、规章制度等，霍桑实验发现除了正式组织外还存在着非正式组织，这种无形组织有它的特殊情感和倾向，左右着成员的行为，对生产效率的提高有举足轻重的作用。

4．以前的管理把物质刺激作为唯一的激励手段，而霍桑实验发现工人所要满足的需要中，金钱只是其中的一部分，大部分的需要是感情上的慰藉、安全感、和谐、归属感。因此，新型的领导者应能提高职工的满足感，善于倾听职工的意见，使正式团体的经济需要与非正式团体的社会需要取得平衡。

5．以前的管理对工人的思想感情漠不关心，管理人员单凭自己个人的复杂性和嗜好进行工作，而霍桑实验证明：管理人员，尤其是基层管理人员应重视人际关系，设身处地地关心下属，通过积极的意见交流，达到感情的上下沟通。

## 二、人力资源管理阶段

人力资源管理阶段又可分为人力资源管理的提出和人力资源管理的发展两个阶段。

“人力资源”这一概念早在1954年就由彼德·德鲁克（Peter F. Dmcker）在其著作《管理的实践》中提出并加以明确界定。彼德·德鲁克提出这个概念，是要表达传统人事管理所不能表达的意思。他认为，与其他资源相比，人力资源是一种特殊的资源，它必须通过有效的激励机制才能开发利用，并为企业带来可观的经济价值。他在《管理的实践》中写到：人事管理不应成为“救火队”工作或“解决麻烦”的活动，而是积极的、富有建设性的活动。他认为管理的核心是对人的管理，人力资源是唯一能够扩大的资源。他要求管理人员在设计工作时要充分考虑到人的精神和社会需求，要采取积极的行动来激励员工，为员工创造具有挑战性的工作以及对员工进行开发。

1958年社会学家怀特·巴克（Wight Bake）在其著作《人力资源功能》一书中指出：人力资源管理包括所有人事行政管理、劳资关系、员工关系以及人员开发，但长期以来被人们所忽视，实际上它同财务、生产、市场等其他管理职能一样重要。怀特·巴克从多个方面说明为什么人力资源管理职能超出了传统的人事或工业经济经理的工作范围，这成为对人力资源管理最早的界定。

20世纪80年代以来，人力资源管理理论不断成熟，并在实践中得到进一步发展，为企业所广泛接受，并逐渐取代人事管理。人力资源管理取代人事管理，这不是简单的名称变化，而是管理理念的根本变革。人事管理是以事为中心，而人力资源管理是以人为中心。在人事管理阶段，工业化时代的标准化、大型化、集中化仍然相当程度地影响和左右着人事管理的思想和方法。随着科学技术的进步和社会的发展，人们的需求发生了重大变化，人们更多地要求个性解放和个性化管理，更多地重视人本身。人是一种资源，而且是人类社会中最为重要的一种资源。人力资源管理不是以事为中心，而是以人为中心，以开发人内在潜能，发挥人的积极性为原则。

进入21世纪，人力资源管理理论不断发展，也不断成熟。人们更多的探讨人力资源管理如何为企业的战略服务，人力资源部门的角色如何向企业管理的战略合作伙伴关系转变。战略人力资源管理理论的提出和发展，标志着现代人力资源管理的新阶段。随着经济的全球化趋势，人们也提出了跨文化人力资源管理的概念。随着网络技术的飞速发展和生产的日益专业化、社会化，人力资源管理已出现网络化的趋势。今天的人力资源管理，无论是理论还是技术，都进入了一个全新的阶段。

**本章小结**

企业中人力资源管理的对象是企业所拥有的人力资源。人力资源是组织中具有智力和体力两方面能力的人们的总和。在所有的资源中，人力资源是第一资源，是一种能动资源。

人力资源的特征主要有：(1) 社会性；(2) 时效性；(3) 能动性；(4) 再生性。

人力资本就是体现在人身上的资本，即对人进行投资所形成的蕴含于人身上的各种知识、技能、经验、态度、创造力和健康素质的存量总和。

人力资本的提出，实质上是资本概念的扩展，是资本概念在人身上的应用。在理论界通常将美国著名经济学家舒尔茨看作是人力资本理论的创立者、人力资本之父。

人力资本与人力资源之间的区别首先在于将“人力”视作“资源”还是“资本”。人力资源是被开发、待开发的对象。人力资源得到合理开发和有效配置后，可以转化为人力资本。

人力资源管理就是对人力这一资源进行有效开发、合理利用和科学管理，以实现组织的目标。

人力资源管理与传统上所说的人事管理有重要的区别。传统人事管理的特点是以“事”为中心，而现代人力资源管理以“人”为中心，管理的根本出发点是“着眼于人”。

人力资源管理职能，是指各种规模的组织中用于提供和协调人力资源的任务和责任。有效的人力资源管理，涉及以下几个主要职能：人员配置、人力资源开发、薪酬和福利、安全和健康、劳动关系等。

人力资源专员或人事员只是把绝大部分时间用在人力资源问题上，但不专门从事人力资源管理的任何专门领域的研究。人力资源专家在人力资源管理专门领域受过专业训练。

人事外包就是将人力资源管理中非核心部分的工作全部或部分委托专业公司管（办）理，但托管人员仍隶属于委托企业。

共享的服务中心是将分散在组织内部的日常的、事务性的活动整合在一起。人力资源经理面临的挑战具有时代性。这些挑战主要有：职能转换带来的挑战；“寻人”与“留人”的挑战；外部环境的挑战；劳动力多样性的挑战。

人力资源管理是一门新兴的学科，问世于 20 世纪 70 年代末。人力资源管理的发展可分为人事管理和人力资源管理两个阶段。从时间上看，从 18 世纪末开始的工业革命，一直到 20 世纪 70 年代，这一时期被称为传统的人事管理阶段。从 20 世纪 70 年代末以来，人事管理让位于人力资源管理。人力资源管理阶段又可分为人力资源管理的提出和人力资源管理的发展两个阶段。进入 20 世纪 90 年代，人力资源管理理论不断发展，也不断成熟。战略人力资源管理理论的提出和发展，标志着现代人力资源管理的新阶段。跨文化人力资源管理，就是跨文化企业的人力资源管理。现今人力资源管理已出现网络化的趋势。

## 复习与思考

一、名词解释

1. 人力资源　　　　　　　　2. 人力资本

3. 人力资源管理　　　　　　4. 人力资源管理职能

二、填空题

1. 对一个组织而言，其所能够运用的资源主要有三种：物质资源、财政资源和______。

2. 企业中人力资源管理的对象是企业所拥有的______。

3. 在理论界通常将______看作是人力资本理论的创立者、人力资本之父。

4. 舒尔茨的代表作是______。

5. 传统人事管理的特点是以______为中心，而现代人力资源管理以______为中心。

6. 西方管理学界称______为“科学管理之父”。

三、选择题

1. 人力资源和其他资源不同，它主要具有（　　）特征。

A. 社会性　　B. 共享性　　C. 可测量性　　D. 能动性　　E. 可开发性

2. 在理论界通常将（　　）看作是人力资本理论的创立者、人力资本之父。

A. 威廉·配第　　B. 亚当·斯密　　C. 马歇尔　　D. 舒尔茨

3. 现代人力资源管理与传统人事管理的主要区别是（　　）。

A. 现代人力资源管理以“人”为中心，管理的根本出发点是“着眼于人”

B. 现代人力资源管理把人设为一种成本，将人当作一种“工具”，注重的是投入、使用和控制

C. 现代人力资源管理是某一职能部门单独使用的工具，与其他职能部门的关系不大

D. 现代人力资源管理以“事”为中心

E. 现代人力资源管理把人作为一种“资源”，注重产出和开发

四、判断题

1. 在所有的资源中，人力资源是第一资源，也是一种能动资源。（　　）

2. 人力资源是一种不可再生性资源。（　　）

3. 人力资本的所有权不具备继承或转让属性。（　　）

4. 人力资本的核心是教育投资。（　　）

5. 现代人力资源管理以“事”为中心。（　　）

6. 泰勒被西方管理学界称为“科学管理之父”。（　　）

五、简答题

1. 什么是人力资源？它有哪些主要特征？

2. 什么是人力资源管理？人力资源管理与传统人事管理有什么区别？

六、论述题

试述人力资源经理面临的新挑战。

七、案例分析

**人力资源—沃里科公司的“第二个春天”**

1983年11月3日，美国《纽约时报》在商业版上，刊出一篇题为《日本人管理好了一家美国的工厂》的长篇报道，在美国企业界引起轰动。由美国沃里科公司管理了15年的弗里斯特市电视机厂，是著名的希尔斯公司的协作厂家。该厂生产的电视机多由希尔斯公司经销。这家电视机厂一度曾有员工2000人，无论从产值、规模、还是职工数量上来说，都是阿肯色州弗里斯特市的重要企业，在当地的企业界中举足轻重。但是沃里科公司由于管理不善，屡屡出现质量问题，致使弗里斯特市电视机厂陷入重重困境。厂里生产的电视机居然有10%过不了本厂的质检关，必须返修才能出厂。销出的电视机由于质量不佳，使用户怨声载道，造成产品大量积压。工厂的财政状况难以为继，不得已厂方只能大量裁员，职工人数减少了3/4，只剩下500人。此举一出，人心大乱，工人们更是无心生产，工厂到了几乎倒闭的地步。作为销售商，希尔斯公司对弗里斯特市电视机厂的产品质量大为恼火，大量返修的电视机不仅增加了他们的工作量，更是败坏了希尔斯的声誉。看到电视机厂一片混乱的景象，希尔斯公司又为它的前途而担忧。为了扭转厂方的不利局面，由希尔斯公司出面派人前往日本的电器制造业中心——大阪，邀请久负盛名的日本三洋公司，购买弗里斯特市电视机厂的股权，并进一步利用日本的管理人员和技术人员，来领导这家工厂。三洋电器公司对希尔斯的建议迅速作出反应。1976年12月，三洋公司开始大规模购入弗里斯特市电视机厂的股份，并取得了对该厂的控股权。1977年1月，三洋公司派出了大批管理人员和技术人员，接管了弗里斯特市电视机厂。

日本人到达目的地后，马上发现他们面临着双重困难。一方面，同日本工人比起来，美国工人的劳动纪律性差，生产效率低，因此生产出的产品质量差；另一方面，工厂中的工人乃至整个城市的居民，并不十分欢迎日本人的到来，第二次世界大战后形成的对日本人的轻视和不满情绪，仍在起作用。显然，日本管理人员无法采用在日本惯于使用的管理方法。除了文化和习惯方面的因素外，还有民族感情方面的问题。然而，生产效率必须提高，产品质量必须改善。三洋公司总经理井植聪，对派去的日本人员约法在先：要融入到当地的大众生活中去，参加当地的社会事务，不要把自己圈在一个“小东京”里，重要的是要打破民族间的隔膜。

日本管理人员到达弗里斯特市后，先后办三件事，令美国人大开眼界。日本管理人员没有先采取什么严厉的措施，相反，他们首先邀请电视机厂的所有员工聚会一次，大家坐在一起喝咖啡，吃炸面包圈。然后，又赠送给每个工人一台半导体收音机。这时，日本经理对大家说，厂里灰尘满地、脏乱不堪，大家怎么能在这样的环境中生产呢？于是，由日本管理人员带头，大家一起动手清扫厂房，又把整个工厂粉刷得焕然一新。几个月后，工厂的生产状况逐步改善，厂方对工人的需求又开始增加。日本管理人员一反大多数企业招聘员工的惯例，不去社会上公开招选年轻力壮的青年工人，而是去聘用那些以前曾在本厂工作过，而眼下仍失业的工人。只要工作态度好，技术上没问题，而且顺应潮流的人，厂方都欢迎他们回来应聘。日本人解释说，以前干过本行的工人素质好，有经验，容易成为生产好手，所以才雇用他们。

最令美国人吃惊地是，从三洋公司来的经理宣布，为了在弗里斯特市电视机厂建立和谐的工作关系，他们希望同该厂的工会携手合作。三洋公司的总裁亲自从日本来到弗里斯特，同工会代表会面。他的开场白，是谈在他第二次世界大战后在美国谋生的经历。他曾在好莱坞为著名电影评论家赫达·霍拍（Hedda Hopper）做服务员，每次当他替霍拍打开门厅时，总时看到伊丽莎白·泰勒（ Elizabeth TayLor）等大明星正伫立门前。他的一席话，马上赢得了工会代表们的欢迎。双方很快达成协议，共同努力为工厂的发展而奋斗。

日本总裁说："我们公司信奉联合工人的原则，希望工会协助公司搞好企业。"请全体员工吃东西，然后大家一起动手搞卫生，对美国人来讲已是件新奇事；专门雇请以前被辞退的工人，就更是少见的事；而公司的总裁亲自会见工会代表，恳请双方合作并建立起良好的关系，这在劳资关系一向紧张的美国，实属令人吃惊的举动。日本人刚来时，很看不惯美国工人在生产线上边干活边吸烟，把烟灰弹得到处都是的样子。在同工会商议后，日本管理人员提出车间内禁烟。由于取得了工会的支持，工人们一声不响地接受了此项命令。在日本人管理该厂期间，工人们只举行过一次罢工，而且问题很快得到解决，厂方和工会都表示这次罢工事件没有伤害相互的感情。

弗里斯特市工业委员会主席瓦卡罗说："这些日本人真行，每天早上七八点钟就上班干活了，一天要工作 9 到 11 个小时，星期六都有很多人自愿加班。从前的那些管理人员可差远了，他们 9 点钟才进厂，翻翻当天的报纸邮件，口述一封回信，11 点钟准时去俱乐部打高尔夫球，玩到下午 3 点钟才回厂，东晃一会儿西荡一会儿，就到下班回家的时间了。"在这个工厂工作了 12 年的欧文弗说："这些管理人员照顾工人们的情绪，生产上强调质量，强调清洁卫生，并且劝导工人们要爱护机器设备。管理部门还征求工人们的意见，大家一起商量提高生产效率，改善产品质量和工作条件。"到了 1983 年，弗里斯特市电视机厂日产希尔斯牌微波炉 2000 台，彩色电视机 5000 台（其中有 30%用三洋的商标），98%的产品质量合格，可直接投放市场，厂里的经营状况大大改善。1983 年的一个周末，电视机厂 2 000 多名工人和管理人员，和弗里斯特市的市民们一起来到市广场的草坪上举行酒会，庆祝该厂的迅速发展。工业委员会的瓦卡罗说："电视机厂是我们市的命脉，而三洋公司则是我们的支柱。"

**试分析：**

1. 沃里科公司是怎样从瘫痪状态重新走向成功的？
2. 假设让你来主管这个濒临倒闭的公司，你将如何运作？
3. 简述日本人的管理方法。

# 第二章 人力资源管理的产生与发展

**【本章要点】**

通过本章内容的学习，应了解和掌握如下问题：

1. 人力资源的概念；

2. 人力资源管理的主要内容；

3. 人力资源管理的产生、现状与未来。

**【开篇案例】**

古今中外不少企业家白手起家，逐步建立起庞大的企业，但往往中途衰落。究其原因之一，就是这些企业家自恃经验丰富，能力过人，喜欢包打天下，企业什么事情都要亲自过问，不相信部下会搞好，这样能干的部下无法发挥，无能的部下更加无能，企业哪有不垮之理。

上述这种“英雄式”的管理方式是小农经济意识在作怪，有这样思想的人只能当一个“小作坊主。”

李嘉诚则成功地完成了由“小作坊主”到世界华人首富这一转变。李嘉诚是广东潮州人。抗战期间，12岁的李嘉诚随父母流浪到香港。15岁便在茶楼给人端茶到水，17岁辞职去一家塑胶厂当推销员，20岁时，他用自己的7000港元积蓄，在一个破烂的工棚里办起了自己的小塑胶厂。工厂创办伊始，资金少，人才缺，采购、设计、施工、推销，他都得事必躬亲。用了10年的时间，李嘉诚成为香港妇孺皆知的“塑胶花大王”，“千万富翁”。

下一步该怎么办？这是对李嘉诚的严峻考验。他毅然把“工厂”变为了“公司”，从事无巨细都得他亲自过问的创业者英雄式管理，转到依靠管理专家、技术人才的“集团管理”上来。他靠部属进行管理，实行分级负责。李嘉诚已经认识到，企业开办之初，企业家的艰苦奋斗是重要的，因为那时资金缺乏，各种关系又没有建立，成功与失败在于创业者本身下工夫多少。可是企业站稳了之后，创业者初期那种英雄式管理方式已经不适应了，各部门的工作要靠秘书、工程师、技术人员、管理人员的配合，就必须建立起由共同的智慧都发挥作用的组织机构。李嘉诚从挂出“公司”牌子之后，很快便设置了各部、科室，人事、公关、设计、销售、秘书等机构都逐步完善起来。同时招收新工人也要进行量化考察，组织培训，提高在职工人和技术人员的素质。而他自己早已自学成才，不仅仅是个创业者和厂长，而是转变成了一个有组织能力、有组织艺术的“领导”。

**点评：**

从李嘉诚的经历可以看出，个人的能力经验固然重要，但在一个现代企业中，企业家最重要的作用还是建立适当的机构，选择适当的人，干适当的事情，而不是企业家自己越俎代庖去“逞能”。

## 第一节　管理者概述

### 一、现代企业管理者的概念

著名的管理学者德鲁克认为：“管理者是事业最基本的、最稀有的、最昂贵的、最易逝的资源”区分与组织其他人员的关系，才能深入讨论管理者的功能、素质、角色扮演明确在组织中的地位。管理者（manager），简单地说就是管理活动和管理职能的承担者。美国学者斯蒂芬·P. 罗宾斯（Stephen P. Robbins）认为，管理者就是那些在组织中指挥别人活动的人。随着管理作用的日益发挥，作为管理活动主体的管理者在企业中的地位也越来越重要，国外许多著名的大公司比如美国福特汽车公司、IBM公司的兴衰都是管理者尤其是高层管理者变迁的结果，某种意义上甚至成为了企业成败的关键。

现代企业管理者是现代企业中专门从事组织领导与各项管理工作的人员。狭义的理解仅特指管“人”的人员。指在企业中负有某种指挥、监督他人完成工作责任的人员。

作为管理者，在企业中专门从事组织领导与各项管理工作是社会分工发展的要求。在个体劳动中，劳动者自己管理自己，不需要专门的管理人员。在集体劳动中，要求协调各部门、各环节、各岗位的工作，必须有专门的管理人员来进行，就像“一个单独提琴手是自己指挥自己，一个乐队就需要一个乐队指挥”（马克思《资本论》）。

管理者在组织中是一个特殊的群体，一般按照他们在组织中的地位和所负责任的大小划分为基层管理者、中层管理者、高层管理者。

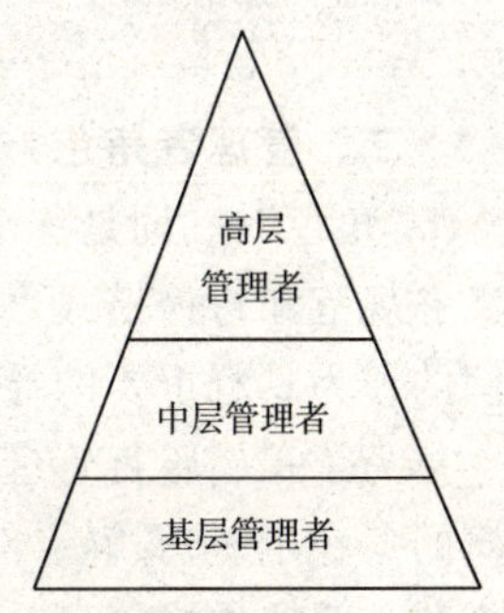

图2-1　管理者的层次

高层管理者：最高领导者，人数相对较少，主要负责组织战略目标的制定与实施以及环境的协调工作等。如公司总裁、CEO、总经理、大学院长等等；中层管理者是处于组织中间层次的管理者，主要从事实现高层管理者所拟订的战略，并对基层管理者进行领导和监督。如部门经理、车间主任、大学系主任等等。基层管理者即操作层管理者，他们对在第一线的工作和劳动的业务人员或操作人员进行监督与领导。如班组长、工段长、大学中教研室主任、商场的柜台长等等。

上述三种管理者中，中层管理者处于比较特殊的位置，作为高层管理者和基层管理者之间的桥梁。一方面要向下传达高层管理者的重大决策并监督、协调基层管理者的工作，另一方面要向高层管理者反映基层中存在的问题，为他们的决策提供依据。但是由于信息的高速发展，原来由中层管理者承担的信息传递工作相当大的一部分可以由计算机来实现，中层管理者的数量可以精简，朝着扁平化的管理发展。这样一来，可以节约开支，降低成本，提高管理效率。随着层次的上升，管理者花费在管理工作上的时间也呈现上升的趋势。高层管理者也需要花费一定的时间去参与业务、与客户洽谈业务和推销，将有利于他的了解市场，进行科学的决策。应当说，这三个层次的划分并不是绝对的，按照组织的从属关系不同，同一个管理者所属的管理层次会发生一些转换。例如，一家集团公司有若干分公司，那么对于某分公司的总经理来说，从整个集团公司来看，他属于中层管理者，但是就该分公司而言，他又是高层管理者。对于所有的管理者而言，他们都要履行管理的职能，但是由于所处的管理层次的不同，履行的管理职能重点和程度是有所差别的。具体见表 2-1.

**表 2-1**

| 职能 | 高层管理者 | 中层管理者 | 基层管理者 |
|---|---|---|---|
| 计划职能 | 28 | 18 | 15 |
| 组织职能 | 36 | 33 | 24 |
| 领导职能 | 22 | 36 | 51 |
| 控制职能 | 14 | 13 | 10 |

资料来源：[美] 斯蒂芬·P. 罗宾斯：《管理学》，13 页，北京，中国人民大学出版社，1997。

可见，随着所处的管理层次不断提高，计划和组织的职能不断增加，而领导和控制的职能则不断降低。

## 二、管理者角色

“角色”一词是一个社会学的概念，指与人的某种社会地位相一致的权利、义务规范和行为模式，也就是人们对处在特定位置上的人的行为期待。对于人们的行为具有重要的导向性作用。

为了正确履行管理的职责，有效发挥管理的作用，管理者有必要对自己扮演的角色有所了解。对此，学者们做了大量的研究，其中最具代表性的是亨利·明茨伯格（Henry Mintzberg）在 20 世纪 60 年代末所做的研究。在大量观察的基础上，明茨伯格对管理者的角色进行了界定，认为有 10 个不同的但却高度相关的角色。这 10 种角色主要体现在三个方面：人际关系、信息传递和决策制定，每种角色都对应着一定的描述和特征活动。

（一）人际关系方面

礼仪象征性义务，处理好人与人之间关系，最重要的职能。

1. 名誉领袖。要代表企业参加各种社交活动与各种礼仪性活动。如宴会、庆祝会等。

2. 领导人。要对下级进行激励、鼓励和培训等。

3. 联络人。同其他企业、市政部门、社会团体等保持联系、接触与谈判，进行信息交流。

（二）信息传递方面

4. 监听人。掌握与收集企业内外各种情报与信息。

5. 传播人。向下属传递信息，便于组织了解掌握各方面情况。

6. 发言人。代表企业向外界传播信息，使企业与外界沟通。

（三）决策制定方面

7. 企业家。组织、指挥企业的生产与经营活动。

8. 危机管理者。及时处理紧急情况，正确对待已发生的各种差错及事故。

9. 资源分配者。正确决定各种资源的分配，包括人力、物力、财力等。

10. 谈判者。代表企业同客户、同商品供应者以及工会等进行谈判。

**表 2-2 明茨伯格的管理者角色理论**

| 角色分类 | 具体角色 | 描述 | 特征活动举例 |
|---|---|---|---|
| 人际关系 | 挂名首脑 | 象征性的首脑，必须履行许多法律性或社会性的例行义务 | 迎接来访者，签署法律文件，实际上从事所有的有下级参与的活动 |
| | 领导者 | 激励和动员下属，负责人员配备、培训和交往，对下属的工作进行协调 | |
| | 联络者 | 同组织外部的机构和人员交往，维护自行发展起来的外部接触和联络网络，以获取相关信息 | 发感谢信，从事外部委员会的工作，通过电话、信件等形式与外部保持联络 |

（续表）

| 角色分类 | 具体角色 | 描述 | 特征活动举例 |
| --- | --- | --- | --- |
| 信息传递 | 监听者 | 接收和收集各种特定的信息，以便对组织和环境有透彻的了解，成为组织内外部信息的神经中枢 | 阅读报刊和报告，了解市场的动态 |
| | 传播者 | 将从外部和内部获得的信息传递给组织的其他成员，这些信息有些是关于事实的，有些是解释别人观点的 | 举行信息沟通会，通过报告电话等方式进行信息的传达 |
| | 发言人 | 向外界发布组织的有关信息，让组织以外的机构和人员了解组织的有关情况 | 举行新闻发布会，与供应商和顾客举行座谈会 |
| 决策制定 | 混乱驾驭者 | 当组织面临突发的意外事件时，要及时采取相应的措施进行补救 | 采取措施应对外部的危机事件 |
| | 资源分配者 | 对组织拥有的各种资源进行分配，实际上就是做出组织层面的重要决策 | 批准各部门的预算，批准公司总的采购计划 |
| | 谈判者 | 作为组织的代表参加重大的谈判 | 与供应商、销售商进行谈判 |
| | 企业家 | 发现组织和环境中的机会，制订方案并对方案的执行情况进行监督检查 | 制定公司的战略，检查决议的执行情况 |

因为明茨伯格的研究成果是基于对 5 位总经理行为的观察而得出的，因此这 10 种角色例如挂名首脑的角色和企业家的角色并不完全适用于中层和基层管理者。而且后续的研究表明，即使同样是高层管理者，在不同规模的组织中，其角色也是有侧重点的。对于小企业的管理者来说，最重要的角色是发言人，他们平时还要制定企业发展的战略，代表企业从事各种外事活动，对下属进行管理。对于大企业的管理者，最重要的角色是资源的分配者，更多的处理

各种信息，保证企业的正常运转。

### 三、管理者应具备的技能

为了充分发挥自己的角色，实现管理的目的，管理者必须具备相应的技能。在这个问题上，罗伯特·L. 卡兹（Robert L. katz）的观点具有一定的代表性，他曾在《哈佛商业评论》上发表过一篇题为《能干的管理者应具有的技能》的论文，在论文中他指出管理者需要具备三种基本技能，即技术技能（Technical Skills）、人际技能（Human Skills）和概念技能（Conceptual Skills）。

技术技能侧重指管理者应具备相应的专业知识和技术，要能够运用一定的知识、技术、工具和程序完成工作任务，如工程师要具备设计知识和技能、律师要具备法律知识和辩论能力、销售经理要具备产品知识和推销能力等。技术技能对管理者来说是非常必要的，虽然他们不用成为专业领域的专家，但是如果不具备这些技能的话，管理者就无法对下属的工作进行很好的指导、监督。

人际技能就是与人打交道的能力。作为管理者，必须经常与各种各样的人发生关系，这其中既包括组织内部的各种人员，如上级管理者、同事和下属等，还包括组织外部的各种人员，如政府工作人员、供应商等，因此管理者必须具备进行有效交往和沟通的能力，以实现自己的管理职责。

概念技能指管理者认识事物、现象的本质及相互关系的能力。管理者面对的环境通常是复杂的，因此他们必须能够对环境以及组织与环境的关系做出正确的分析和判断，并在此基础上做出决策；在组织内部同样如此，管理者也必须认清组织内部各部分的相互关系，对组织有一个全局性和整体性的把握。

作为管理者，这三种能力都应当具备，但是不同层次的管理者可能会有所侧重。管理层次越高，从事的具体业务就越少，与普通员工发生直接的工作关系也越少，因此其技术技能的要求会越低，但是概念技能的要求却会逐渐增加；而人际技能的要求对各个层次的管理者来说大致相同，只是交往的对象可能会有所不同，高层管理者与外部的交往会更多，基层管理者与内部的交往会更多。

## 第二节　人力资源管理者和人力资源部门

人力资源管理作为企业管理的一个重要组成部分，有其自身的工作内容和职能，企业的人力资源管理部门承担哪些活动、人力资源管理部门角色的变化以及人力资源专业人员需要哪些技能，所有这些方面都和人力资源管理的内容和职能有关。

作为主体，人力资源管理者及其部门在整个人力资源管理活动中占有非常重要的地位，他们不仅是人力资源管理职能和活动实现的载体，而且直接决定了人力资源管理作用的发挥，在某种程度上甚至还影响到人力资源管理在整个企业中的地位。

对于这两者之间的关系，我们可以从内容与形式的角度来进行理解：人力资源管理者是主体的内容部分，而人力资源管理部门则是主体的形式部分。内容虽然决定着形式，但是形式也会反作用于内容。

## 一、人力资源管理者和部门的出现

虽然人力资源管理的实践活动可以追溯至很远的年代，但是专门的人力资源管理人员和部门的出现却相对较晚。

早期的人力资源管理活动大多是和现场的生产管理交织在一起并由一线管理人员承担的，后来随着资本主义的发展和一系列法律法规的颁布，企业劳资关系的协调及相应事务的处理越来越多，特别是泰勒的科学管理思想出现后，进行工作分析并按照相应的标准挑选和培训工人的工作也越来越多，因此就出现了人事专职人员，如雇用专员专门负责工人的招聘和筛选；工资专员以工作任务和时间为基础，设定工资基数；社会秘书或福利秘书制订福利方案；养老金专员处理养老和保险计划等。

随着实践的发展，对人事专职人员的要求也越来越高，企业需要具有专门知识和技能的人事专家来从事招聘、录用、培训和工作设计等方面的工作，如劳工专家负责处理员工抱怨、协调劳资关系；培训专家负责培训员工的技能，特别是销售技能和操作工人的操作技能；劳动安全专家负责监督工作条件、处理劳动安全事故等。

人事专职人员和人事专家的增加，使组织不得不设立专门的部门来进行管理并赋予这个部门相应的职能，但在早期更多的是以其他的名称出现。例如，1818 年国际收割机公司成立工业关系部；同年，福特汽车公司成立社会部，综合处理关于员工关系、医疗、福利、安全和法律等方面的问题；库本海默公司成立工业关系部，并设立了分支部门，负责处理健康、雇用、抱怨与训练以及工资与报酬等方面的事务。

应当说，专门的人力资源管理人员和部门的出现是人力资源管理发展过程中重要的里程碑，它使人力资源管理的工作更加趋于专业化，职能的发挥也得到了进一步的加强。

## 二、人力资源管理的主要内容

### （一）预测分析

成功的人力资源依赖于对组织内部和外部环境的预测分析。对于外部环境一个重要的考虑是法律方面的要求，此外还要预测和分析国内和国际竞争对手状况、劳动力、人口变化及社会经济和组织发展趋势。对于内部环境的分析重点考虑组织战略和战术、高层管理的目标和价值观、组织规模、文化和结构。

（二）人力资源计划

通过制订人力资源计划，一方面保证人力资源管理活动与企业的战略方向和目标一致；另一方面，保证人力资源管理活动的各个环节相互协调、避免冲突。同时，在实施企业规划时，还必须要在法律和道德方面创造一种公平的就业机会。宏观的计划包括计划和预测组织长期和短期人力资源的需求；微观的计划则是根据技能和能力要求对组织职务进行分析即工作的分析。

制订计划有着很大的积极作用，可以确定员工的分类和组织在目前和未来的人员需求，确定组织获取员工方式，采用何种招聘途径。比如外部招聘、内部调换、晋升。组织人力资源培训和开发需求的确定。

（三）招聘与选择

当人力资源计划表明有新的远景需求时，企业就需要启动招聘和选择程序找到合格的劳动者，以弥补职位的空缺。当然必须遵守法律规定的“公平、平等”的原则。甄选的过程包括获取申请个人简历、审核各种资料真实性、工作经历证明及推荐信，组织各种测试等。

（四）人力资源开发

通过培训和开发，提高员工个人、群体和整个企业的知识、能力和工作绩效，进一步挖掘员工的智力潜能。

（五）绩效评估

通过绩效评估发现存在的问题，有针对性地帮助员工进行培训。改进激励机制或者对工作重新设计。在评估中由于缺勤（迟到、表现不好）常常会有员工不能得到好的评估结果，对于这些员工不能简单通过解雇来解决。因为员工的替代成本会增加应尽量的寻找更好的方法留住员工，提高员工的工作绩效。

通过绩效评估及时得到信息反馈从而帮助员工改善这一过程，结果也有助于确定员工培训需求和员工的薪酬制定。

（六）激励

采用适当的方法促使员工朝着企业既定的目标努力，并不断提高员工工作的积极性和主动性，提高其工作质量和生产率。

（七）薪酬计划

根据员工的工作绩效的大小和优劣，企业给予不同的报酬和奖励。薪酬一般由员工的工作岗位的基本价值对组织贡献和工作绩效决定，在许多组织中员工的薪酬包括许多其他福利，如管理直接的薪酬提高以绩效评估为基础的工资和管理间接的福利。

（八）安全与健康

企业为保障员工的安全和健康，必须在减少事故和职业性毒害、预防职业病等方面采取有力的措施。

（九）员工流动与下岗再就业

掌握员工在企业内部、企业之间的流动的规律，以此来促进企业员工素质的不断提高，保持和提高企业竞争力。

（十）劳资关系

企业管理者与企业内部组织的员工群体就工资、福利及工作条件等问题进行谈判，协调劳资关系。西方国家的企业人力资源管理部门所承担的主要活动如表 2－3 所示。

**表 2－3　人力资源管理部门所承担的活动**

| | |
|---|---|
| 雇佣与招聘 | 面试、招募、测试、临时性人员调配 |
| 培训与开发 | 上岗培训以及绩效管理性技能培训，生产率变化 |
| 报酬 | 工资与薪金管理，工作描述，高级管理人员的报酬，激励工资，工作评价 |
| 福利 | 保险，休假管理，退休计划，利润分享，股票计划 |
| 雇员服务 | 雇员援助计划，雇员的重新安排，被解雇雇员的新职介绍 |
| 员工关系与社区关系 | 员工态度调整，劳工关系，公司出版物，劳工法遵守，惩戒 |
| 人事记录 | 信息系统，记录 |
| 健康与安全 | 安全检查，毒品测试，健康 |
| 战略规划 | 国际人力资源，预测，规划，并购 |

资料来源［圭］雷蒙德 －A. 诺伊等，《人力资源管理》第 5 页，北京：中国人民大学出版社，2001 年

不难看出，企业人力资源管理已经成为一种能够通过强化和支持企业经营活动而对企业的盈利性、质量改善以及其他目标做出贡献的有效手段。

## 三、人力资源管理者和部门承担的活动和任务

人力资源管理者和部门所从事的活动可以划分为三大类：一类是战略性和变革性的活动；一类是业务性的职能活动；还有一类是行政性的事务活动。

战略性和变革性的活动涉及整个企业，包括战略的制定和调整以及组织变革的推动等内容。严格来讲，这些活动都是企业高层的职责，但是人力资源管理者和部门必须参与到这些活动中来，要从人力资源管理的角度为这些活动的实施提供有力的支持。业务性职能活动的主要内容就是前面所讲的人力资源管理的职能。而行政性的事务活动的内容则相对比较简单，如员工工作纪律的监督、员工档案的管理、各种手续的办理、人力资源信息的保存、员工服务以及

福利的发放等活动都属于这一类。根据国外学者F赖特（P. Wright）和G. 麦克马汉（G. McMahan）的研究，人力资源管理者和部门所从事的各类活动的投入时间和具有的附加值并不是正相关的。在他们所进行的活动中，大约有60%的时间耗费在行政性的活动上，但产生的附加值却很低，只占到整个附加值的10%左右；业务性的活动，耗费的时间和产生的附加值大致是相等的，都是30%左右；而战略性和变革性的活动，投入的时间很少，大约只有10%，但是对公司的附加值却很大，达到60%左右。

由上述结论可以看出，人力资源管理者和部门所从事的活动还有很大的改进余地和提升空间。如果他们想要提高自己的价值，做出更大的贡献，就必须改变自己的工作层次，把大量的精力和时间投入到战略性和变革性的活动中去，尽量少做一些行政性的事务工作。

近年来，随着计算机、网络技术的发展和专业人事代理服务公司的出现，人力资源管理者和部门可以省去或剥离大量的行政性事务工作和部分的业务性职能工作，这使他们改变自己的工作层次成为可能。通过专门的人力资源管理软件和网络技术，许多以前需要耗费大量时间来处理的工作现在可以更加快速简捷地完成，如员工薪酬的计算、人力资源信息的统计、相关信息的搜集、各种手续的办理、应聘简历的收集以及绩效考核的实施等；此外，还有很多以前需要人力资源管理者和部门来完成的工作，现在可以由员工和其他部门以“自助”的方式实现，如员工信息的更新等。借助专业的人事代理服务公司，人力资源管理部门可以将很多事务性的工作进行“外包”，如人事档案的保管、保险费用的缴纳以及员工的服务等；还有一些常规性的职能活动也可以委托出去，如员工的招聘和培训的实施等。通过这些手段，人力资源管理者和部门可以节省大量的时间和精力来进行附加值较高的活动，从而使自己的工作层次发生根本性的变化。

### 四、人力资源管理的职责

人力资源管理作为独立的学科，具有自己的特殊职能。我们从以下五个方面分别来阐述。

（一）获取

人是现代生产力最重要的因素，企业竞争归根到底是人才的竞争。因此，选择高素质并且具有奉献精神的人才，是企业得以发展的前提条件。人力资源管理的首要职能是获取人力资源。通过招聘，获得企业所需要的人力资源。人员的招聘是企业的一件大事，它关系到企业人力资源素质的高低，以及人事的匹配度问题，因此十分的重要。首先，招聘计划要根据企业的总体发展战略与人力资源规划的要求，确定招聘人数、种类、并且根据战略与规划要求决定招聘人员的水平。在上述问题确定以后，再制订招聘计划。其次，招聘过程中要对招聘对象进行认真的考核，采用一些素质测试手段，进行面试、笔试、体格检查、心理测试，对专业技术人员与管理人员，还要考核专业技能和管理能力。在整个招聘环节中，招聘人员的经验和素质极为重要，能不能在有限的时间内准确地识别一个人，除了科学的分析以外，有时候还需要根据经验来判断。

（二）整合

又称为一体化。人员招聘来以后，要进行上岗的引导，避免出现新员工在一开始工作的几个月就提出辞职的要求，尽快地帮助他们适应组织的环境。因此，一方面要向新招收的员工介绍企业的情况，另一方面还要了解新职工的思想状况、进入本企业的动机、需要、个人发展目标，然后再根据他们的思想情况有针对性地做好思想工作，把他们的思想统一到企业的发展目标上来。

（三）保持和激励

在人力资源管理工作中，保持和激励具有重要的意义。组织存在的目的是实现特定的组织目标，组织目标的实现则取决于组织中员工的工作绩效，员工的工作绩效不仅取决于员工的工作能力，还取决于员工的工作积极性。为了提高员工的工作绩效，组织可以从提高员工的技能着手，也可以从调动员工的积极性着手。在某种意义上讲，调动员工积极性比提高员工技能更为重要。要求组织有一套科学的人才激励机制，运用各种管理技巧，充分调动员工的积极性和主动性。采取各种方法使员工做到心理平衡、心情舒畅、努力上进。提倡管理者与职工之间双向沟通，在相互交流中达到提高认识、理顺情绪、相互理解、相互支持的目的，保持职工的工作积极性，在生活上关心、满足他们的需要，为他们的发展创造条件，对他们的成绩给予肯定，处理问题公平、公正。

（四）控制与调整

人力资源管理的重要职能是控制与调整。控制就是保证正常的协作关系，使员工按照各项制度进行工作，把内部矛盾与冲突控制在合理的限度以内，不使其激化。合理的处理工资、提升、调动以及退休等问题。

（五）培训与开发

培训与开发职能是人力资源管理的又一个重要职能，也是一个中心环节。因为现代企业成败主要取决于人力资源的质量。资源都有消耗性，人力资源也会老化，人的体力、知识、技能以及态度与行为不能适应新时代的要求，老化的结果表现为这种资源的价值或所创造的价值的减损。为了维持人力资源的价值，一个组织只有依据社会和环境发展的要求持续不断地投资于人力资源的维持与提升，强化其知识、技能、态度与质量需要通过教育培训得到提高。把企业的员工队伍培养成为一支思想和业务都很精、既具有高度责任心又具有高超职业技能的职工队伍，是企业的重大责任，所以，人力资源的培训与开发，在人力资源管理职能中具有中心的地位。

从国内外近年的发展趋势来看，人力资源管理的职能正从一种单纯的管理职能转变为企业经营的战略伙伴。如表 2-4 所示，人力资源管理部门在行政管理事务如维持人事记录、审核控制、提供服务等方面所花费的时间比重越来越小。新的技术使得人力资源服务可以通过自助式的形式提供，它不仅使得传统上的那种面对面的服务方式改变还大大降低了服务的成本。自助式服务指赋予雇员控制人力资源事务的能力。这也与雇员希望自己能够在个人职业生涯发展方面承担起更大的责任相一致。比如，培训课程的目录的编制以及学习课程的自由选择、福利计划的有选择性申请和登记、员工态度调查等。不仅降低了成本，还有助于员工把人力资源部门看成一个积极的部门。

**表 2-4　人力资源部门角色的变化**

| | 现在（%） | 10 年以前（%） |
|---|---|---|
| 维持人事记录 | 15 | 22 |
| 审核控制 | 12 | 19 |
| 人力资源服务提供者 | 31 | 35 |
| 战略经营伙伴 | 22 | 11 |
| 产品开发 | 19 | 14 |

人力资源职能的管理角色外包也已经出现。外包指请其他的公司来向自己提供服务的做法。越来越多的公司已经将日常性的薪资管理工作外包出去了。此外，外包的做法还被运用到福利管理以及雇员的培训、甄选和招募等方面。

### 五、人力资源管理的素质模型

列宁曾经指出："任何管理工作都需要有特殊的本领。有的人可以当一个最有能力的革命家和鼓动家，但完全不适合作一个管理人员。凡熟悉实际生活、阅历丰富的人都知道：要管理就要内行，就要精通生产的一切条件，就要懂得现代高度的生产技术，就要有一定的科学修养。这是我们无论如何都应当具备的条件。"（《列宁全集》第 30 卷，第 394 页）人力资源是人所具有的脑力和体力，因此，劳动者的素质就直接决定了人力资源的质量。

劳动者的素质有体能素质和智能素质构成。就劳动者的体能而言，又有先天的体质和后天的体质；智能素质包括经验知识和科技知识两个方面，而科技知识又可分为通用知识和专业知识两个方面，如图 2-2 所示。素质的一部分指人的先天的禀性、生理基础是管理者素质的先天因素。比如大脑功能区分为：感受区、储存区、判断区和想象区。它们分别构成了一个人的观察力、记忆力、思维力和想象力的先天基础。但人的先天因素不是决定人的素质的主要因素，每个人尽管大脑先天构造不一样，有的人感受区、储存区比较发达而其判断区和想象区可能欠发达。“尺有所短，寸有所长”，一位哲人曾说过“垃圾只是放错了地方的宝贝”。有的人可能相反。总之，平均来说除了极个别人，大多数人的大脑功能相差不大。事实上，即使有的人脑先天存在不足，也可以通过后天的培养和锻炼来弥补。另一方面则要通过后天学习训练而得，后者对素质起决定性因素。

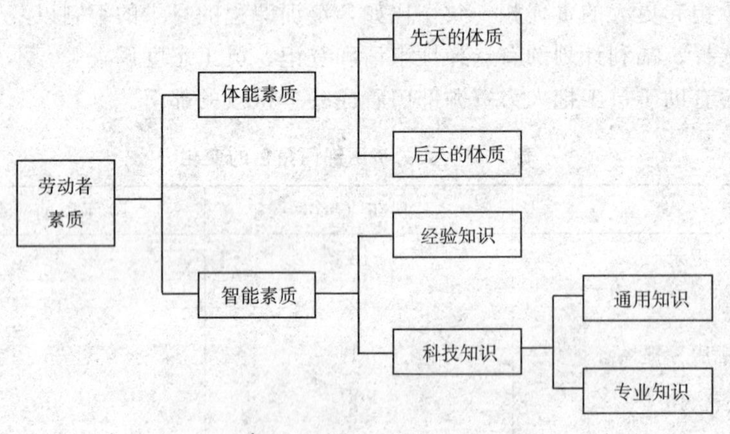


图 2－2

资本主义国家的企业十分重视管理者的个人素质。早在 20 世纪 70 年代美国企业管理协会用了 5 年时间，对4 000名经理进行了调查研究，从中选拔出1 812名最成功的经理，并概括归纳出一名成功的经理应具备的条件：

首先，要有企业家特征，包括工作效率高，有主动进取心（主动地推动工作前进）。

其次，才智上的能力。包括逻辑思维能力强，能很有条理地分析每一件事情的前因后果；富有创造性，不断地产生新的概念，发明与建立新的管理制度；有判断力，对上述概念进行推断，找出各种规律性。

第三，人际关系能力。有较强的自信力，知道应该做什么，而且相信能做好；能辅助他人，指导他人的工作；为人榜样，能以身作则，模范遵守规章制度；善于使用个人权力；善于动员群众的力量；利用交谈做工作；建立亲密的人际关系；乐观；善于到职工中去领导，和大家一起干。

第四，成熟的个性。有自制力，能控制自己的情绪；主动果断，能在思考后当机立断做出决定；客观；能听取各种意见；有正确的自我批评；勤俭艰苦和具有灵活性。

日本企业界要求管理者应当具有十项品德与十项能力。

十项品德是：使命感；信赖感；诚实；热情；忍耐；责任感；积极性；进取心；公平；勇气。

十项能力是：思维决断能力；规划能力；判断能力；创造能力；洞察能力；劝说能力；对人的理解能力；解决问题的能力；培养下级的能力；调动积极性的能力。

《孙子兵法》是我国著名的军事著作。《孙子兵法》十分重视将帅的地位与作用。在《计篇》中，把"将"视为决定战争胜负的五个因素之一，为将者应具备什么样的素质?《孙子·计篇》说："将者，智、信、仁、勇、严也。"日本人很重视对《孙子兵法》的研究。他们认为，为大将者应具备的五个方面素质，对管理者也适用，而且根据企业特点，对这五个方面素质作了新的解释。

智：管理者必须聪明而有智慧，遇事做出准确无误的判断和及时而合理的决定；

信：管理者必须信赖自己的下级，并能够获得部下的信任；

仁：管理者必须体贴、爱护下属，时刻把部下的事情挂在心上；

勇：管理者必须有勇气、有魄力、处世果断，干起事来雷厉风行；

严：管理者必须遵纪守法，赏罚分明。

人类社会发展的历史证明，在人力资源对经济发展的贡献中，智能因素的作用越来越大，体能因素的作用相对逐渐降低；智能因素中，科技知识的作用不断上升，经验知识的作用相对下降。

为了使自己的角色扮演比较到位，职责履行比较充分，人力资源管理者必须具备一定的素质，以上提到的管理者应具备的各种技能对人力资源管理者同样适用，但是由于人力资源管理者的工作具有一定的特殊性，因此他们还要具备一些特殊的知识和能力。

1993 年，两位管理咨询专家巴金汉和艾略特公布了他们用 5 年时间所做的一项追踪研究的结果。在广泛调查公共和私营行业中被认为是优秀的人力资源管理专业人员的基础上，他们总结出这些人共有的一些素质和能力，巴金汉和艾略特将其称为优异能力模式，如表 2－5 所示。

**表 2－5　人力资源管理者的优异能力模式**

| 内在 | 含义 | 素质 |
| --- | --- | --- |
| 动机 | 指主动进行工作的冲动和愿望 | 奉献、诚信、好胜、成长需要 |
| 价值观与道德 | 指工作中遵循的原则和具备的行为标准 | 人性、良知、责任、道德 |
| 活力 | 指使行动能够产生影响的能力 | 支配、勇气 |
| 执行与实施 | 指区分事情轻重缓急并贯彻执行的能力 | 创意、专注、自律 |
| 关系 | 指人际关系和协调的能力 | 开发、团队、组织 |

说明：这一项研究成果和下一项研究成果均摘自由董克用、孙健敏等人完成的教育部关于人力资源管理专业设置的研究报告。

此外，1995 年，乌里奇、布罗克班克和杨等人也对这个问题进行了研究，他们一共调查了1 400家大公司，询问与人力资源专业人员一起工作的人，让他们对人力资源专业人员应具备的与绩效有关的能力进行评价，结果的排列顺序是管理变革能力排在第一位，人力资源管理活动实施能力排在第二位，业务知识排在第三位。

管理变革的能力指促使变革发生的能力如建立关系、管理数据、领导与影响等，和理解变革的能力如革新精神与创造性。人力资源管理活动实施的能力指能够恰当地创造和实施人力资源活动的能力，如招聘与配置、报酬、培训、组织设计、员工关系和沟通等。业务知识则反映了人力资源专业人员对财务、战略、技术和组织问题的认识与理解能力。

除了学者们的研究以外，随着人力资源管理在企业中地位的逐步提升，为了确保人力资源管理对企业经营的作用，越来越多的企业也开始对自己的人力资源管理人员提出明确的素质要求。例如，柯达（Kodak）就将本公司的人力资源管理专业人员分为实践者和领导者两类，并针对每类人员规定了相应的素质模式，如表2-6所示。

**表2-6　柯达公司人力资源管理专业人员的实践者素质要求**

| 素质要求 | 解　释 |
|---|---|
| 目标定向 | 适应环境并始终按既定目标行动的能力 |
| 预测性思维 | 理解某些行动或事件可能产生的后果或隐藏的意义 |
| 合作性问题解决 | 在解决问题时能够吸引和激发团队中有才干的人 |
| 规划与组织 | 能够为自己和别人确定行动方案，设计实现目标的过程和方法，善于利用资源 |
| 分析 | 能够系统和理性地分析任务、情景和问题 |
| 灵活性 | 能够积极地适应变革 |

**表2-7　柯达公司人力资源管理专业人员的领导者素质要求**

| 素质要求 | 解　释 |
|---|---|
| 项目管理 | 领导、规划、组织以及区分轻重缓急和监控工作项目的能力 |
| 领导 | 利用恰当的人际风格及方法指导和激发别人实现目标或完成任务 |
| 规划与组织 | 能够为自己和别人确定行动方案，设计实现目标的过程和方法，善于利用资源 |
| 毅力 | 为了克服困难能够做出反复的努力 |
| 目标定向 | 适应环境并始终按既定目标行动的能力 |
| 表达 | 知道在各种不同场合如何有效地表达信息 |
| 群体过程 | 理解群体运作机制并能够促进群体形成 |

根据学者们的研究成果和企业的具体案例，在这里我们将人力资源管理人员的素质要求划分为四大类：专业知识、业务知识、实施能力和思想素质。

专业知识指人力资源管理人员要掌握与人力资源管理所承担的各类职能活动有关的知识，具备设计和制定各种人力资源制度、方案及政策的能力，就如同财务人员要具备财务知识、技术人员要具备技术知识一样。专业知识是人力资源管理人员进行工作的基础，也是他们区别于其他管理人员的重要标志。

业务知识指人力资源管理人员要了解本企业所从事的行业、熟悉本企业所开展的业务，这一点在过去往往得不到重视，有时甚至还被忽视。从表面上来看，人力资源管理的工作与公司的业务并没有直接的联系，但是我们不能忘记，人力资源管理的各种制度、政策和活动涉及公司所有部门和员工，如果对公司的业务一无所知的话，人力资源管理人员在开展工作时就缺少针对性，出台的各种制度也会脱离公司的实际。试想，如果不了解公司的整个业务运作状况和各岗位的工作内容，如何来进行工作分析和招聘录用？如果不了解公司的业务特点，如何来设计业务人员的薪酬体系和培训体系？如果不了解公司的业务内容，如何来进行绩效管理？如果不了解行业状况，如何来参与公司人力资源战略的制定？如果说专业知识是人力资源管理人员工作的骨骼，那么业务知识就是血肉，虽然所有人的骨骼大致都是一样的，但是世界上还是存在形态各异的人。

实施能力主要指人力资源管理人员要具备推行和实施各种人力资源制度及方案的能力。对于成功的人力资源管理来说，制度和方案的制定只是一部分工作，更重要的是实施。离开了实施，再好的制度也不过是空谈，因此具备较强的实施能力也是人力资源管理人员所必需的。需要强调的是，这种实施往往不是直接的，而是要推动直线部门来实施，实施能力包括很多具体的项目，如沟通协调能力、分析判断能力、组织能力、计划能力以及应变能力等。

思想素质指人力资源管理人员要具备一定的思想道德品质。人力资源管理不同于其他管理，在组织中的性质比较特殊，所做的决策大多涉及员工的切身利益，掌握的信息也关系到企业和员工的秘密，因此人力资源管理人员必须具有良好的道德品质，要以公正的态度来进行工作，不能将个人因素牵扯进工作，工作中要遵守职业道德，不能违背职业操守。

## 第三节　人力资源管理的历史、现状与未来

任何事物都有一个发展和成熟的阶段。作为企业人力资源管理，不管是国外企业还是中国企业，都经历了一个不断完善的过程，这个过程是随着人们对人力资源管理理念的变化而变化的。最终形成共识，可谓来之不易。了解这个过程会使我们坚定推进人力资源管理的信心。

## 一、人力资源管理的基础

人力资源管理的产生有着广阔的历史背景，正是在各种因素的共同作用下，人力资源管理才逐步出现。实际上人力资源管理活动的起源可以追溯到久远的年代，中国历史上许多知人善任的事例，并由此形成了“事在人为”的理念。但是，由于人力资源管理的概念是一个舶来品，因此，我们根据美国学者的看法，将人力资源管理的产生和发展的过程分为四个阶段：手工艺制度阶段、科学管理阶段、人际关系运动阶段和目前的组织科学——人力资源方法阶段。

### （一）手工艺制度阶段

在古埃及和巴比伦时代，经济活动主要以手工劳动为主，自给自足，劳动文化程度很低。因此，家庭手工作坊是这一时期的社会经济活动的基本单位。当时，为了保证具有合格技能的工人有充足的供给，对工人技能的培训是以有组织的方式进行的。到了13世纪，西欧的手工艺培训是非常流行的。手工业行会负责监督生产的方法和产品的质量，规定了各种行业的员工条件。这些手工业行会有一些工作经验丰富的师傅把持，每个申请加入行会的人都必须经过一个做学徒工人的时期。在这种手工艺制度下，师傅与徒弟生活和工作在一起，因此非常适合家庭工业生产的要求。

### （二）科学管理阶段

在19世纪末和20世纪初期，欧洲经济生活出现了工业革命，由此引发了大机器生产方式的出现。工业革命有三大特征：机械设备的发展；人与机器的联系以及需要雇用大量人员的工厂的建立。这场革命导致了两个现象：一是劳动专业化的提高；二是工人生产能力的提高，工厂生产的产品剧增。“劳动分工”已成为这次革命的强有力的共同呼声。工业革命除了引起专业化分工的形成以外，还对生产过程提出了建立监督层级的需要，因此生产过程中出现了管理人员。亚当·斯密（Adam Smith）在《国富论》一书中对生产大头针的某工厂所进行的劳动分工作了如下描述：一个工人抽出铁丝，另一个工人把它弄直，第三人负责截断，第四人只管磨尖，第五人则磨其顶部（以备连接）。然而，针头的加工还需要两三种独特的操作，大头针的装配又是另一种特殊工种，此外还要镀锡等等。甚至可以说，将针头和针连接起来本身就要算一种手艺。用这种方法制造一根大头针，大约有18个步骤。在一些工厂，这些步骤是由不同的人分别完成的，当然在另一些工厂也许由同一个人承担二三个步骤的操作。查尔士·巴比奇（Charles Babb age）在他的《论机器和制造业的经济》一书中指出了这种劳动分工的主要优点，即：

（1）工人接受培训的时间大为减少，因为只需学一种技术。

（2）减少了原材料的耗费。

(3) 通过合理地安排工人的工作而节约了开支，也因此产生了以技能为基础来划分的工资等级。

(4) 由于不必要求工人从一种工作转到另一种工作，从而节约了时间，也使工人对特殊的工具更加熟悉，而这种熟悉反过来又激发了工人在使用工具中的创造性。尽管如此，亚当·斯密也注意到了劳动分工的不少弊端。他写道，“一个一生都花费在几种简单操作上的人……会变得再愚昧无知不过了”。

从某种意义上讲，以上这些问题至今仍旧存在。最早试图解决由劳动分工产生的问题的改革家名叫罗伯特·欧文（Robert Owen）——一位成功的企业家和经理。大约在1799年，他在苏格兰的新拉纳克以合伙形式创建了一家棉纺厂。这位当时的合伙者笃信，人是自然的造物，而人们的行为则是所受待遇的反映。他还坚信，雇主与团体理应为发掘人们的天资而更加努力工作，理应取消那些有碍天资充分发挥的做法。

随着对人的管理的日益改善，欧文先生还创建了可以说是最早的工作绩效考核系统。他这样做，在当时是为了检查“不良表现”。欧文使用了一块四边分别涂成白、黄、蓝、黑四种颜色的转向通道以此反映工人前一天的生产。这四种颜色中黑色表示差，蓝色意味着一般（平均），黄色表示良好，而白色则代表优秀。这种做法看来非常成功。不过，并非事事如此，欧文先生在其他方面的努力却收效甚微。例如，以给予员工夏季特别假期为诱因来吸引所有员工在新年那天回来工作并放弃那天的祭酒，这一尝试并未收到什么效果。

无论如何，欧文在新拉纳克所实施的这些改革，的确对他的工厂盈利贡献不小，他本人也因此而名利双收。由于欧文先生在改善对工作中的人进行管理方面所做的努力，他也被称之为“人事管理之先驱”。

科学管理的最根本假设是认为存在着一种最合理的方式来完成一项工作，这种最好的工作方式最有效率，速度最快，成本最低。为此，需要将工作分为最基本的机械元素并进行分析，然后再将它们以最有效的方式重新组合起来。科学管理运动也导致了对人力资源管理的研究。弗雷德里克 －W. 泰勒被称为科学管理之父，而跑表便是他的“圣经”。1885年，泰勒先在米德维尔钢铁公司和贝瑟恩钢铁公司进行试验。其中最著名的是对一个名叫施米特的铲装工人进行的试验。泰勒使用一只跑表对施米特的劳动进行了细致、准确的研究，通过对其工作的无效部分的去除和对技术的改进，使其劳动生产率由每天12长吨（1长吨＝2240磅）增至47.5长吨。泰勒对施米特的每一个工作细节都作了具体规定，如铲的大小、铲斗重量、堆码、铲装重量、走动距离、手臂摆弧及其他工作内容。这就是科学管理的实质内容所在，将工作分为最基本的机械元素并进行分析，而后再把它们最有效地加以组合的过程。

除了科学地研究工作本身（时间、动作研究），泰勒还认为，所选的工人在体力和脑力上应与其工作要求尽可能地匹配，而对那些低于“合格水平”的人则应拒绝接纳。

员工应该由主管人员（主管人员的工作也是按专业详细分工的）进行很好的训练，以保证其操作动作恰如科学分析所规定的那样精确。然而必须注意，在任何情况下都不能要求雇员在有损于他们健康的节奏下工作。

为了鼓励员工遵循规定的工作程序（这种规定是在车间主管人员严密监督下进行的），泰勒认为，只要工人正确地按规定时间完成了工作，就应增发相当于工资30%～100%的奖金，这便是最初的劳动计件奖励制度。

（三）人际关系运动阶段

社会因素对机器化大生产的作用是在1923年芝加哥西方电气公司进行的霍桑实验中被发现的。

该实验的一个目的就是研究照明对工人生产率的影响。在一次实验中发现生产率随照明增加而提高，而后的实验却表明生产率随照明增加而降低。这些结果反反复复地持续了三年，研究人员终于从中得出了这样的结论，即在人们参与的工作中随着某一种条件（如照明）的改变，不可能不给其他变量带来影响，但对员工的激励和群体气氛才是影响生产率的主要因素。

后来，哈佛商学院的埃尔顿·梅奥（Elton Mayo）等几位教授一起又继续研究霍桑实验，一直到20世纪30年代初。其研究结果表明，生产率直接与集体合作及协调程度有关，而集体合作与协调程度看来又与主管人员及研究人员对工作群体的重视程度有关，与缺乏带有强制性的提高生产率的办法相联系，还与为变化过程中的工人提供参与制相联系。概括起来讲，研究者已开始将工人构成的组织视为一个社会系统，而不是相反，即按泰勒的观点视为一个技术经济系统。

在霍桑实验中广泛采用的自由交谈方法，正是现代人力资源管理中最实用的技术方法之一。对交谈者来说，没有什么比自由的交谈能更有效地倾听了。通过交谈者对被交谈者所表现的感情做出的反应，通过避免争吵、不袒护、不带任何评价的交谈，来达到有效地倾听这一目的。从自由的交谈中，研究者总结出两点教训（1）由于交谈给了员工一个“出气”的机会，表面上看起来提高了士气，其实不然；（2）表面的牢骚、抱怨很少能表明真正的问题所在。当然，研究者也都相信，群体行为和工人情感与士气和生产率是有联系的。这一论点也正是随后20年来大部分人际关系研究和理论的特点。然而，不幸的是，这些新概念曾广泛地被误解和错用过。曾经流行的所谓愉快的工人就是生产率高的工人，致使很多公司期望通过组织郊游、设地位标志、办员工咖啡厅及其他改善工人所处社会环境的行为来提高员工的满意度，并进而提高劳动效率。后来的结果证明，这些做法有很大的缺陷。

20世纪50年代后期，这种方法在很大程度上受到怀疑，并且在1957年的经济大萧条中导致了对人际关系培训计划的大削减。因为当时找不到证据来表明这些计划对工人的满意程度有什么影响，或者说不能证明愉快的工人就是生产率高的工人这一假说，所以助长了对人力资源管理的扼杀。直到1964年，“愉快的工人”这一时尚的假说才宣告结束。

（四）组织科学——人力资源方法阶段

组织本身对人们的表现具有造就、限制和调整的作用，而且人的行为还要受到各种职位上的权威、工作和技术要求的影响，因此不能简单地认为人们在组织中的行为方式就是人际关系。组织行为科学是指研究与人们的行为有关的社会学和心理学，其分支包括以下方面：

1. 工业或组织心理学：研究人在工作中的行为。

2. 社会心理学：研究人们如何相互影响和被影响。

3. 组织理论：有关组织为什么存在，职能是什么，如何设计，以及怎样更有效的理论。

4. 社会学：研究社会、社会机构及社会关系的学科。

毋庸讳言，对行为科学的许多研究都交叉运用了以上这些学科。如20世纪60年代和70年代行为科学的一个重要课题就是研究各种领导方式（如民主式、专制式和协商式）在什么情况下最适宜的问题。比如，一位职位很高、大权在握然而却缺乏某种专业知识的人，他在这种专业的工作领域内应采取何种领导方式才好呢？显然，对这类问题的回答和解决，正是工业心理学、社会心理学及组织行为学的研究课题。因为组织与管理的具体内容和问题正是组织理论的核心所在，而且也正是行为科学的出现才使人们产生了这样一种理解。这就是说，在所有情况下都通用的有效办法至今还不存在。

虽然，至今我们对决定和影响组织中人的行为的因素尚不完全了解，但是对这种影响因素相互作用所产生出的对个人的影响，我们却有了较完整的认识。

另外，对人力资源管理的理论和实践有相当大影响的又一个领域是目前出现的综合系统理论。该理论通过运用生物学、物理学、控制论、信息论及系统论等基础理论而得到进一步发展，并且在行为科学领域内也得到了广泛的应用和不断的研究。

正是上述几个方面的理论和实践活动，为人力资源管理的产生奠定了广泛而坚实的基础。在此基础上，人力资源管理才得以产生并逐步发展。

## 二、当前人力资源管理面临的问题与挑战

（一）中国人力资源现状分析

改革开放20多年来，中国文盲人口规模持续大幅度下降，全国15岁以上文盲从2.3亿降至0.87亿，减少了62％。1964～2000年期间，15岁以上人口识字率累计提高了43.3个百分点，高于发展中国家累计平均增速13.6个百

分点，更超越世界平均增幅，2000 年，成人识字率高于世界平均水平约 15 个百分点。

改革开放以来，中国从业人员的人均受教育年限提高了 2 年多，受教育总年限翻了一番多。1982～2000 年期间，从业人员规模从 4.5 亿人增长到 7.2 亿人，增长了 59%；从业人员的人均受教育年限从 5.81 提高到 7.99，提高了 2.18；从业人员受教育总人年数则从 26.3 亿人年增长至 57.6 亿人年，增长了 1.2 倍。

从 1982～2000 年，中国从业人员中接受过大专以上教育的人口比例从 0.87%增长到 4.66%；接受过高中阶段教育的人口比例从 10.54%增长到 12.65%；小学及以下受教育水平的从业人员比例从 62.58%下降至 40.98%。

同期，中国从业人员整体文化素质均得到持续提高。第一产业从业人员人均受教育年限由 4.82 提高至 6.79，增幅超过 40%，其中小学及以下受教育水平的人员比例由 73.1%下降为 55.0%，大专及以上受教育水平的人员比例由 0.04%提升为 0.14%；第二产业从业人员人均受教育年限由 8.09 提高至 9.44，增幅为 16.7%，其中初中及以下受教育水平的人员比例由 78.4%下降为 71.6%，大专及以上受教育水平的人员比例由 1.58%提升为 5.95%；第三产业从业人员人均受教育年限由 9.29 提高至 10.79，增幅为 16.1%，其中初中及以下受教育水平的人员比例由 62.3%下降为 49.6%，大专及以上受教育水平的人员比例由 5.64%提升为 18.99%，都远远低于发达国家的水平。

2. 人力资源素质结构分析

中国加入 WTO 后，人力资源开发与管理不仅面临着人才总量不足、人才层次不高的问题，更重要的是人才素质和能力不高的问题，特别是人才的技术创新能力不高的问题。

从研究和开发的人员总量来看，中国人才队伍的研究和开发能力与发达国家之间存在较大的差距。研究与开发人员占总人口的比例：美国为 7.6‰，日本为 7.5‰，欧洲为 4.2‰，中国仅为 2‰，远远低于发达国家的水平。

从科技产出来看，中国的科学家和工程师的能力与素质与西方国家相比，同样存在着较大的差距。中国国民发明专利授权量，1995 年为1 530件，只相当于美国的 1/36、日本的 1/62、韩国的 1/4.3，居世界的 9 位；而在 1997 年也只有1 532件。中国的国际科技论文发表的总数量，1995 年为26 395篇，居世界第 11 位，1998 年为35 003篇，居世界第 9 位。从国际上收录的科技论文总量来看，1998 年，中国为19 838篇，居世界第 12 位，略高于第 13 位的印度，但与居前 8 位的国家相比仍有明显差距，美国、日本、英国和俄罗斯分别为中国的 15.1 倍、3.8 倍、4.1 倍和 1.3 倍。

从研究和开发人员人均专利成果和人均科技论文数量来看，中国的科技产出效率相当低，也说明了中国人才的能力和素质较低。在 16 个国家从事研究和开发的科学家和工程师每千人发明专利授权量比较中，中国居末位。1995年为3.6件，而同年巴西和印度分别为19.6件和4.2件，分别是中国的5.4倍和1.2倍。从事研究与开发的科学家和工程师每千人发表的国际科技论文，中国1990年为32.3篇，1995年为62.4篇，在16个国家中居末位，相当于第1位英国的8.33％、第7位美国的14.28％、第10位巴西的18.5％、第13位印度的38.9％。1999年，中国在46个国家科技竞争力比较中，本国国民专利批准数居第9位，本国专利批准数与从事研究与开发的科学家和工程师比率居第16位；国际科技论文发表总数居第11位，国际科技论文发表总数与从事研究与开发的科学家和工程师比率居世界第16位。

由于环境、机遇等客观因素不同，尽管上述分析指标对于反映人才队伍的素质和能力来说还不够完整，对于某个人才来说也未必完全准确，但足以表明中国人才队伍的整体素质和能力存在相当大的不足。

3. 人力资源布局结构分析

(1) 人力资源区域布局分析。改革开放后，中国东部地区经济持续发展，从而吸引了全国各地的人才，东部和西部在人才资源占有上出现了较大差距。1999年，东部地区每万名劳动力中拥有专业技术人才为18人，西部只有2人。东部人口平均受教育时间为10年零8个月，西部为3年零6个月。东部和西部的综合人才差距为10：1，而且85％以上的高级人才集中在东部地区。以下是1999年东西部分各省专业技术人才拥有量比较分析：

**表2-8 1999年中国区域专业技术人才拥有量表**

| | 总人口（万人） | 专业技术人员（万人） | 每万人中专业技术人员（人数） | 高校在校生（万人） | 每万人中高校在校生（人数） | |
|---|---|---|---|---|---|---|
| | 北京 | 1257 | 136. 1 | 1082. 7 | 23. 5 | 187. 1 |
| | 上海 | 1474 | 82. 4 | 559. 0 | 18. 6 | 126. 4 |
| 东部地区 | 天津 | 959 | 54. 6 | 569. 3 | 9. 0 | 94. 3 |
| | 江苏 | 7213 | 169. 4 | 234. 9 | 33. 0 | 45. 7 |
| | 山东 | 8883 | 228. 0 | 256. 7 | 21. 4 | 24. 1 |
| | 河北 | 6614 | 153. 7 | 232. 4 | 17. 7 | 26. 7 |
| | 辽宁 | 4171 | 152. 8 | 366. 3 | 23. 6 | 56. 5 |
| | 福建 | 3316 | 82. 7 | 249. 4 | 10. 3 | 30. 9 |
| | 广东 | 7270 | 185. 7 | 255. 4 | 22. 1 | 30. 4 |
| | 浙江 | 4475 | 109. 9 | 245. 6 | 13. 9 | 31. 0 |
| | 海南 | 762 | 16. 1 | 211. 3 | 1. 5 | 19. 1 |
| | 广西 | 4713 | 90. 3 | 191. 6 | 9. 0 | 19. 2 |

续表

| | 总人口（万人） | 专业技术人员（万人） | 每万人中专业技术人员（人数） | 高校在校生（万人） | 每万人中高校在校生（人数） | |
|---|---|---|---|---|---|---|
| 中部地区 | 黑龙江 | 3972 | 123. 8 | 326. 5 | 15. 7 | 41. 4 |
| | 吉林 | 2658 | 9. 9 | 368. 3 | 14. 0 | 52. 5 |
| | 江西 | 4231 | 85. 5 | 202. 1 | 11. 1 | 26. 2 |
| | 安徽 | 6237 | 105. 0 | 108. 4 | 13. 3 | 21. 3 |
| | 河南 | 9387 | 175. 5 | 187. 0 | 18. 5 | 19. 8 |
| | 湖北 | 5938 | 120. 6 | 203. 1 | 25. 8 | 43. 4 |
| | 湖南 | 6532 | 129. 1 | 197. 6 | 19. 4 | 29. 4 |
| | 山西 | 3204 | 83. 3 | 260. 0 | 9. 4 | 29. 4 |
| | 内蒙古 | 2362 | 72. 3 | 360. 1 | 5. 0 | 21. 1 |
| 西部地区 | 四川 | 8550 | 160. 2 | 187. 4 | 18. 0 | 21. 1 |
| | 重庆 | 3075 | 60. 8 | 197. 7 | 9. 7 | 31. 4 |
| | 云南 | 4192 | 84. 7 | 202. 1 | 7. 4 | 17. 6 |
| | 贵州 | 3710 | 56. 5 | 152. 3 | 5. 6 | 15. 2 |
| | 陕西 | 3618 | 92. 9 | 256. 8 | 18. 0 | 49. 6 |
| | 青海 | 510 | 14. 3 | 280. 4 | 0.9 | 18. 3 |
| | 宁夏 | 543 | 15. 7 | 289. 1 | 1. 3 | 24. 2 |
| | 甘肃 | 2543 | 49. 7 | 195. 4 | 6. 3 | 24. 6 |
| | 新疆 | 1774 | 67. 3 | 379. 3 | 5. 4 | 30. 5 |
| | 西藏 | 256 | 3. 6 | 140. 6 | 0. 4 | 15. 7 |

资料来源：《中国统计年鉴》（2000）。

从人力资源的单项能力指标看，国际检索工具收录的论文数，全国近 3/5 集中在北京、上海、四川和江西，各区域 70%以上集中于三个省份。北京国际收录论文数占全国的 1/4 以上，成为人才和知识创新的中心。1998 年，全国专利授权数近 70%集中于北京、广东、江苏、浙江和山东，各区域 60%以上集中于四个省份。北京发明专利占全国总数的 19%，高于西部十个省市区的总量。

从目前的情况来看，不论是我国的国有企业，还是集体企业，由于长期以行政的人事管理代替人力资源管理导致的缺乏人力资源规划，缺乏科学规范的员工绩效考评标准和程序，强调单一的精神激励而缺乏物质激励的后续支持等，使我国企业人力资源管理存在许多问题。因此，如何更好地处理这些方面的内容，已成为了当务之急。

1. 缺乏完善、科学、规范的人力资源体系

就目前国有企业的现状来看，许多企业还没有从开发人的能力的角度，制

定出符合企业未来发展需要的系统的人力资源管理制度，人力资源管理工作缺乏制度性和规范性，基本上是一种业务管理，如补充人员、举办短期岗位培训班、解决劳资纠纷等。缺乏科学的员工绩效考评体系和完善的激励、约束机制，不考虑职工的职业生涯发展，更没有把职工的职业生涯发展与组织的发展相匹配，形成互为动力的综合发展途径。而往往将人力资源管理体系理解成了设计一个考核体系，或者一个薪酬体系以及长期激励制度等这样简单。且不说国内喜欢复制那些大同小异的模式不一定和企业的业务和风格相适应，而且人力资源管理中每一个项目的成功运作必须建立在一个高效率运作的人力资源工作平台上，否则，其作用将大打折扣。的确，建立绩效考核体系和薪酬激励体系等对国内企业转变经营观念与作风相当重要，但更重要的是还要在建立这些体系的同时营造出有效的配套支持系统，否则就是一种在投机和短视的眼光下急功近利的行为。企业业绩的持续提升和战略实现须依赖于企业形成一套系统的人力资源管理策略和体系。这里面包括从形成求才、选才、用才、育才、激才、留才的机制，到建立畅通、快捷的沟通平台，并融入到企业的文化、价值与使命中。每个企业的生存环境、所处行业、面临问题都是不同的，其经营战略、组织体系与文化价值也是相异的，员工素质以及倾向也是有差别的，企业需要的是立足这些不同点，坚持用战略的眼光和系统的思路，通过对组织结构与流程优化，目标的设定与评价，来形成高效的工作平台，推动员工技能的不断提高和人力资本增值，从而增加其产品与服务的差别来实现经营战略，从而创造出持续竞争优势，这是企业建立建设人力资源管理平台的真正使命。

2. 工作分析不全面

工作分析是人力资源开发与管理最基本的要素，是基础性的工作。我国企业在长期的实践过程中也积累了一定的经验，如岗位职责和其他的责任制等，但还很不全面。事实上，我国企业中管理的落后在很大程度上都是因为工作分析不全面或执行不够。因此，对工作分析应做的改进是：根据组织需要，决定组织中需要设置哪些工作，再决定每项工作员工的素质、知识、技能，要求进行详细描述，并得出工作描述和任职说明。在此基础上明确任用标准，选拔任用合格人员，并以此作为对员工的绩效评估、晋升、调配、解雇的标准。通过工作分析，对工作有了明确的规范，使员工的个人价值观服从于组织理念，个人行为服从于组织规范，有利于员工的组织同化和企业文化的实施；通过工作分析，明确了从事某项工作所应具备的技能、知识和其他各种素质条件，就可以对员工进行不断的培训、开发，设计积极的员工开发计划；通过工作分析，还可以发现和改进组织中分工协作、责任分配、工作环境等，明确上下级工作关系，责权明确，达到加强沟通的目的，提高劳动生产率。

3. 人员招聘弊端较多

一是招聘程序不规范，招聘成本高。人才的招聘是用人单位为实现其发展目标所采取的一种引进“外脑”的严谨有序的积极行为。招聘本身应具有很明显的计划性、程序性和科学性。而我国相当一部分企业由于缺乏规范的招聘规程，在招聘时没有详尽周密的招聘计划，其招聘往往呈现出“现用现招”的特点。结果往往是招聘者多次重复性地到本地或跨地区的人才市场上去寻找企业所需要的人才，这样既费时，又费力，造成了招聘成本过高，而且企业难以招到满意的人才。二是招聘方法单一落后。我国大多数企业在招聘时，往往采用传统的面试法，很少采用笔试法、情景模拟法和心理测验法来考察应聘者的写作能力、分析创造能力、组织决策能力和人际交往能力。面试法具有简单、直观、节省时间的特点，但仅靠面试是很难测试出一个人的实际能力的；加上多数企业人力资源管理者本身的专业素质较低，在招聘时，往往凭经验办事，重学历不重能力。重应聘者的言谈，不注重考察实绩，甚至以貌取人。可以想象，这样的“伯乐”怎么能够找到真正的“千里马”呢？

4. 忽视人力资源规划

国内企业存在的一个普遍问题是企业在进行战略规划时经常忽略人力资源规划。的确，我国是一个人力资源大国，所以，对企业老板来说，人力资源太容易获取了，而且还可以“人才高消费”，还需要什么规划？其实现实不是这样。国内人力资源的质量是偏低的，而质量是无法通过数量来替代的。据报载，我国对 IT 人才、生物技术人才、高级管理人才均有相当大的缺口，而且，不同的业务，甚至处在不同的地域，其人力资源管理的模式和风格可能就是迥异的。这种情形造成最普遍的错误就是，当拓展新业务时，根本不考虑自身人才结构的不适应、自身核心能力的缺乏，更别说组织能力的欠缺了。这种情形在传统企业进入高新技术行业时表现极为明显。这一方面是因为他们既缺乏良好的机制来吸引合适的人才去掌管业务，又缺乏在质量控制和客户服务方面的实施能力。造成这种局面，或是因为体制及机制欠缺，或是因为缺乏优秀的人力资源管理人才。从一定意义上讲，在企业战略实现过程中，人力资源体系不全是被动适应的，而是主动、能动影响企业的战略实现。企业在制定战略时，最重要的就是要分析企业的人力资源状况以及企业的人力资源管理体系能否有效的支持战略。企业需要进行战略转型，必须要首先考虑现有的人力资源管理平台能否支持及如何调整、人力资源市场化分析、所需人才的培养开发、组织能力及文化适应等系统性的人力资源规划，即人员先于战略。

6. 企业对员工了解不深入

员工职业发展随着计划经济向市场经济转变，人们的思想也发生了极大的转变。作为员工，也更加关注自己的愿望与爱好，希望自我价值得以实现。这并非与我们的社会、政治制度相违背，正相反，社会主义的目的是要满足广大人民群众日益增长的物质和精神生活需要。因此，对于企业来讲，不但不能置这种变化于不顾，而且应该鼓励、帮助他们完善自己的设想并提供相应的条件。应该看到企业对员工职业发展的开发对企业自身的巨大利益，首先能够发现人才，可以人尽其才。对于员工个人来讲，职业发展的主要表现在于自己。如何根据自己的专业、抱负、追求、兴趣、性格等确定自己的职业发展计划是第一步。其次，就是要随时评估自己当前的状况以及自身的能力，对需要改进的地方加以修炼，自己争取主动，在发展的过程中注意身边的机会。对于组织来说，应该制定组织的人力资源开发的综合规划，并把它纳入组织总的战略规划中，与其他规划协调一致。其中很重要的一步是以工作分析为基础，编写出本企业各职位的规范性说明书，将各职位的性质、工作内容按工作的繁简难易、责任轻重及各职位间的工作关系加以规范性的描述，这不仅包括相关类型职务的纵向层级关系，也涵盖了同一层级不同系统的职务间可能的横向工作轮换与调派关系。企业要建立起人力资源档案，通过日常的绩效评估了解员工现有的才能、特长、经历、绩效等并了解员工的志趣所在，依据客观的分析评估出他们在各方面的潜力并作为制定具体的培养与使用计划的依据。同时要保持上下沟通渠道的畅通，了解下级的进展情况和不足之处，适时地调整、修订原定的计划，使其符合实际情况。应当指出的是，成功的职业发展应是个人特点与组织特点相适应。

7. 绩效评评估制度不完备

绩效评估制度长期以来，我国企业对于绩效评估缺乏一套系统、客观的评估标准，在具体评估过程中只考虑员工的绩效，而不注意影响绩效的各方面因素，比如员工的工作环境、机会的偶然性等。评估结束后，不把评估结果与员工的培训与发展结合起来。甚至评估者对被评估人带有偏见，或者仅以员工短期工作行为作为长期工作表现的评估依据等都是存在的问题。

8. 薪资制度亟须改革

企业的薪资制度在我国企业薪资制度的改进上应遵循以下的方向：首先，要制定出一致的薪资制度指导原则，并且要有统一的，可以说明的规范做依据。薪资制度还要有民主性和透明性，要让员工能够了解并监督薪资制度，甚至加入制度的制定工作中去。其次，“劳”不但要有数量还应有质量。第三，员工的身份界限必须打破，不但要打破干部与工人的身份界限，还要打破员工的所有制界限。在全面实行劳动合同制度的情况下，在全社会范围打破企业职工的身份界限，建立符合市场经济要求的企业用人制度，是我国企业建立现代人力资源管理机制的重要前提条件。

9. 激励机制不足

目前，我国企业激励方法陈旧，手段单一。大多数企业在调动职工积极性的方式上过分依赖于货币激励（如晋升工资、发奖金、分红、给红包）办法，而忽视了非货币的激励办法（如理想激励、目标激励、榜样激励、培训激励和自我实现激励等），忽视了良好的企业组织环境的培育，使得企业缺乏凝聚力，员工缺乏归属感。尤其在大力提倡人本管理的今天，这种思想显得尤其重要。

**本章小结**

人才是企业发展的基础，也是企业不断前进的动力。所谓管理者简单地说就是管理活动和管理职能的承担者。管理者在组织中是一个特殊的群体，一般按照他们在组织中的地位和所负责任的大小划分为基层管理者、中层管理者和高层管理者。介绍了管理者所扮演的角色理论。

人力资源管理者有其自身的工作内容和职能。他们所需要的角色的变化和人力资源专业人员需要的专业技能都和人力资源管理的内容和职能有关。介绍了人力资源管理主要内容：预测分析、人力资源计划、招聘与选择、人力资源开发、绩效评估、激励、薪酬计划、安全与健康、员工流动与下岗就业和劳资关系十个方面。人力资源管理的职责概括起来包括以下几方面：获取、整合、保持和激励、控制与调整、培训与开发。

人力资源管理者的素质模型主要包括体能素质和智能素质。人力资源管理发展的历程以及探讨面临的主要问题和挑战。

本章重点介绍了人力资源管理的核心内容，通过学习，以期对人力资源管理有较为深刻的理解。

**复习与思考**

1. 什么是现代企业管理者，谈谈管理者在现代企业中担任的角色？
2. 人力资源管理产生和发展经历了几个阶段？
3. 人力资源管理主要内容？
4. 人力资源管理的主要职责？
5. 你认为当前我国人力资源管理面临的问题和挑战？

**案例分析**

**国企人事经理的“人事经”**

去国有企业的人事部采访之前，难免让人想起那一张张面沉似水的“人事脸”，尤其那不温不火、滴水不漏的谈话“功夫”，多少令人担心这种采访会取得什么好的素材，但初见隋纯东，瘦高的身材透着干练，祥和的目光显现着成熟、幽默，率直的言谈表露着真诚，似乎和想象中的国企人事科长有着些明显的差异，也许不仅我们国有企业大环境在变，连国企的人事经理的工作风格也在变，但他们是否在人事管理的观念上有所变化呢？所以，我们的话题首先就从“人事部到底是干什么的?”谈起。人事部是干什么的?

我以前在中远运集团公司做业务，在外轮代理公司做人事部经理的时间其实只有三年，但通过这三年的工作，我觉得企业人力资源部的工作主要有四块，一是对整个企业人力资源的开发进行规划；二是为企业招募优秀人才；三是想方设法留住人才；四是挖掘现有人员的潜能。如果从人力资源部为企业创造效益最直接的效果上讲，核心其实就两条，一是看你能否招得进来（企业所需人才），二是看你能否留得住。如果连这两条都没做到，就很难说你人事部有什么开发能力，更谈不上为企业创造了什么价值。

国企该如何留住核心员工？

外轮代理业目前在我国是一个比较开放的行业，也是一个主要靠人力资本赚钱的行业，几个人就可成立一家公司，承揽代理业务，所以，竞争相当激烈，因此，那些能给公司带来80%收入的核心员工，往往就成为别的公司“猎取”的重点目标。

由于我们人事部“管着”包括下属80余家企业约5 000人的职工队伍，而且，现在其中许多骨干已经流向一些外企或民企，所以，我们也感到了一种强烈的危机意识，于是，我们在公司全系统实施“人才工程”，通过采取岗位竞聘的办法，让优秀人才显露出来，发挥出他们的作用，使他们从以前“你要我干这个岗位”到“我很想干”的转变。

具体办法首先是改革收入分配制度，公司高层领导按年薪制，其他职工降低固定收入部分，加大岗位幅度部分和效益提成部分，给予特殊贡献的人才以特殊的待遇等等。

另外，以前我们采取的是薪点工资制，但这种工资是一种比较典型的论资排辈的制度，所以，我们把它改为岗位工资，让一些后勤服务部门或其他辅助人员按市场一般价调整，而让为企业效益做出直接贡献的人员的收入，随每年企业效益的提高而提高，甚至关键的岗位都可以由对方报价。

这样做的目的，就是让核心员工感到企业非常看重他们，希望能留住他们的心。当然，我们留人和激励职工还采取了许多其他方法，比如将好的培训机会作为奖励员工的重要手段，让能力越强、贡献越大、工作越离不开的人去参加培训，而不是说让那些有较多空闲、工作中可有可无的人去培训。这是我们留住核心员工的一个很重要手段。当然，企业为此也做了较大的投入，比如现在一个人在MBA研修班进修的费用至少3、4万元，但我相信这种投入是会有可观的回报的。

以上这些做法尽管在外资或民营企业看来，还依然略显传统，但你知道作为一个国有企业，要真能把这些做好，并非易事。上级领导指示我们国有企业，要“事业留人、感情留人、适当待遇留人”，前两条我们既有思路也可以找到具体办法，但什么叫适当待遇留人？要想提高国企竞争力，为什么就不能用一流的待遇留住一流的人才？

其实，细算一下，国有企业的人力成本一点都不低，比如住房、养老、医疗保险这三大基金在企业成本中的比例相当大，为什么我们和外资企业的收入一比，就好像少了许多呢？关键是我们没有利用好住房这一优势。

有人开玩笑地说：虽然家家都有本难念的经，但国企人事部的经尤其难念。但我并不这样悲观。尽管国企受国家整个大政策的制约，许多事我们想做却不能做，比如，如果把国企住房补贴与市场房价之差的费用算在他的工资上，或者纳入奖励体系，绝对能吸引一大批业界优秀人才。

人事经理如何做人事？

我刚到人事部的时候，让我讲两句话，我当时就非常犹豫，因为我没来人事部之前，我总觉得人事部的人都是净琢磨别人的人，不是考核这个人，就是算计那个人（比如工资等），大家的各种利益似乎全都攥在他们手里，所以，我多少有点怵他们。

但我现在自己干了这项工作以后，我觉得必须改变大家对我们这种印象，要让他们觉得我们不仅是其他部门的战略伙伴，更是向他们提供优质资源和良好服务的朋友和贴心人。比如，你知道国有企业的工资总量是有额度的，有的时候即使企业效益很好，员工的工资上涨幅度也是要受限制的，但我们会想方设法解决这些问题，员工就很感谢我们。

我虽然在国企人事部干的时间不长，但我感觉在这个部门能接触到各种人，可以让你学到很多东西，知道如何在领导们之间进行协调，就像一位人事老前辈所讲，当好人事经理关键要把握三条：授权有限、守口如瓶、推功揽过。

在我们采访即将结束的时候，隋纯东经理意味深长的一句话给我们留下了深刻印象，“做人事经理绝不能干一辈子，有机会还是应做做业务，否则你不会真正理解干人事的意义”。

问题：

1. 传统人事管理与现代人力资源管理不同之处？

2. 你如何理解本案例的最后一句话？

# 第三章 职业生涯管理

**【本章要点】**

通过本章内容的学习，应了解和掌握如下问题：

1. 什么是职业生涯？

2. 个人的职业生涯规划。

3. 职业锚。

4. 组织的职业生涯规划。

**【开篇案例】**

### Amoco 的职业生涯通道管理

Amoco 是一家美国石油公司，总部设在芝加哥。Amoco 的高级管理人员认识到保持通道完整的重要性。这些天来，公司高级管理人员像他们关心石油管道那样关注人才通道。Amoco 公司已经经历了战略、结构和技术上的变革，要求员工必须迅速地适应新的技能要求。为了确保成功，需要在个体能力和业务需求间达成细致的平衡。

为了使公司恢复活力，董事会主席劳勒伦斯提出了一个计划。作为计划的一部分，集合了一个任务团队来设计职业生涯系统。任务团队由高层次的管理人员组成（人力资源职能对他们提供支持）；另外，每个任务团队成员都要与一些员工举行“咨询面谈”。这使得超过 500 名来自于 Amoco 各个层次的员工参与到了职业生涯系统的设计中。

Amoco 的职业生涯管理系统（ACM）历时两年半开发完成，包括四个关键部分：（1）教育，（2）评估，（3）开发，（4）结果。教育，由每个业务单元的高级管理团队利用午餐会议举行，所有员工都参加。接下来，开展一个半天的自愿参加的名为“探索 ACM”的项目。评估，通过随后的培训会议来完成，会议中员工分析他们拥有的与公司目标相关的技能。员工可以选择参加两个专题研究小组，一个聚焦当前技能，另外一个关注未来的职业生涯规划和工作丰富化，后者被称为最优化职业生涯选择。在每个专题研究小组中，管理者和员工共同识别出关于他们职业生涯目标的强项和弱势。

开发是 ACM 的第三个组成部分。员工和他们的管理者持续地进行职业生涯讨论。在会议中，员工提出完整的职业生涯计划，管理者提出一个清晰明朗的团队开发计划。通过这种方式，管理者和员工对职业生涯讨论做出了同等的贡献。

最后，ACM要与业务成果测量联系到一起。因为ACM的目标是要将员工的能力和组织目标相一致，结果就应该根据对团队和业务单元做出的贡献来测量，而不是将快速晋升作为衡量依据。

Amoco不断地从ACM系统中获取学习经验。到目前为止，高级管理人员认为主要教训包括：

- 为了获得高层管理的支持，开发必须与业务战略相联系。
- 不要试图使用“一刀切”方法，允许个体使用定制项目。
- 应将沟通看成至少与设计和执行一样重要。
- 职业生涯管理必须要与其他人力资源实践建立联系，例如招聘和培训，从而产生协同效应，加强组织和个体的目标。
- 项目应聚焦系统的最终目标——让人们思考如何使自己在市场中具有长远的竞争力，而不是仅仅在短期内得到更多的晋升。

通过ACM，公司形成了一种关注职业生涯管理的文化。Amoco的员工开始为自己的职业生涯负责，公司也建立了一个人才通道，能保证在正确的时间，正确的职务中获取具有正确技能的人才。

**点评：**

每一个人的特长和能力各不相同，每一个人的学习背景、工作环境、生活习惯截然不同。只有知彼知己，才能实现人力资源的优化配置。人适其位，事得其人。

## 第一节　职业生涯概述

### 一、职业生涯的概念

职业生涯是指个人一生中从事职业的全部历程。这整个历程可以是间断的，也可以是连续的，它包含一个人所有的工作、职业、职位的外在变更和对工作态度、体验的内在变更。一个人选择一种职业后可能会终身从事，也可能一生中转换几种职业。一个人如果他的职业是持续稳定的，可以把它叫做传统性职业生涯。例如，一名工程师的职业生涯最初是助理工程师，随着其专业知识的增长和工作经验的丰富，其职位可能会逐步晋升为工程师和高级工程师。但一个人的职业生涯也可能由其兴趣、能力、价值观及工作环境的变化而发生变化，可能从事多项职业，这种职业生涯叫做易变性职业生涯。如一个人职业最初是一名技术人员，后来从事管理工作等。但一旦进入职业角色，他的职业生涯就开始了。

## 二、职业生涯发展阶段理论

### （一）舒伯的职业发展阶段理论

舒伯（Donald. Super）的职业发展阶段理论是工业发达国家较为常用的一种理论。舒伯认为，每个人都有一个职业周期，要经过几个发展阶段。职业发展的本质就是人们的自我概念与外界的现实环境合为一体的过程，而驱动这一过程的根本动机，就是人们自我概念的实现与完成。据此，他把一个人可能经历的主要职业过程大体分为五个阶段：

1. 成长阶段（growth stage）（0～14 岁）

在这一阶段，个人通过对家庭成员、朋友、老师的认同以及与他们之间的相互作用，逐步建立起了自我的概念。这一阶段的开始，角色扮演是极为重要的。在这一时期，儿童将尝试各种不同的行为方式，这将帮助他们建立起一个独特的自我概念或个性。这一阶段将要结束时，已经是对自身兴趣和能力有了基本看法的进入青春期的少年，将开始对可能选择的职业进行现实性的思考。

2. 探索阶段（exploration stage）（15～24 岁）

这一阶段，人们将认真地探索各种可能的职业选择。他们试图将自己的职业选择与他们对职业的了解以及通过学校教育、休闲活动和业余工作等途径所获得的个人兴趣和能力匹配起来。在这一阶段初期，他们往往会做出带有试验性质的较为宽泛的职业选择，随着个人对所选的职业以及对自我的进一步了解，这种最初的选择往往会被重新界定。这一阶段结束时。一个看上去比较恰当的职业就已经被选定，他们已经做好了开始工作的准备。

3. 确立阶段（establishment stage）（25～44 岁）

它是大多数人工作生命周期的核心部分。在这期间，个人找到合适的职业并全力以赴地投入到有助于自己在此职业中取得永久发展的各种活动中。

4. 维持阶段（maintenance stage）（45～65 岁）

在这一职业的后期阶段，人们一般都已经在自己的工作领域中为自己创立了一席之地。他们的主要精力用在保有这一位置上。

5. 衰退阶段（decline stage）（65 岁以后）

在这一阶段，人的身心状况逐渐衰弱退化，达到退休年龄，原来的工作停止，进而发展新的角色。学会适应退休生活，成为老年人的良师益友。

### （二）施恩的人生周期分析理论

一个人在一生中要不断地面临各种各样的困境和问题，归纳起来有三个主要方面：一是学习、成长中遇到的问题和麻烦；二是婚姻家庭中的矛盾和难题；三是社会职业工作过程中的苦恼和困难。因此，美国职业管理研究专家施恩（Schein E. H—）教授认为，一个人的人生发展周期是生物—社会生命周期、婚姻—家庭生活周期、工作—职业生涯周期三种周期交互作用的结果，每个周期都存在可能一致协同也可能重叠或矛盾冲突。（表 3－1）展示了职业生涯阶段的选择点、里程碑、阶段性目标及终点。

**表 3－1　职业生涯阶段发展重点**

| 阶段 | 年龄 | 主要任务 |
|---|---|---|
| 成长阶段 | 0～14 岁 | （1）幻想期：0～10 岁，以需求为主。尝试各种经验<br>（2）兴趣期：11～12 岁，以喜好为主，形成自我观念<br>（3）能力期：13～1 4 岁，选择职业以能力为依据，了解工作的目的和意义 |
| 探索阶段 | 15～24 岁 | （1）认知并接受职业选择的信息，同时获得有关资料<br>（2）了解兴趣和能力以及它们与工作机会的关系<br>（3）认清与能力和兴趣相一致的工作领域和阶层<br>（4）接受训练以培养技能和便于就业，或从事能实现兴趣和能力的职业 |
| 确定阶段 | 25～44 岁 | （1）从经验或训练中获得足够的工作能力<br>（2）强化和改善职业地位 |
| 维持阶段 | 45～65 岁 | （1）通过在职进修或在职培训以保持技能<br>（2）发展退休的财源或计划 |
| 衰退阶段 | 65 以上 | （1）使工作配合生理技能<br>（2）处理资产以维持独立 |

（三）金斯伯格的职业生涯发展理论

美国著名职业指导专家金斯伯格（Eli Ginzberg），对职业生涯的发展进行过长期研究，对于实践产生过广泛影响。金斯伯格的职业发展理论将职业生涯分为幻想期、尝试期和现实期。

1. 幻想期处于 11 岁之前的儿童时期。儿童们对大千世界，特别是对于他们所看到或接触到的各类职业工作者，充满了新奇、好玩的感觉。此时期职业需求的特点是：单纯凭自己的兴趣爱好，不考虑自身的条件、能力水平和社会需要与机遇，完全处于幻想之中。

2. 尝试期 11－17 岁，这是由少年儿童向青年过渡的时期。此时起，人的心理和生理在迅速成长发育和变化，有独立的意识，价值观念开始形成，知识和能力显著增长和增强，初步懂得社会生产和生活的经验。在职业需求上呈现出的特点是：有职业兴趣，但不仅限于此，更多地和客观地审视自身各方面的条件和能力；开始注意职业角色的社会地位、社会意义以及社会对该职业的需要。

3. 现实期 17 岁以后的青年年龄段。即将步入社会劳动，能够客观地把自己的职业愿望或要求，同自己的主观条件、能力以及社会现实的职业需要紧密联系和协调起来，寻找适合于自己的职业角色。此期所需求的职业不再模糊不清，已有具体的、现实的职业目标，表现出的最大特点是客观性、现实性、讲求实际。金斯伯格的职业发展论事实上是前期职业生涯发展的不同阶段，也就是说，是初就业前人们职业意识或职业追求的变化发展过程。

（四）格林豪斯的职业生涯发展理论

萨柏和金斯伯格的研究侧重于不同年龄段对职业的需求与态度，而美国心理学博士格林豪斯（Greenhouse）的研究则侧重于不同年龄段职业生涯所面临的主要任务，并以此为依据将职业生涯划分为以下五个阶段。

1. 职业准备阶段（0－ 18 岁）。这一阶段的主要任务是：发展职业想象力，对职业进行评估和选择，接受必需的职业教育。

2. 进入组织阶段（18－25 岁）。这一阶段的主要任务是：在一个理想的组织中获得一份工作，在获取足量信息的基础上，尽量选择一种合适的、较为满意的职业。

3. 职业生涯初期阶段（25－40 岁）。这一阶段的主要任务是：学习职业技术，提高工作能力；了解和学习组织纪律和规范，逐步适应职业工作，适应和融入组织；为未来的职业成功做好准备。

4. 职业生涯中期阶段（40－55 岁）。这一阶段的主要任务是：需要对早期职业生涯重新评估，强化或改变自己的职业理想；选定职业，努力工作，有所成就。

5. 职业生涯后期阶段（从 55 岁直至退休）是职业生涯的后期阶段。这一阶段的主要任务是：继续保持已有职业成就，维护尊严，准备引退。

## 三、职业选择理论

（一）个性－职业类型匹配理论

每个人都有自己的职业意愿和职业渴望，职业咨询专家霍兰德（John Holland）认为，人格（包括价值观、动机和需要等）是决定一个人选择何种职业的一个重要因素。他特别强调个人选择何种职业的六种基本的职业性向。比如一个有着较强社会性向的人可能会愿意从事那种包含着大量人际交往内容的职业，而不愿去从事那种包含着大量智力活动或体力活动的职业。霍兰德基于自己对职业性向测试的研究，发现了六种基本的职业性向或人格类型。

（1）现实型。具有这种性向的人倾向于去从事那些包含着体力活动并且需要一定的技巧、力量和协调才能承担的职业。这些职业的例子有：操作工（蓝领工人）、工程师、园艺工人等。

（2）研究型。具有这种性向的人倾向于去从事那些包含着较多认知活动

（思考、组织、理解等）的职业，而不是那些主要以感知活动（感觉、反应或人际沟通以及情感等）为主要内容的职业。这种职业的例子有：研究与开发人员、大学教授、科学家等。

(3) 社会型。具有这种性向的人倾向于去从事那些包含大量人际交往内容的职业，而不是那些包含着大量智力活动或体力活动的职业。这种职业的例子有：营销人员、外交工作者及社会工作者等。

(4) 常规型。具有这种性向的人倾向于去从事那些包含大量结构性的且规律较为固定的活动的职业，在这些职业中，雇员个人的需要往往要服从于组织的需要。这种职业的例子有：会计、银行职员、秘书等。

(5) 企业型。具有这种性向的人倾向于去从事那些包含大量以影响他人为目的的语言活动的职业。这种职业的例子有：管理人员、律师及公共关系管理者等。

(6) 艺术型。具有这种性向的人倾向于去从事那些包含大量的自我表现、艺术创造、情感表达以及个性化活动的职业。这种职业的例子有：艺术家、广告制作者及摄影师等。

霍兰德的职业选择理论，实质在于个体与职业的互相适应。他认为，人找到适宜的职业岗位，其才能与积极性才会得到更好的发挥。若从事与自身类型特征相差很远的职业，比如常规型的人从事艺术型职业，工作效果便很难达到最佳状态。人的类型与职业类型相关越高，两者适应程度越高；二者相关越低，相互适应程度就越低。

（二）帕金森的职业—人匹配理论

该理论最早由美国波士顿大学教授帕金森提出。1909 年，帕金森在其著作《选择一个职业》中，阐明了职业选择的三大要素：

(1) 应清楚地了解自己的态度、能力、兴趣、智谋、局限等个人特征。

(2) 应清楚地了解职业选择成功的条件，所需知识，在不同职业工作岗位上所占有的优势、不利和补偿、机会和前途。

(3) 上述两个条件的平衡，即在了解个人特征和职业要求的基础上，选择一种适合个人特点又可获得的职业。帕金森的职业—人匹配理论其内涵就是在清楚认识、了解个人的主观条件和社会职业岗位需求条件基础上，将主客观条件与（对自己有一定可能性的）社会职业岗位相对照，相匹配，最后选择一个职业与个人匹配相当的职业。职业—人匹配可以分为两种类型：

(1) 因素匹配。例如，所需专门技术和专业知识的职业与掌握该种特殊技能和专业知识的择业者相匹配；或者脏、累、苦劳动条件很差的职业，需要吃苦耐劳、体格健壮的劳动者与之匹配；

(2) 特性匹配。例如，具有敏感、易动感情、不守常规、个性强、理想主义等人格特性的人，宜于从事审美性、自我情感表达的艺术创作类型的职业。

## 四、职业锚理论

（一）职业锚的概念

薛恩（Edgar Schein）认为，职业生涯设计实际上是一个持续不断的职业探索过程。在这一探索过程中，个体会根据自己的天资、能力、动机、需要、态度和价值观等慢慢地形成一个较为明晰的与职业有关的自我概念。随着个体对自己越来越了解，他就会越来越明显地形成一个占主要地位的职业锚（career anchor）。所谓职业锚，就是当一个人不得不做出某些职业选择的时候，他或她都不会放弃的那种至关重要的东西或价值观。其实，职业锚就是人们选择和发展自己的职业时所围绕的中心。一个人的职业锚是在不断发展变化的，它实际上是一个不断探索而产生的动态的结果。也有些人可能一直不知道自己的职业锚是什么，直到他们的工作面临某些重大变化时，一个人过去的工作经历、兴趣、资质等才会整合起来形成一个富有意义的模式（职业锚）。这个模式会告诉他，对他来说，到底什么东西是最重要的。

（二）职业锚的类型

薛恩根据对大学毕业生的研究，提出了五种职业锚。

1. 技能或功能型职业锚

那些具有较强的技术或功能性职业锚的人总是倾向于选择那些能够保证自己在既定的技术或功能领域中不断发展的职业，而不愿意选择那些带有一般惯例性质的职业。

2. 管理型职业锚

有些人愿意承担较高责任，具有从事管理工作的强烈动机。“他们的职业经历使得他们相信自己具备被提升到那些一般管理性职位上去所需要的各种必要能力以及相关的价值倾向。”当追问他们为什么相信自己具备获得这些职位所必需的技能时，许多人回答说，由于他们认为自己具备以下三方面的能力：分析能力，尤其是在信息不完全以及不确定的情况下发现问题、分析问题和解决问题的能力；人际沟通能力，能够在各种层次上影响、监督、领导、操纵以及控制他人的能力；情感能力，面临情感和人际危机时，只会受到激励而不会受其困扰和削弱的能力，以及在较高的责任压力下不会变得无所作为的能力。

3. 创造型职业锚

有许多大学生在毕业之后逐渐成为成功的企业家。在薛恩看来，这些人都有这样一种需要：“建立或创设某种完全属于自己的东西——一件署着他们名字的产品或工艺、一家他们自己的公司或一批反映他们成就的个人财富等。”

4. 自主与独立型职业锚

有些人希望自己能够决定自己的命运，他们希望摆脱那种因在大企业中工作而依赖别人的情况。他们不喜欢那种在大企业中，个人的晋升、工作调动、薪酬等诸多方面都要受别人摆布的情况。这些人也具有强烈的技术或功能导向，但不是到某个企业中去追求这种职业，而是决定去成为一位咨询专家，要么是自己独立工作，要么是作为一个相对较小的企业的合伙人来工作。

5. 安全型职业锚

有些人较为重视长期的职业稳定和工作的保障性。他们比较愿意从事能够提供有保障的工作、体面的收入以及可靠的未来生活的职业。他们选择的职业往往有良好的退休计划和较高的退休金，使自己能够终生有所依托。另外，对于喜欢稳定工作的人，他们往往不愿意因为工作而变动生活环境。在个体的职业选择阶段，首先应该确定自己的目标，然后根据自己的长远目标考虑可能的企业和可供选择的工作。在个体的职业发展阶段，其职业生涯设计需要个体与组织共同努力和互相协作，个体需要在职业生涯设计过程中承担以下责任：

（1）要对自己的个性、能力、职业兴趣和价值观念进行客观公正的评价；（2）分析可供自己选择的职业资源；（3）确定自己将来的长期和短期发展目标；（4）向管理人员说明自己的职业倾向；（5）与管理人员协商，确定双方都可以接受的达到目标的实施方案；（6）执行双方商定的行动方案。

## 第二节　职业规划

### 一、职业生涯规划的含义和作用

职业生涯规划，是在个人发展与组织发展相结合的基础上，将员工职业生涯的主客观因素进行分析、总结和测定，确定其事业奋斗目标，并选择实现这一事业目标的职业，编制相应的工作、教育和培训等行动计划，对每一步骤的时间、顺序和方向进行合理安排，以期实现职业目标。

职业生涯规划是人力资源开发的重要内容之一，也是当今人力资源管理的一大走势，它在各个公司、企业、机关的成长、运转、发展过程中都发挥了举足轻重的作用。

1. 职业生涯规划是个人成才的有效方法

人生在世，谁都想成就一番事业，却并非人人都能如愿以偿，问题何在？当然，自身的素质、能力、机遇，是重要的前提。但有许多人具备了这样的前提却没有成就自己的事业，原因就在于他们或他们所在的组织忽视了对其职业生涯的规划。良好的职业生涯规划可以使员工充分地认识自己，客观地分析环境，科学地树立目标，正确地选择职业，运用适当的方法，采取有效的措施，克服职业生涯发展困阻，避免人生陷阱，获得事业的成功。

我们都知道张海迪凭着不屈的意志，以残疾之躯成就了个人的辉煌事业，但许多人却没有进一步深入思考，那就是她善于扬长避短，发现、利用、挖掘自身优势的结果。海迪性格开朗，喜欢唱歌，梦想当一个芭蕾舞演员，希望成为一名教育工作者，但作为残疾人，这些理想实在是难以实现。于是她面对现实，发挥自己博闻强记、时间宽裕的优势，以学习外语，作为事业的突破口。经过刻苦钻研，一步步走上了从事翻译、文学的职业发展道路并取得了巨大的成就。而南唐后主李煜却入错了行，招来杀身之祸且亡国。李煜性格懦弱，感情细腻，风流倜傥，是天生的文学艺术之才。但这位在中国文学史上占有重要地位的词人却偏偏阴差阳错地做了皇帝。政治家和艺术家是两种水火不容的性格，前者需要刚毅坚韧、冷静果断，而忌讳感情用事；后者需要感情丰富、浪漫细腻，而忌讳客观冷静。这是两种截然不同的性格特征，倘若互换，注定酿成大错。文学艺术天才李煜入错了行，终于没能逃脱沦为亡国之君，被鸩酒毒死的悲惨命运。因此，古往今来大凡事业成功者，都能根据自身特点，扬长避短，规划自己的职业人生，并按照自己选定的职业道路坚定不移的走下去，获得成功，品尝欢乐。特别是近年来，随着社会的快速发展，经济竞争的不断加剧，一些不能体察时代变迁和环境变化的人，在这种充满了诱惑、机会、挑战、陷阱的多变时代，往往手忙脚乱，不知何去何从，其结果不仅事业无成，而且身心受到严重影响。正因如此，在新时代的变革中，更应及早做好职业生涯规划，发现自我、驾驭自我、挑战自我、成就自我。

2. 职业生涯规划是组织留住人才的最佳措施

企事业单位人才流失的原因是多方面的，但其中原因之一是环境适应问题，环境不适应，难以发挥才智，只好走人；二是才能发挥问题，不能发挥所长，自然另谋高就。我们首先分析环境适应问题。美国心理学家勒温（K. I. ewin）提出了个人与环境关系的公式：

$$B=（E，P）$$

式中：$B$——个人绩效；

$p$——个人的能力和条件。

$e$——所处环境

勒温的场论指出：个人所能取得的绩效，不仅与他的能力和素质有关，而且也与其所处的环境有密切的关系。如果一个人处于不利的环境之中（如专业不对口，人际关系恶劣，心情不舒畅，工资待遇不公平，领导作风专断，不尊重知识和人才），则很难发挥其聪明才智，也很难取得应有的成绩。而且一般员工个人对改善环境的作用有限，改变的方法就是离开这个环境，转到一个更适宜的环境中去工作，这也是人才流动的原因之一。

## 二、有效职业生涯规划的特点

良好的职业生涯规划应具备以下几个特性：

1. 可行性

有效职业生涯规划必须依据个人及组织环境的现实而进行，从而是能够实现和落实的计划方案，而不是没有依据或不着边际的幻想；否则，就会贻误职业生涯的良好时机。

2. 适时性

有效职业生涯规划的各项活动的实施与完成，都应有时间和顺序上的安排，以便作为检查行动的依据。

3. 灵活性

有效职业生涯规划是关于未来的职业生涯目标与行动，涉及许多不确定性因素，因此，规划应有弹性，随着外界环境及自身条件的变化，应及时调整自己的职业生涯规划方案，以增加其适应性。

4. 持续性

职业生涯目标是人生追求的重要目标，职业生涯规划应贯穿人生发展的每一个阶段，通过不断的调整与持续的职业活动安排，保证人生每个发展阶段都能持续连贯衔接，最终实现职业生涯的目标。

### 三、职业生涯规划要素和步骤

从职业生涯发展的规律来看，虽然每个人都有各自独特的发展阶段与历程，但他们在做职业生涯规划时，却不可避免地要考虑一些必要的共同因素，这些因素被称为职业生涯规划要素。俗话说“知己知彼，百战不殆”，这句话恰好点出了职业生涯规划的主体要素：所谓“知己”就是认识自我，了解自我；“知彼”就是认知与职业生涯发展有关的周围环境。“知己”与“知彼”相联系，就能保证所确定的目标符合现实，所从事的职业能发挥自己的特长，即做出了正确的职业“抉择”。所以，“知己”、“知彼”、“决策”就是职业生涯规划的三要素。即，生涯规划：知己＋知彼＋决策。三者关系如图 3－1 所示。

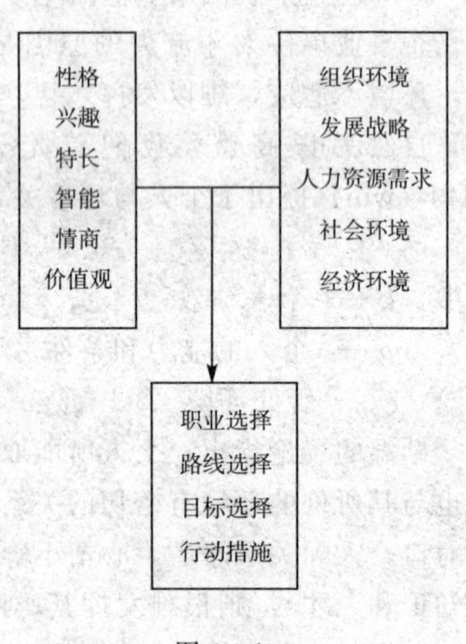


图 3－1

职业生涯规划是一个周而复始的连续过程，其中包括确定志向、自我评估、生涯评估、职业选择、职业生涯路线选择、确定目标、制订行动计划、评估与回馈八个步骤。如图 3－2 所示。

1. 确定志向。俗话说："志不立，天下无可成之事。"综观古今中外，各行各业的佼佼者，都有一个共同的特点，就是他们都具有远大的志向。所以，在制定生涯规划时。首先要确立志向，这是制定职业生涯规划的关键点之一。

2. 自我评估。自我评估就是"知己"，即对自己作全面的分析以认识自己。自我认识是对自我性向、行为、情感、价值观等与自我有关的一切因素的认识，包括生理自我（相貌、身材、身体等）、心理自我（性格、气质、意志、情感、能力等）、理性自我（思维方式、知识水平、道德水平等）、社会自我（在社会中的责任、权利、义务、名誉，自己对他人的和他人对自己的态度的评价等）等方面的优缺点的评估与判断。自我的某些方面，可以借助一些已经比较成型的测试工具加以准确把握，如人格测试可以借助明尼苏达多项人格测试（简称 MMPI）、卡特尔 16 种个性因素测验来完成；智力测验可以借助韦克斯智力量表来完成；能力测验可以借助一般能力倾向测验（GATB）来完成；职业兴趣测验可以借助斯特朗—坎贝尔兴趣问卷（SCII）、库德兴趣问卷等来完成。

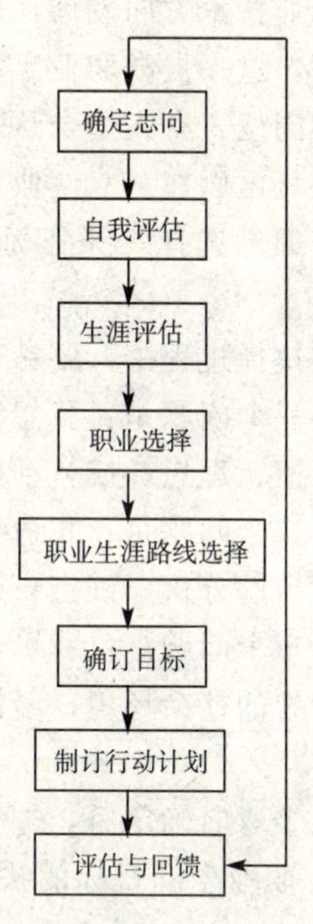

图 3－2　职业生涯规划

3. 内外环境分析。所谓内外环境分析即"知彼"的过程。在漫长的人生进程中，身边其他人，所处的组织环境、社会环境、经济环境将直接影响职业的发展，因此，在做职业生涯规划时必须对这些因素进行深入的分析和研究。人的工作是群体的组织活动，自己的发展与他人及自己所处的组织都有或多或少的关联。因此，全面地了解他人的情况（如性格、学历、工作能力、业绩、家庭背景、发展趋势等），详尽了解所在的组织环境（包括组织文化、组织结构、经营战略、薪酬方案、升迁政策、福利措施等方面），才能确定自己的优势与强项，选择适合自己生存和发展的空间环境，准确把握自己的奋斗目标与方向。同样，社会环境（包括社会政策、社会变迁、科学技术的发展等）、经济环境（包括经济增长率、经济景气度、经济建设速度等）也会对个人职业生涯发展产生重要影响。

4. 职业选择。在认识自己，了解内外环境后，接下来就是职业选择了。职业选择是事业发展的起点，正确与否直接关系到事业的成功与失败。个人进行职业选择和人力资源部门进行就业指导时，都存在诸多需要考虑的因素。就个人而言应主要考虑个性特点、气质类型、性格特征、个人能力等是否与所选职业吻合，这些内容在以前章节已经介绍过，需要强调的是认清自我、分析环境、了解职业，使自己的性格、兴趣、特长与职业相吻合，对刚步入社会初选职业的年轻人非常重要。与其试图改变自己以适应职业，莫如顺应自己天然的独特优势，选择最能发挥自己特长的职业，从而恰到好处地实现自我价值，实现职业理想。当然，职业选择对在职人员调整自己的职业路径取向，对即将离退休人员再次选择职业也同样重要。

5. 职业生涯路线选择。所谓职业生涯路线，是指当一个人选定职业后，是向专业技术方向发展，还是向行政管理方向发展。发展方向不同，各自要求也不同，这一点在职业生涯规划过程中十分重要。因为即使是同一职业也会有不同的岗位，有人适合从事行政工作，会成为一名卓越的管理人才；有人适合搞研究，可以在某一专业领域有所建树；有人适合搞经营，可以在商海中屡建功勋。如果选择一条不适合自己发展的生涯路线，就很难达到理想的职业顶峰。

在抉择过程中，要针对以下三个问题询问自己。

第一个问题是：我想往哪一路径发展？这是“知己”的过程，即通过对自己的价值、理想、成就动机的分析，确定自己的理想目标取向。

第二个问题是：我适合往哪一路径发展？即通过对自己的性格、特长、经历、学历的分析，确定自己的能力取向。

第三个问题是：我可以往哪一路径发展？这是“知彼”的过程，即通过对自己身处的社会环境、经济环境、政治环境、组织环境的分析，确定自己的机会取向。

三个取向确定后，进行综合分析，确定自己的职业生涯路线。

6. 职业生涯目标的抉择。在确定了人生的职业和生涯路线后，就是目标抉择了。

一个人要获得事业的成功，必须按照人生的成功规律来制定行动的目标和规划。也就是说，一个未来的成功者，必定是一个目标意识很强的人。所谓目标抉择，就是明确自己在行政管理职务上要达到什么级别，担任什么社会角色，在专业技术职务上成为哪一级的专家。

一个人确立什么样的事业目标，要根据主客观条件加以设计，每个人条件不同，目标也不可能完全相同，但确定目标应遵循的规则却是相同的，即目标要符合社会与组织的需求，目标要符合自身的特点，目标高低的幅度恰到好处，目标正当、明确、具体并留有余地，等等。

最后，还要强调一点，一旦事业目标确定后，就要坚定不移地贯彻实施下去。每个人的事业都掌握在自己手中，规划好自己的职业生涯，是自己的义务、责任和权力。

# 第三节　组织的职业生涯规划

## 一、组织职业生涯开发

组织职业生涯管理是指管理部门根据组织发展和人力资源规划的需要，在组织中制定与员工职业生涯整体规划相适应的职业发展规划，为员工提供适当的教育、培训、轮岗和提升等发展机会，协助员工实现职业生涯发展目标。其实质就是把员工职业生涯规划的制定、实施、调控纳入组织的人力资源规划体系中。

在进行组织职业生涯开发时，首先应该树立职业生涯的可认知性和可开发性的观念。职业生涯是可预测、可规划和可开发的，这是职业生涯开发的基本假设。如果没有这样的假设，无论是个人的职业生涯开发还是组织的职业生涯开发活动都是没有意义的。

职业生涯之所以可以预测、可以规划和可以开发是因为职业生涯可以被描述或划分为大致相似的阶段。人的职业生涯是生命历程的一部分，受生命事件和周期的影响。在生命周期的不同阶段，我们需要解决的生理和心理压力与问题是大致相同的。随着年龄的增长，我们在不同的年龄阶段面临的认识、情感方面的困惑和需要解决的问题是基本一致的。这些问题决定了职业生涯开发也应该解决相同的问题。

其次，应该认识到，职业生涯开发是个人与组织相互作用的结果。对于任何一个从业者来说，在他的整个职业生涯发展过程中应聘、进入组织、提升、离职等职业过渡行为只是某个特定阶段的事，但却对个人的职业生涯有着至关重要的影响。人的职业生涯本身就是个人与组织相互作用的结果。从个人来看，进入组织就是应聘、受训、领悟组织、上岗的过程；从组织的角度看，则是挑选、基础训练、组织社会化和安排第一次工作的过程。这两方面的过程实质上是“新成员”与组织之间的一种谈判式的相互作用，即个人将有所贡献与组织将预期获取，以及个人将有所需要与组织对个人需要的预期满足之间的配合关系，最终决定能否相互接纳。其结果或是新成员与组织相互接纳成为正式成员，或是新成员自行离开或被解职。

在个人与组织相互作用的过程中，组织社会化是一个很重要的环节。组织社会化是指使新员工转变为精干的组织成员的过程。有效的社会化包括为胜任本职工作做准备，对组织有充分的了解以及建立良好的工作关系。当一个应聘者正式进入一个组织，开始承担第一项工作后，就开始了组织社会化阶段。在这个阶段中，为员工安排富有挑战性的第一项工作任务，允许他们发挥与发展自己的技能，激励他们做好工作是组织的首要责任。员工刚刚进入一个组织时，常常遇到一个“现实冲击”问题。所谓“现实冲击”是指一个人面临个人的预期和梦想与自己真实适合干什么、组织要求干什么等之间的差距，或者说是梦想与现实之间的差距，对个人产生的巨大的心理冲击。为了很好的应对现实冲击，组织要尽可能与新员工进行沟通并对其进行相关培训，使其了解组织使命、组织结构和组织文化等：对新员工的第一次见习工作绩效要进行及时可靠的反馈评价，帮助其形成正确的自我意象。此外，教育机构、职业咨询机构以及家庭方面也要协助教育毕业生认清自己的需要，教导他们如何管理早期职业生涯。以上这些职业生涯发展的措施的目的是克服梦想与现实的差距，以转化个人预期需要为个人现实需要，并使之与组织需要相互配合。

## 二、组织职业生涯规划

根据霍尔的观点，无论是个人还是组织都会对个人的职业生涯开发活动有兴趣，他们所采取的行动可以被概括为职业生涯规划和职业生涯管理，这是个人和组织所进行的两类重要的职业生涯开发活动。一般说来，我们可以将职业生涯规划看成是以雇员为中心进行的活动，而将职业生涯管理看成是以组织为中心进行的活动。而且，这两者之间不是截然分开的，它们构成了一个连续体。

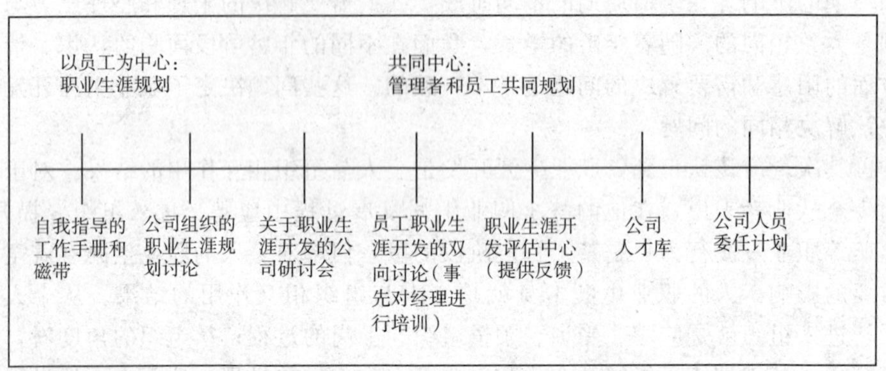


资料来源：D.T.Hall, “An overview of current cureer development theory, research, and practice” . In D.T. Hall and associates(eds.): Corver development in organizations(4). San prancisco: jossey.Bass, 1986

图 3－3　职业开发系列活动

职业生涯规划是个人积极地进行的了解自己和控制自己工作生活的活动，包括对自我、对面临的机会和限制、对所能进行的选择及其可能的后果的认知；确定与职业生涯相关的目标；和对自己的教育、工作和经历进行安排，以使自己能按照既定的时间、方向和顺序去实现自己的职业生涯目标。当然，强调职业生涯规划的个人性并不意味着个人只能独自进行这一规划，他还能利用社会网络和社会关系寻求帮助和支持。如果他已经在一个组织中，他还可以在组织中和从组织中的其他个人（如主管、上级、同事、咨询人员等）处获得这种支持和帮助。但是，需要注意的是，职业生涯规划主要完成的是个人的事情。通过这一活动，个人能充分了解自己的优点和缺点，知道自己究竟想要什么，同时，充分了解自己面临的机会和挑战，知道自己如何才能通过一系列的行为达到希望到达的目标。

在职业生涯开发连续体的另外一端，是由组织所进行的帮助员工实现与组织一致的职业生涯目标的职业生涯管理活动，它包括准备、实施、监督和教练等一系列的活动。这也是通过一系列的规划活动来实现的，但是，这些规划活动不是从个人的角度进行的，而是从组织角度进行的，是为了更好地实现组织的人力资源管理目标而实施的。如典型的职业生涯管理活动就是高层管理岗位的继任计划，这种计划是为了共同实现员工个人和组织目标而设计的。

## 三、组织职业生涯管理

### （一）组织职业生涯管理的概念

组织职业生涯管理，是指组织为了达成组织和个人的目标而采取的一系列旨在开发人的潜力的措施，简称职业管理。职业管理自招聘新员工进入组织开始，直至员工流向其他组织或退休而离开组织的全过程，它同时涉及职业活动的各个方面。从组织的角度看，对员工的管理体系能否保证使员工在合适的时间改变其在组织中的相对地位，将对组织的生产效率和效益产生非常重要的影响。人力资源管理的一个基本假设就是，企业有义务最大限度地利用员工的能力，并且为每一位员工都提供一个不断成长以及挖掘个人最大潜力和建立成功职业的机会。而职业管理是从组织角度出发，将员工视为可开发增值而非固定不变的资本，通过激发员工对职业目标的努力，谋求组织的持续发展。

### （二）组织职业生涯管理的意义

所有的人力资源管理活动不仅能够满足企业的需要，而且能够满足员工的需要。企业从更具有奉献精神的员工所带来的绩效改善中获利，员工则从工作内容更为丰富、更具有挑战性的职业中获得收益。通过职业管理，一方面通过全体员工的职业技能的提高带动组织整体人力资源水平的提升；另一方面是在职业生涯管理中心的有意引导下，可使那些与组织目标方向一致的员工脱颖而出，为培养组织高层经营、管理或技术人员提供人才储备。因此，组织职业管理对组织和个人的发展都具有十分重要的意义。

对组织的作用主要表现在：第一，使员工与组织同步发展，以适应组织发展和变革的需要；第二，经过职业生涯管理，一旦组织中出现了空缺，可以很容易在组织内部寻求到替代者，以减少填补职位空缺的时间；第三，从组织内部选择的员工在组织适应性方面比从外面招聘的强；第四，满足员工的发展需要，可增加对组织的承诺，从而留住人才、凝聚人才，使企业能够长盛不衰。

对个人的作用主要表现在：第一，通过组织职业生涯管理，使员工能获得更好地认识自己的机会，为发挥自己的潜力奠定基础；第二，通过职业管理活动，可在组织中学到各种有用的知识，从而增加员工自身的竞争力；第三，能满足个人的归属需要、尊重需要和自我实现的需要，进而提高生活质量，增加个人的满意度；第四，通过职业管理，可以充分发掘员工的潜力，并且对不同的员工最终能达到人职匹配的目的。

（三）组织职业生涯管理的方法

与组织的其他制度不同，职业管理的目的既要满足组织发展的需要，也要满足个体发展的需要，通过着眼于帮助员工实现职业生涯计划来达成组织发展的目的。因此，要实行有效的组织职业管理，必须了解组织的现状是什么？组织面临的问题有哪些？组织的结构与组织目的是什么？同时还要了解关于员工的信息，比如：员工在实现职业目标过程中会在哪些方面碰到问题？如何解决这些问题？员工的漫长职业生涯是否可以分为有明显特征的若干阶段？每个阶段的典型矛盾和困难是什么？如何加以解决和克服？组织在掌握这些情况之后，才可能制定相应的政策和措施帮助员工找到职业发展的方向。从组织角度，为了使员工能够不断地满足组织的要求，组织的职业管理工作主要是提供组织的职业需求信息及职业提升路线或策略，了解自己的资源储备，并有针对性地开发组织内部的人力资源。

1. 给员工提供自我评估的工具和机会

具体方法有：（1）职业设计讨论会。员工通过参与讨论，了解自己的优缺点、价值观、职业目标及相关信息，为个人发展提供方向，并掌握实现目标的策略和方法。（2）提供职业规划手册。有些员工没有时间参加或不愿意参加集体活动，组织需要给这些员工提供帮助使其认识自我、学会制定目标和实现目标的手段的文字性资料，使员工学会做职业设计。随着计算机的普及，有些组织专门设计了结构化的职业管理系统，以帮助员工做职业设计。（3）退休前讨论会。主要为退休员工很好地适应退休后的生活而进行的职业辅导活动。

2. 个别咨询

如果通过前面所说的活动，员工还有一些解决不了的问题，组织可提供个别咨询。具体有三种形式：一是经过人力资源部门的管理人员与员工讨论个人职业设计；二是其直接上级帮助员工确定个人职业发展；三是通过职业咨询师予以帮助。

3. 实施发展项目

实施发展项目指为了使组织能跟上时代发展，使组织中的人员具有组织所必须具备的竞争力而实施的人才培养计划。具体包括：（1）工作轮换，使员工在不同岗位上积累经验，为晋升或工作丰富化打基础。这种措施既可作为对专业人员的培训与开发，也可作为高级管理人员的培训与开发。（2）利用公司内、外人力资源发展项目对员工进行培训，如派员工到大学学习、鼓励员工接受继续教育、管理指导和建立师徒指导关系等。（3）参加有关学术或非学术的研讨会。(4) 专门对管理者培训或实行双重职业计划（管理方向和专业技能方向）。

在对员工进行职业指导和咨询以前，企业应该首先确定员工可能选择的职业路径。

职业路径是指组织为内部员工设计的自我认知、成长和晋升的管理方案。职业路径设计指明了组织内员工可能的发展方向及发展机会，组织内每一个员工可能沿着本组织的发展路径变换工作岗位。职业路径在帮助员工了解自我的同时使组织掌握员工职业需要，以便排除障碍，帮助员工满足需要。另外，职业路径通过帮助员工胜任工作，确立组织内晋升的不同条件和程序，对员工职业发展施加影响，使员工的职业目标和计划有利于满足组织的需要。良好的职业路径设计一方面有利于组织吸收并留住最优秀的员工，另一方面能激发员工的工作兴趣，挖掘员工的工作潜能。因此，职业路径的设计对组织来讲十分重要。员工的职业路径可以通过分析员工在组织中目前的工作情况来判断。对员工职业路径的要求是：第一，应该代表员工职业发展的真实可能性，无论是横向的发展还是纵向的升迁，都不应该以通常的速度为依据；第二，应该具有尝试性，能够根据工作的内容、任职的顺序、组织的形式和管理的需要进行相应的调整，同时也不要过分集中于一个领域；第三，具有灵活性，要具体考虑每位员工的工资报酬水平，以及对工作方式有影响的员工的工资报酬水平；第四，说明每个职位要求员工具备的技巧、知识和其他品质，以及具备这些条件的方法。在为员工确定职业道路时，首先应该进行工作分析，找出工作对员工要求的相同点和不同点，然后将对员工的行为要求类似的工作组合在一起，形成一个工作族，并在工作族和工作族之间找出一条职业通路。最后将所确定的所有职业路径连接起来，构成一个职业路径系统。

要在一个组织成功地实施职业生涯管理，必须克服来自多方面的阻力，并采取合理的步骤。实施职业生涯管理的阻力有的来自个人，也有的来自组织。要想获得成功的职业管理，首先要循序渐进，需要组织与个人密切配合。

1. 自我评价

自我评价有助于员工确定自己的兴趣、价值观、资质以及行为倾向。自我评价通常包括一些心理测验，比如人格测验、兴趣测验、自我指导研究。兴趣测验帮助员工了解自己的职业和工作兴趣；自我指导研究则可以帮助员工确认自己在不同类型的环境下从事工作的偏好。这些测验有助于员工思考他当前正处在职业生涯的哪一个位置上。并且还可以帮助个人评估自己的职业发展规划与他当前所处的环境以及可能获得的资源是否匹配。通过自我评价，就可以确定员工将来的开发需求。

2. 现实审查

在这一过程，员工获得公司对他们的技能和知识的评价以及他们是否与公司的规划（潜在的晋升机会、横向流动等）相符等方面的信息。通常情况下，这些信息是由员工的上级管理者作为绩效评价过程中的一个组成部分提供给员工的。员工与管理者在绩效审查之后还要进行单独的面谈，以讨论员工的职业兴趣、优势以及可能参与的培训开发活动。

3. 目标设定

在职业规划的这一阶段，员工需要确定他们的短期和长期职业目标。这些目标通常与期望的职位（比如，在三年内成为销售经理）、应用的技能水平（比如运用某人的预算能力改善组织的现金流量问题）、工作的设定（比如，在两年之内进入公司的影响部门）或者技能的获得（比如学会如何运用公司的人力资源信息系统）联系在一起的。这些目标通常都要与上级管理人员进行讨论并写入员工的开发计划当中。

4. 行动规划

在这一阶段中，员工需要决定如何才能达成自己的短期和长期的职业目标。在行动计划中可以包括本章中所讨论的任何一种或多种开发方法的组合。如增加培训课程研讨会、获得更多的评价、获得新的工作经验或者找到一位导师或者教练。

**本章小结**

职业生涯是指个人一生中从事职业的全部历程。这整个历程可以是间断的，也可以是连续的，它包含一个人所有的工作、职业、职位的外在变更和对工作态度、体验的内在变更。

良好的职业生涯规划应具备以下几个特性：

1. 可行性　2. 适时性　3. 灵活性　4. 持续性

组织职业生涯管理是指管理部门根据组织发展和人力资源规划的需要，在组织中制定与员工职业生涯整体规划相适应的职业发展规划，为员工提供适当的教育、培训、轮岗和提升等发展机会，协助员工实现职业生涯发展目标。其实质就是把员工职业生涯规划的制定和实施、调控纳入组织的人力资源规划体系中。

根据霍尔的观点，无论是个人还是组织都会对个人的职业生涯开发活动有兴趣，他们所采取的行动可以被概括为职业生涯规划和职业生涯管理，这是个人和组织所进行的两类重要的职业生涯开发活动。一般说来，我们可以将职业生涯规划看成是以雇员为中心进行的活动，而将职业生涯管理看成是以组织为中心进行的活动。

**复习与思考**

一、名词解释

1. 职业生涯管理　　2. 组织职业生涯管理

3. 职业选择　　　　4. 职业锚
5. 职业规划　　　　6. 组织职业规划
7. 职业发展

二、选择题

1. 职业管理学家萨柏把人的职业生涯划分为五个主要阶段（　　）。
A. 成长阶段　B. 探索阶段　C. 确立阶段　D. 维持阶段　E. 衰退阶段
2. 金斯伯格的职业发展理论将人的职业生涯分为以下三个阶段（　　）。
A. 幻想期　B. 尝试期　C. 现实期　D. 成长期　E. 衰退期
3. 施恩教授提出了以下几种类型的职业锚，即（　　）。
A. 技和职能型　B. 管理能力型　C. 创造型　D. 安全/稳定型　E. 自主/独立型
4. 职业—人匹配的择业选择理论是由（　　）提出的。
A. 美国波士顿大学教授帕金森
B. 美国心理学家、职业指导专家约翰．L. 霍兰德
C. 美国职业指导专家金斯伯格
D. 美国学者施恩教授
5. 个性—职业类型匹配的择业选择理论是由（　　）提出的。
A. 美国波士顿大学教授帕金森
B. 美国心理学家、职业指导专家约翰，L 霍兰德
C. 美国职业指导专家金斯伯格
D. 美国学者施恩教授
6. 传统的职业道路（　　）。
A. 是员工在一个组织里，从一个特定的工作到下一个工作纵向向上发展的一条途径
B. 既包括纵向的工作序列，也包括一系列横向的机会
C. 允许在企业内进行横向调动，有助于员工焕发新的活力
D. 认为技术专家能够而且应该允许将其技能贡献给公司而不必成为管理者

三、判断题

1. 职业生涯是指个人一生中从事职业的全部历程。（　　）
2. 组织职业生涯管理是指由组织实施的、旨在开发员工的潜力、留住员工、使员工能自我实现的过程。（　　）
3. 职业规划是个人确定职业目标并制订实现这些目标的计划的过程，和组织没有关系。（　　）
4. 传统的职业道路是员工在一个组织里，从一个特定的工作到下一个工作纵向向上发展的一条途径。（　　）

四、简答题

1. 简述施恩的职业生涯发展理论。
2. 简述萨柏的职业生涯发展理论。
3. 简述金斯伯格的职业生涯发展理论。
4. 什么是职业锚？简述职业锚的类型。
5. 如何确定自己的职业锚？

6. 要做好个人职业规划，必须注意哪些问题？

五、论述题

1. 试述组织参与职业规划的意义和作用。

六、案例分析

美国电话电报公司（AT & T）成立了一个名为“公司员工职业生涯系统部”的部门。它由15人组成，专门负责员工职业生涯开发工作，是面向整个公司的内部咨询单位。这一部门发现了若干驱动美国电话电报公司员工职业生涯开发的因素：(1) 管理层担心公司规模的缩小会影响员工的士气；(2) 人们认为缺乏对员工职业生涯开发的机遇或关注；(3) 重点人才和中层管理人员的流失；(4) 新旧人员的接替规划过程，员工职业生涯开发在其中起着核心作用。

需求分析是在员工职业生涯开发顾问委员会的协助下进行。这一组织由来自各个业务单位的中层人力资源管理人员组成，该组织下设不同的专题小组，其中之一负责开发一套员工个人职业生涯参考指南。由于公司的关心，越来越多的员工已经拟出自己的职业生涯发展计划。当员工制订出个人的职业生涯计划后，80%的人会参加员工与主管的对话，82%的人会按制订出的个人职业生涯计划行动。

公司的原则非常明确，个人应该为自己的前途负责，领导者和公司需要给予这一过程以不懈的支持，要“言而有信”。在从原有的家长式统治向员工要对自己负责过渡的企业文化转型过程中，人们通过人力资源规划与开发运作程序的过程和主管培训的推广，大幅度地提高了公司和领导者的参与程度。员工们认识到了自己的责任，认识到这是对自己大有好处的事情。

**试分析：**

1. 请结合你个人的经历，谈谈职业生涯开发工作对企业的重要性。

2. 你认为职业生涯开发的“三条腿原则”有何优缺点？在员工、领导者和公司“三条腿”中，你认为哪一个角色起决定性的作用？

# 第四章　人力资源管理的理论基础

**【本章要点】**

通过本章内容的学习应了解和掌握如下问题：

1. 人性假设理论；
2. 激励理论包括哪些内容；
3. 能力结构理论；
4. 激励要素及其组合应用。

**【开篇案例】**

**透明式经营法**

松下幸之助在只有七八名员工的时候，就开始公开公司的盈亏；他每个月都和公司的会计结算盈亏，然后把结果向员工公开发表。

对于松下公开盈亏的做法，刚开始员工们都半信半疑。因为当时没有人这么做，何况大多数的老板都迷迷糊糊的，每个月都不知道自己做了多少生意。因此，他们认为松下不过摆摆谱，做做样子罢了。

不久，员工们发现松下是真诚的，他们都兴奋的不得了，因为他们看到了自己努力工作的成果。同时，员工们不定期产生了一种可贵的共识：下个月非加倍努力不可。

松下公开盈亏的做法，激励了员工的士气，公司的业绩越来越好。而且，当松下电器因业务扩大而设立分厂时，松下把分厂负责人视为事业的经营者，让该厂独立经营，也采取公开盈亏的做法。

分厂的负责人每月向松下报告盈亏时，松下都指示向员工们如实公布。

这种做法松下称之为“透明式经营法”，他认为公司的经营应当让员工们知道的清澈、明朗。此种做法的精神延续至今，公司负责人把公司的账目向松下产业工会的负责人公开。工会的负责人看过账目，彻底了解公司的营运状况之后，自然不会对公司提出无理的要求。如此一来，劳资双方当然较易于互相信任而建立和谐的关系。

**点评：**

透明经营一能鼓励士气，二能检讨经营得失，三能培养出得力的干部。

## 第一节　人性假设理论

任何一种管理理论、方法或者实践都是以一定的人性假设为基础的，如何认识人的本质或本性，是管理学中的首要问题。管理者对人性的不同认识，决定了他们在管理过程中的态度和管理方法。一个管理者在从事的管理活动中遵循什么样的管理原则，建立什么样的规章制度，设计何种组织结构，都与他对人性的看法有关。随着社会的不断进步，人们对于人性的认识也是不断地深入和全面。总的来说，主要有“经济人”、“社会人”、“自我实现人”、“复杂人”几种假设，每一种假设都说明人性的一个方面，本节试图在不同的历史背景下阐述对人的认识。

## 一、人性的基本假设

### （一）“经济人”假设

“经济人”假设也称为X理论，“经济人”假设是古典经济学家和古典管理学家关于人性的假设。基本观点：个人都是理性的个人利益最大化者，人们的行为目标在于追求自身的最大利益。泰勒等人就是“经济人”假设的传统的支持者与倡导者。总的来说，“经济人”假设是以传统管理科学理论为出发点。

1. 历史背景

19世纪末～20世纪初欧洲经济在生活中出现了工业革命，由此引起了大机器生产的方式。工业革命有以下三个特征：机械设备的发展、人与机器的联系程度增强、建立了许多需要雇佣大量人员的工厂。为了解决工业革命的产物——雇佣劳动所带来的一系列管理难题，人们开始从各种角度对雇佣劳动的管理进行研究。

（1）最早注意到企业内人的重要性——罗伯特·欧文（Robert Owen）

1799年欧文在苏格兰建立了一家棉纺厂。通过观察他发现人的行为受到待遇的影响。雇主和组织应该努力发掘人的天资，消除影响员工天资的障碍。欧文还创造了最早的工作绩效评价体系。他把一个木板的四面分别涂成白、黄、蓝、黑四种颜色。其中白代表优秀、黄代表良好，蓝代表平均水平，黑代表差。他把这一木板安装在机器上，每天将反映员工前一天工作表现的颜色转向通道，及时向员工提供工作业绩的反馈信息，取得了良好的效果。为此，欧文被誉为“人事管理的先驱”。比如在企业的实地调查中，我们曾经发现一些外资企业生产车间的生产线的尽头有一个液晶显示牌。上面不断变化的数据在通知该条流水线上员工目前下线产品的合格品率，这种做法与欧文的思想是完全相同的。

（2）亚当·斯密提出了“经济人”的观点

亚当·斯密提出了劳动分工是提高劳动生产率的因素之一。其代表作《国富论》中主张组织和社会将从劳动分工中获得经济利益，即把从事的工作分解为狭窄的重复性的任务。劳动分工之所以提高生产效率，因为它提高了每个工人的技能和灵巧性，节约了花费在任务转换上的时间。

由于社会普遍重视增加产量，减少浪费，并没有更多关注对于员工的管理。随着资本主义生产力和生产关系的迅速发展，传统的经验管理已经阻碍了生产效率的提高。在20世纪初资本主义由自由竞争时代过渡到30年代资本主义垄断形成的几十年时间中，诞生了科学管理的思想。科学管理之父泰勒倡导对工作方法的研究强调了通过专业分工，生产过程的标准化，员工培训，科学的分配和奖惩制度来提高工人的劳动效率。

(3) 泰勒"经济人"假设的传统的支持者与倡导者

弗里德里克·泰勒（FrederickToylor，1865—1915）出生于美国一个富裕的律师家庭。他幼时受到良好的教育，而且很爱好科学研究和实验，对任何事情都想找出一种"最好的方法"。19岁时由于身体原因停学进了一家小机械厂当工人，22岁时进入费城米德维尔钢铁公司，开始当技工。由于他勤奋工作，表现突出，成绩卓越，后来很快就提升为工长、总技师和钢铁公司的总工程师。他通过业余学习，自学成才，获得了机械工程学位。泰勒在钢铁厂的工作中，发现由于工厂主不懂得工作程序、劳动节奏和疲劳因素对生产的影响；而且缺乏训练，这些都大大影响了劳动生产率的提高。他在1880年对钢铁公司进行实验，系统地研究和分析工人的操作方法和劳动时间。后来，针对工人干多干少一个样，开始改善工资制度，进而研究作业分析、工时测定、生产进度、车间组织、人员选择和训练等一系列有关管理的基本问题。后来他出版了《计件工资制》、《车间管理》和《科学管理原理》等著作，为管理科学的发展做出了重要贡献，后人称他为"科学管理之父"。

泰勒科学管理理论的内容主要分为作业管理和组织管理两个方面。

在作业管理方面，主要包括以下三点：

第一，制定科学的作业方法

泰勒在研究过程中，把工人多年经验所积累的传统知识和技艺，收集起来，进行研究，将他们归纳为规律、规则，甚至是数学公式，建立起一种科学、以代替过去单凭工人经验进行作业的方法。具体的做法：采用时间研究和动作研究的方法，制定出标准的作业方法；作业工具和作业环境的标准化；制定工作定额，确定工人一天必须完成的工作定额，以改变过去由工人自由确定每日工作量的状况。

第二，科学选择和培训工人

为了提高工作效率，必须为工作挑选"第一流的工人"。泰勒认为，人具有不同的禀赋和才能，只要工作对他合适，都有可能成为一流的工人。如身强力壮的人干重活是一流的，但干精细活就不一定行；心灵手巧的女工虽然干重活不行，但干精细活却可能是一流的。所谓"非第一流的工人"，是指那些体力或智力不适合干分配给他们的工作或不愿努力工作的人。那时已经注意到人与事要相匹配的原则了，所以管理人员必须经常地、长期地仔细研究每个工人的特点、性格和工作成绩，发现他们的局限性和发展的可能性。然后，有系统的训练、帮助、教育他们，尽可能使他们承担所能胜任的最高的、最有兴趣的、最有利的工作。

第三，实行刺激性的工资报酬制度

为了鼓励工人努力工作，完成和超额完成定额，泰勒提出一种刺激性的报酬制度，主要包括以下几个方面：

制定科学标准定额。通过工作研究和分析，制定出一个定额或标准，改变了过去以经验和估计为基础的做法，使定额能以科学为基础。

采用"差别计件制"的刺激性付酬制度，即按照工人是否完成定额而采取不同的工资率。比如工人没有完成定额，就按"低"工资率付酬，为标准工资率的80%；如果超额完成定额，就按"高"工资率付酬，为标准工资率的125%。

工资支付的对象是工人而不是职位，即根据工人的实际工作表现，而不是根据工作类别来支付工资。这样不仅克服了工人磨洋工的现象，更重要的是鼓励工人个人的劳动积极性。

在组织管理方面，泰勒的主要观点：

第一，把计划和执行职能分离。泰勒认为，工人单凭自己的经验是找不到科学的作业方法的，而且他们也没有时间和条件去从事这方面的实验和研究。所以，必须把计划职能和执行职能分离，计划职能归企业管理者，并设立专门的计划部门来承担。计划部门从事全部的计划工作并对工人发布命令。

第二，实行组织的职能制。泰勒设计八个职能工长，代替原来的一个工长，其中四个在计划部门，四个在车间。他们每个人只负责某一方面的工作，在自己的职责范围内都可以向工人发号命令。这种管理职能从专业化角度看，有可取之处，但它违反了"统一领导"原则。

第三，在管理控制上实行例外原则。所谓例外原则，就是企业的高级管理人员把一般的日常事务授权给下级管理人员去执行，而自己只保留对例外事项的决策权和监督权。这种方法是很科学的，为以后发展成为管理上的分权化原则和实行事业部制奠定了基础。

泰勒开创的科学管理理论在现代企业人力资源管理实践中得到了广泛的应用，自20世纪初期开始，泰勒的科学管理理论在美国企业界得到了普遍推广，并且对世界各国的企业人力资源管理产生巨大的影响。有的人认为，科学管理理论完全可以成为管理理论与实践上的一次革命。我们可以从"经济人"假设产生的历史背景下，可以看出，个人都是理性的个人利益最大化者，人们的行为目标在于追求自身的最大利益。

2."经济人"假设体现

（1）人类都趋于天生懒惰、不愿多做工作，有机会就会偷懒；

(2) 人们缺乏雄心、缺乏进取心、不愿意负责，宁愿接受别人领导；

(3) 人们不愿意变革，习惯于抵制变革；

(4) 人们以自我为中心，一些行动的目的都是实现自我利益，而忽视组织的目标；

(5) 多数人是愚笨的，缺乏创造力，常有盲从的举动；

(6) 人们只有生理和安全的低级需要，没有自尊和自我实现的高级要求。

“经济人”假设通常在传统人力资源管理中比较多见。与“经济人”假设相匹配，管理者通常创造出相应的管理措施。一般来说，相应的措施包括：①注重工作任务管理。采用严密的控制、监督和“管、卡、压”的独裁式管理；②主要采用“胡萝卜加大棒”的方法对工作人员进行激励，即用金钱来刺激工人的生产积极性，用惩罚来对付工人的消极怠工的行为；③管理工作是少数管理者的事，工人只是服从指挥，不用参与任何管理。

类似地，在我国古代荀况在《荀子·性恶》中指出：“人之性恶，其善者伪也。”“今人之性，饥而欲饱，寒而欲暖，劳而欲休，此人之性情也。”他认为人的本性是恶的，而性善则是人为的。人的本性就是饿了想吃饱，冷了想穿暖，累了想休息，这些是人的本性。荀子的这种性恶论类似西方行为科学的“X 理论”。

科学管理理论阶段，在提高企业劳动生产效率，降低成本取得了高额的利润方面取得了显著的成绩。但是，却激发了工人的反抗，因为他把工人当作单纯追求金钱收入的“经济人”就像一台机器一样不停地运转，而忽视了人的情感性和社会性一面。

3. “经济人”假设存在的问题

“经济人”假设作为一种传统的人性假设理论，一度成为企业人力资源管理中的核心理念，但“经济人”假设本身存在问题的，并不能有助于正确管理人力资源。①“经济人”假设把人看成是非理性的、天生懒惰而不喜欢工作的“自然人”，在“经济人”的视野中人就像是机器，这与马克思认为的人是社会人，人的本质是社会生产关系的总和的观点是对立的，难以反映出人性的本质。②“经济人”假设的管理是一种以金钱为主的机械的管理模式，这一模式否认人的主人翁精神，否认人有自觉性、主动性、创造性和责任心。③“经济人”假设认为大多数人缺少雄心壮志，只看到少数人起统治作用，因而把管理者与被管理者绝对对立起来。反对工人参与管理，这既是背离事实又是完全错误的。④“经济人”假设以及 X 理论也含有科学管理的成分。其对消除浪费和提高效率，促进科学管理体制的建立有着积极的作用，对当下的人力资源管理实践，有借鉴作用。

(二)“社会人”假设

“社会人”假设是人际关系学派的直接产物。行为科学是“社会人”假设的理论基础。这种假设认为，只要是人，无论是管理者还是员工，都处在人群之中，都是团队和集体的一员。任何人都不能孤立地存在，因此人与人之间的关系对于个人来说非常重要。人们在工作中得到物质对于调动生产积极性只有次要的地位，人们最重视的是工作中与周围人的良好人际关系。良好的人际关系是调动员工生产积极性的决定因素。

1. 历史背景

20 世纪 30 年代的霍桑实验研究结果使人事管理从科学管理转向了对人际关系的研究。霍桑实验证明，员工的生产效率不仅受到工作方式设计和员工报酬的影响，而且受到某些社会和心理因素的影响。梅奥等人发现员工的感情、情绪和态度受到工作环境的强烈影响，它包括群体环境、领导风格和管理者支持，这些都对员工的生产力产生重要的影响。生产效率高低取决于职工的士气，而士气又取决于职工在家庭、企业及其社会生活中的人际关系情况。

2. “社会人”假设人性观体现

(1) 人类工作的主要动机是社会需要而不是经济需要

人们要求有一个良好的工作气氛，要求与同事之间建立良好的人际关系。所以企业应该设立培训主管强调对员工的关心和支持。增强员工和管理人员之间的沟通，这种新的方法被许多企业所采用。

(2) 非正式组织有利于满足人的社会需要

传统人事管理只注重正式群体与正式规则。“社会人”假设注意到组织中还存在着一种“非正式组织”，这种无形的组织有其特殊的规范，影响群体成员的行为。它们的人群关系是以共同感情自然形成的一种行为准则，是以感情逻辑为纽带。人力资源管理与开发离不开这些“非正式组织”，鼓励员工参与管理，积极利用“非正式组织”为实现组织的正式目标服务。

(3) 人们最强烈期望是领导者是能承认并满足他们的社会需要

“社会人”假设重新诠释了领导者的职能与作用，认为领导者应该善于倾听职工的意见，经常与职工沟通使正式团体的经济需要和非正式团体的社会需要实现一致与平衡。

“社会人”假设与“经济人”假设相比，“社会人”假设相应的管理措施也是自有特色：管理人员不应该只注重组织目标的完成、应把工作重点放在对职工需要的关心上；还应该重视职工之间的关系，培养职工的归属感和集体感；管理人员职能不应该只限于技术问题和经济问题的处理上，更应该注意人际关系的处理及职工与上级领导之间联络作用。

毋庸置疑，人际关系管理方法的运用改进了员工的工作环境。与“经济人”假设相比“社会人”假设可以算是对人性的认识上进了一大步，其对于人力资源管理影响更为广泛。比如制定奖金制度、个人超额计件、岗位补贴、如何提升组织凝聚力、创造良好企业文化都有借鉴的作用。

3. “社会人”假设存在问题

这种方法是建立在简单组织中的人的行为分析基础上。然而“快乐的员工是一个好员工”并没有得到证实。实践结果表明良好的人际关系可以提高生产效率这种理念是不可靠的。20世纪三四十年代，在美国企业管理界流行一种“爱畜理论”。当时在爱畜牛奶公司广告中说爱畜牛奶来自愉快的奶牛，因此品质优良。因此研究人员认为愉快的工人的生产率也会比较高，为了提高士气公司用郊游和员工餐厅试图改善工人周围的社会环境，从而提高生产率。实际上，这一理论夸大了工人的情感与士气对生产率的影响。

此外，这种假设没有考虑到个体的差异性。每一个员工都是具有不同需要和价值观的复杂个体。对一员工有激励作用的事物对另一员工就未必达到激励的效果。“快乐”和“感觉好”对某一员工的生产率来说可能并没有影响。这是一种依赖性的人性假设，缺乏对人的积极性、主动性及动机的研究。

这种假设没有认识到对于工作结构和员工行为控制的需要。在很大程度上忽视了生产过程、标准和指导员工朝组织目标努力的规章制度的重要性。过于偏重非正式组织的作用，而对正式组织有放松研究的趋向，这样不利于组织的制度建设。

生产效率的提高还可以通过绩效管理与评估系统、职业生涯开发、工作丰富化来实现。20世纪50年代开始，人际关系的人事管理方法逐渐衰落已经不能适应当时人事管理的需要。然而，良好的人际关系仍然是当今组织追求的一个重要目标，只是这种管理方法不再成为组织中的主要管理风格。“快乐心情”是必要的，但并不一定能保证给高水平员工带来满意度和较高的生产率。

（三）“自我实现人”假设

这一人性假设理论产生与20世纪50年代末。美国学者麦格雷戈总结马斯洛、阿吉里斯等人的观点概括为Y理论。

人并非有好逸恶劳的天性，人的潜力、才能只有当充分发挥出来，人才能获得最大的满足，在工作中人能够实现自我的价值，工人不会好逸恶劳。

1. 主要体现

（1）人性不是懒惰的

在某些条件下工作能够使人得到满足，工作本身就具有激励作用。所以不管脑力还是体力劳动，就像娱乐和休息一样，同样是人的本性。

（2）人并非不愿意承担责任

在正常情况下，一般人不仅会接受责任，而且能主动承担责任。

（3）人并非必然对组织目标产生抵触和采取消极的态度，形成这种情况的原因，主要是由组织压力造成的。人们对于自己所参与的工作目标，能实行自我指挥和自我控制，人对企业目标的参与程度，同获得成就的报酬直接相关。在这些报酬中，最重要的不是金钱，而是自尊需要和自我实现的满足。

(4) 人有追求满足欲望的需要，职工的自我实现倾向与组织所要求的行为之间并没有矛盾。只要管理适当，人们会把个人目标和组织目标统一起来。

(5) 大多数人都具有组织问题的想象力和创造力，在现代工业社会中，人的自由没有充分发挥出来。根据“自我实现人”假设，管理学家们认为应采取相应的管理措施，具体如下：

2. 管理措施

(1)“自我实现人”假设促进了管理重点的变化。“自我实现人”假设既重视人的作用，又重视工作环境对人的影响。“自我实现人”假设主张创造适宜的工作环境和工作条件，使人的潜能能够充分发挥出来。同时与“经济人”假设相比，它是更加重视人的因素，更加注意人的价值和尊严。

(2)“自我实现人”假设促成了管理职能作用的变化。管理者不仅仅是生产任务的指导者或人际关系的协调者，还应该是一个采访者。由于环境往往给个人的才能发挥造成障碍，管理者应该以采访者的身份，找出并尽量排除这些障碍。管理者的主要任务是寻找什么对什么人更具有挑战性，能满足员工自我实现的需要。

(3)“自我实现人”假设催生了奖励制度的变化。“自我实现人”假设重视内部激励，重视职工获得知识，施展才华，形成自尊、自重、自主、创造等自我实现的需要来调动职工的积极性，努力实现组织的目标。

(4)“自我实现人”假设带来了管理制度的变化。这一假设主张民主管理，下放管理权限，建立决策参与制度，更多地满足人们的自尊和自我实现的需要，运用适量的激励，使个人的利益与组织的利益结合起来。因此管理制度要保证员工充分施展才能。

“自我实现人”假设比“社会人”假设的管理方式先进的多，“自我实现人”假设并不把企业人力资源管理中的失败归咎于所谓的“人性”，而认为应当通过创造良好的工作环境和工作条件来解决问题。在此基础上的理论更加注重员工高层次的需要和个人发展，第一次提出要把组织目标和员工的个人目标结合起来，管理的行为从原来单纯的“用人”提高到“发展人”，这是人本管理的一大进步。这一主张在现代人力资源管理中，越来越被人们重视和接受，但“自我实现人”假设的理论基础却是错误的。因为人固然不是天生懒惰的，但也非天生勤奋。人格与人性的发展是个人素质后天环境和教育的结果。

(四)“复杂人”假设

“复杂人”假设是20世纪60年代~70年代组织心理学家雪恩等人提出来的。“复杂人”假设综合了其他各种不同的人性假设。“复杂人”假设认为无论是“经济人”、“社会人”还是“自我实现人”的假设，虽然各有其合理的一面，但不适用于一切人。人的需要和动机不仅因人而异，而且一个人在不同的年龄、不同的时间、不同的地点会有不同的表现，并随着年龄的增长、知识的增加、地位的变化而变化。人是很复杂的，人的需要是各种各样的，人的各种特性都会因情绪变化而变化。正因为如此，企业管理的方式应该根据具体的情况采用相应的管理方式，不存在一成不变、普遍适用的“最好”的管理原则和方法。这种理论也称为“超 Y 理论”。

1.“复杂人”假设主要观点

(1) 人不是单纯的，人的需要是多种多样的，而且随着人的发展和生活条件的变化而发生变化。每个人的需要各有不同，需要层次因人而异。

(2) 人在同一时间内会有各种不同的需要和动机。它们会发生相互的作用并结合成一个统一的整体，形成错综复杂的动机模型，共同决定人的行为。

(3) 动机模型的形成是内部需要和外部环境相互作用的结果。人在组织环境中的工作和生活条件是在不断发生变化的，因而会不断产生新的需要和动机。同一个人在同一组织内的不同部门工作，即会产生不同的需要。

(4) 由于人的需要不同、能力各异，对同一管理方式会有不同的反应，因此，没有一种管理方式适用与任何人。没有万能不变的管理方式，要求管理人员善于观察职工之间的个别差异，根据具体情况采取灵活多变的管理方式。

“复杂人”假设虽然不赞成前面几种人性假设，但不要求管理人员完全放弃“经济人”、“社会人”、“自我实现人”的假设为基础的管理理论，而主要是研究管理人员根据不同的人、不同的情况，灵活的采取不同的管理措施，即“管理功能”与“环境因素”之间的关系，管理方式是环境的函数。

2. 管理措施

人们根据这一理论提出的主要管理措施有：采用不同的组织形式提高管理的效率；领导方式上，如果企业任务不明确、工作规程杂乱，应采取严格的领导方式，使企业尽快走上有次序的轨道；如果企业任务明确、分工清楚、工作有序，应更多地采取授权的领导方式，充分调动员工的积极性。善于发现职工在需要、动机、能力、个性的个别差异，因人、因时、因事、因地制宜地采取灵活多边的管理方式和奖酬方式。

西方管理学的人性假设理论，是随着生产力的发展而先后出现的，它反映了管理学界对人性的认识不断加深，也反映了在不同的生产力水平下，劳动者地位的不断提高和人们追求的变化。“经济人”、“社会人”、“自我实现人”、“复杂人”假设的相继提出，这些认识每前进一步人的作用与价值就得到进一步的彰显。对于人力资源管理与开发来说，人已经被放到了管理的中心地位，一切管理与开发活动都是以人为中心的。管理是人的活动，管理是服务于人的活动。

## 二、人的内在能力结构与特征

### （一）能力的分类

能力有一般和特殊之分。人在顺利完成某项任务时，必须既要有一般能力，又具有特殊能力。一般能力是指在很多基本活动中表现出来的能力，如观察力、记忆力、抽象概括力等。特殊能力是指出现在某些专业活动中的能力，如数学能力、音乐能力、专业技术能力等。两者的关系是辩证统一的。一方面，某种一般能力在某种活动领域得到特别的发展就可能成为特殊能力的组成部分。例如，观察能力属于一般能力，但机修工在长期修理机械过程中，需要区别正常与非正常的机械结构细节，查看机械的运转状况，从而形成敏锐的观察能力。另一方面，在特殊能力得到发展的同时，也发展了一般能力。因为机修工在修机过程中培养成的敏锐的观察能力，有可能转移到其他活动的领域，表现出他的仔细观察的特点。因此，特殊能力则是在某种一般能力基础上发展起来的。离开活动，既谈不上一般能力，也谈不上特殊能力。

能力（Ability）反映了个体在某一工作中完成各种任务的可能性，这是对个体能够做什么的一种现实的评估。具体可以分为：

1. 心理能力

即从事心理活动所需要的能力。通常我们通过测量人的智商来衡量。智商测验就是用于确定个人总体的心理能力。一般认为，在心理能力中包括 7 个纬度：算术、言语理解、知觉速度、归纳推理、演绎推理、空间视觉以及记忆力。

不同的工作要求运用不同的心理能力。对于需要进行信息加工的工作来说，较高的总体智力水平和语言能力是成功完成此项工作的必要保证。由于这种测试可以有效地测量人的某种潜能，从而预测他在某职业领域中成功和适应的可能性，或者判断哪项工作适合他。

2. 体质能力

在信息加工的复杂工作中，心理能力起着极为重要的作用。同理，对于那些技能要求较少而规范化程度较高的工作而言，体质能力是十分重要的。比如，一些工作具有要求耐力、手指灵活、腿部力量以及其他相关能力，因而需要在管理中确定员工的体质能力水平。

研究人员对上百种不同的工作要求进行了调查，最后确定在体力活动的工作方面包括 9 项基本能力。如动态力量、躯干力量、静态力量、爆发力、广度灵活性、动态灵活性、躯体协调性、平衡性、耐力。个体在每项能力中，都存在着程度上的差异，而且，这些能力之间的相关性极低。如果管理者能确定某一工作对这 9 项中每一项能力的要求程度，并保证从事此工作的员工具备这种能力水平，则会提高工作效率。

3. 情商：一种新型的能力

有研究表明：一个人的成就只有20%来自智商，而80%取决于情商。有的同学在校期间成绩很一般，智商并不突出，但情商很好，为人大度、坦诚，对人友善，同学都乐于和他交往。走向社会，反而比那些在学校成绩好的同学更容易成功。

情商包含准确地觉察、评价和表达情绪的能力，接近并产生感情以促进思维的能力，理解情绪及情绪知识的能力，调节情绪以助情绪和智力的发展的能力。这种能力包括以下四个方面：第一，情绪的知觉、鉴赏和表达的能力；第二，情绪对思维的引导和促进能力；第三，对情绪理解、感悟的能力；第四，对情绪成熟的调节，以促进心智发展的能力。这四方面能力在发展与成熟过程中有一定的次序先后和级别高低的区分，第一类对于自我情绪的知觉能力是最基本的和最先发展的，第四类的情绪调节能力比较成熟，而且要到后期才能发展。

情商的核心要点在于强调：认知和管理情绪（包括自己和人的情绪）；自我激励；正确处理人际关系的能力。这种对于情绪智力的理解，相对来说，是比较完善的。也有人认为情绪智力是指人认知和调控自我及他人的情感，把握自己心理平衡，形成自我激励、动机与兴趣相结合的内在动力机制，形成坚强和受理性调节的意志，及妥善处理人际关系等的心理素质和能力。具体包括五部分：一是认识自身的情绪。因为只有认识自己，才能成为自己生活的主宰。二是要妥善管理自己的情绪，即能调控自己。三是自我激励，它能够使人走出生命中的低潮，重新出发。四是认知他人的情绪。这是与他人正常交往，实现顺利沟通的基础。五是人际关系的管理，即领导和管理能力。

情商水平不像智力水平那样可以测验分数比较准确的表现出来，只能根据个人的综合表现进行判断。心理学家认为，情商水平高的人有以下特点：社交能力强，外向而愉快，不易陷入恐惧或伤感，对事业较投入，为人正直，富于同情心，情感生活比较丰富但不逾矩，无论是独处还是与许多人在一起都能怡然自得。专家还认为，一个人是否具有较高的情商还和童年的教育培养有着密切的关系。因此，培养情商应从小开始。

（二）能力结构理论

能力是具有复杂结构的心理特点的总和。研究能力的结构，分析能力的构成因素，对于深入理解能力的本质，合理设计能力测量的方法，是十分必要的。由于能力是一个十分复杂的心理特征，因而出现了研究能力的不同理论。

1.“二因素结构”理论

英国心理学家斯尔曼认为：能力是由一般因素（g）和特殊因素（s）构成；完成任何一项作业都是由g和s两种因素决定的。例如，一个算术推理作业由g+s1决定，而一个语言测验作业由g+s2决定。两套测验的结果如果出现正相关，就是因为它们有共同的因素 g；而它们不完全相关，就是因为每种作业包括不同的，无联系的 s 造成的。根据这些相关性，他还认为：在能力结构中，第一位的和最重要的是一般因素 g，各种能力测验就是通过广泛取样而求出 g 因素。

2.“群因素结构”理论

美国心理学家塞斯登提出与二因素结构理论相反的群因素结构理论。塞斯登认为，能力是由许多彼此无关的原始能力所构成的。他总结出大多数能力可以分解为七种原始的因素：(1) 计算；(2) 词的流畅性；(3) 词语意义；(4) 记忆；(5) 推理；(6) 空间知觉；(7) 知觉速度。他对每种因素都设计了测验内容和方法，然而实验的结果却同他设想的相反，每一种能力与其他能力都有正相关。例如，计算与词的流畅性相关为 0.46，与语言意义的相关为 0.38，与记忆力的相关为 0.18 等。说明各种能力因素并不是绝对割裂的，而是可以找到一般的因素。

3.“三因素结构”理论

每个人在能力方面都有自己的强项和弱项，这使得一个人在从事某一项工作或活动时，相比其他人来说，既有有利的一面又有不利的一面。从管理的角度来看，问题并不在于了解人们在能力方面是否存在着差异，这是显而易见的；问题在于了解人们的能力具有哪些方面的不同，并运用这一知识尽可能使员工更好地工作。

(三) 能力与工作的匹配

当能力与工作匹配时，员工的工作绩效便会提高。

高的工作绩效对具体的心理能力、体质能力、情商方面的要求，取决于该工作本身对能力的要求。比如，飞行员需要有很强的空间视知觉能力；海上救生员需要有很强的空间视知觉能力和身体协调能力；高楼建筑工人需要有很强的平衡能力；一个缺乏推理能力的记者很难达到最低的工作要求标准。因此，仅仅关心员工的能力或者仅仅关心工作本身对能力的要求都是不够的。员工的工作绩效取决于对前两者之间的相互作用以及后者的协调作用。

## 第二节　激励理论

研究企业经营管理者激励机制的理论基础是行为科学理论。行为科学理论认为，推动人的行为发生的动力因素有三个：即行为者的需要、行为动机和既定的任务和目标。所谓动力，是指一系列促使我们做某事的力量。动力是内在的，是存在于我们内心世界的东西。但是我们的动力也受外界因素的影响，这些影响动力的外部因素称为外在激励。

激励是人本管理的核心问题，激励既可以是来自个体自身，也可以是来自组织。要激励员工的行为朝着有利于组织目标的方向前进。我们必须对激励的内容、特点以及激励的过程有所了解。管理学研究激励的理论可分为三个部分：内容型激励理论、行为改造型激励理论、过程型激励理论，每一种理论都从不同角度对极力问题进行了分析，提出了不同的激励对策。激励理论在管理实践中有广泛的应用。

## 一、激励的含义

激励一词译自英文单词 Motivation，指的是心理上的驱动力，含有激发人的动机、诱导人的行为，使其发挥内在潜力，为实现所追求的目标而努力的意思。简单地说，就是调动和发挥人的积极性。激励员工就是设法使他们看到自己的需要与组织目标之间的联系，使他们处于一种驱动状态。在这种状态下所付出的努力不仅满足于个人需要，同时通过达成一定的工作绩效而实现组织目标。但并不是无条件地简单满足员工任何需要，比如员工在上班时间有社交需要，他可能通过打电话聊天来满足这种需要，这种需要不仅不会导致组织绩效提高，反而对组织有害处。被过度满足后反而会导致绩效的下降。

人力资源管理与一般管理的最大区别在于其管理对象是人，人与物的一个重要区别就是人是有感情有需求的。人的需要是各种各样的，激励的最大功能在于能够通过满足人们的需要，激发人们的积极性和潜力。据美国的哈佛大学教授威廉·詹姆士研究发现：一个计时工人只要发挥个人潜力的 20％～30％就可以保住饭碗，但通过适当的激励，工人的潜力就可以发挥出 80％～90％。显然，激励可以调动人的主观能动性，从而显著地提高人力资源的效用。

## 二、企业重视激励的动因

企业之所以把激励作为一种重要的管理工具来对待，主要是因为激励能产生强大的效能。

（一）激励是开发人潜能的重要手段

人的潜能蕴藏与人体内，不仅人的行动尚未显露出来，甚至是潜能的拥有者也未必意识到。人的潜力究竟有多大，多数人恐怕自己也弄不清楚。曾经有这样一则笑话沙特阿拉伯塔伊夫城有一个 25 岁的漂亮姑娘，不知什么原因"哑"了 20 年，经多方医治毫无效果。有一天，媒人领进一个大她 25 岁的长得很丑的老头子来相亲，见面之后，姑娘的父亲私自做主，逼着姑娘嫁给他。姑娘急了，竟讲出 20 年来的第一句话："我宁死也不嫁给他！"

似乎是偶然事件，但偶然中孕育着必然。现代医学心理学认为，由于各种复杂的内部和外部原因，人的大脑机能存在着一种抑制现象，使得人们长期难以察觉自己的能力。在意想不到的强刺激条件下，这种抑制被解除，蕴藏在人体内的潜能会突然爆发出来，产生一种神奇的力量。科学家指出，人的能力有

90%以上处于休眠状态，没有开发出来。如果我们能多挖掘自己一些潜能，那将会创造一道亮丽的人生风景线。因此，利用情绪的力量使每一位员工始终处于良好的激励环境中，这是人力资源管理追求的理想状态。

（二）激励可以提高工作效率

工作效率的高低和工作成果的大小，通常取决于：第一，能不能干；第二，干不干。前者指能胜任还是不能胜任某项工作，是否具有承担某项工作的能力和资格；后者指的是从事工作的意愿、干劲即工作积极性的问题。在人力资源开发与管理中大量的工作是在解决干不干和以多大的积极性去干的问题。而激励正是充分调动人的积极性，发挥人的主动性和创造性的主要手段。美国一些公司利用“员工——顾客——公司目标”的模式，通过调查发现，当员工满意度提高 5%会连带 1.3%的顾客满意度的提高，同时，也使企业的效益提高 5%。

（二）激励是激发员工创造力和革新精神的动力

每一个企业产品生命周期越来越短，不断创新成为维系企业生命的活力。日本的丰田公司成功地做到了这一点，他们采取设立“合理化建议奖”的办法来鼓励员工提建议。无论这些建议是否被采纳，均会受到奖励和尊重。如果建议被采纳并能获得经济效益，那么依据经济效益的大小按比例进行额外的奖励。结果，丰田公司的员工仅 1983 年一年就提出 165 万条建设性建议，平均每人提出 31 条。这些建议所带来的利润为 900 亿日元相当于该公司全年利润的 18%。

## 三、激励理论

（一）内容型激励理论

内容型激励理论是从激励过程的起点，即从人的需要出发，试图解释是什么因素引起、维持并且指引某种行为去实现目标这类问题。因此它的中心任务是了解人的各种需要，确定这些需要的主次顺序以及满足何种需要将导致最大激励效果等。相对来讲，这类理论是从静态的角度探讨激励问题的。我们主要介绍与奖酬决策和管理密切相关的需要层次理论及双因素理论。

1. 需要层次理论

美国心理学家马斯洛在 1943 年提出需要层次论，后来又对该理论做了进一步阐述，成为西方最有名的激励理论。马斯洛在最早的需要层次论，把人的需要分为生理的需要、安全的需要、社交的需要、尊重的需要和自我实现的需要，并由低到高呈阶梯状排列。如图 4-1 所示。

（1）生理的需要。这是人维持生命、延续种族的最基本需要，包括饥饿、干渴、住房、衣服、睡眠、空气、性等方面的需要。生理上的需要是人们最原始、最基本的需要，若不满足，则有生命危险。它是最强烈的不可避免的最低层次需要，也是推动人们行动的强大动力。当一个人存在多种需要时，比如同时缺乏食物、安全、爱情，那么生理的需要是压倒一切的。一旦这些生理需要得到满足后，人们的注意力就会集中到更高层次的需要上去。

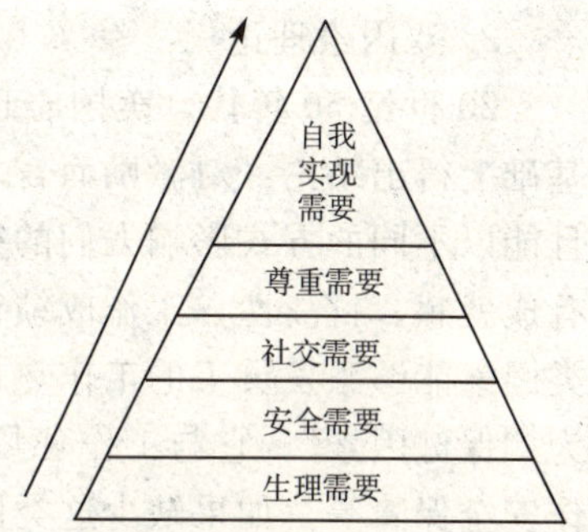


图 4－1　人类需要层次（由最低层向最高层发展）

（2）安全的需要。这是人们寻求自己免受生理与心理上侵害的一类需要。比如劳动安全、生活稳定、职业保障、社会保障等方面的需要。具体表现在：物质上保证操作安全、劳动保护和保健待遇等；经济免受失业、意外事故、老有所养；心理上希望解除监督的威胁、希望免受不公正待遇，对工作有应付能力和信心。

（3）社交的需要。也称爱和归属的需要。指人们对于感情、友谊、爱情、归属、关怀和良好的人际关系的渴望。社交的需要比生理和安全需要更细微、更难琢磨。它包括：社交欲，希望和同事保持友谊和忠诚的伙伴关系；归属感希望有所归属，成为团体的一员，希望有熟识的朋友能倾吐心里话、说说意见，甚至发发牢骚。体现在相互信任、深深理解和相互给予上，包括给予和接受爱。社会交往经常通过交谈和建立友谊来达到，员工在一起谈话交流，形成各种正式和非正式群体，每个人都喜欢与别人为伍，渴望得到支持和友爱，并有所归属、得到承认；同时，又给予别人以友爱。因此，工作单位和地点就不仅仅是提供一个工作的场所，它也为员工进行社交活动、建立友谊和归属提供了机会。

（4）尊重的需要。包括自我尊重，比如独立、自主、自信以及社会尊重，地位、名誉、推崇、赏识等等。人们不仅有自我尊重的需要同样需要别人的尊重、受人赏识、注意或欣赏。满足自我尊重的需要导致自信、价值与能力体验，而阻挠这些需要将产生自卑感、虚弱感和无能感。显然，尊重的需要很少能够得到完全的满足，但基本上的满足就可产生推动力。这种需要一旦成为推动力，就将会令人具有持久的干劲。组织可以给成员提供的尊重因素有两大类——内部尊重因素，如自尊、自主和成就；外部尊重需要因素，如地位、认可和关注。

（5）自我实现的需要。这是一种要求发挥自身的潜能，实现自己的理想和抱负的需要。这种希望个人成才与发展的心理需要是人们最高层次的需要。这是最高等级的需要。满足这种需要就要求完成与自己能力相称的工作，最充分地发挥自己的潜在能力，成为所期望的人物。

根据需要层次理论，已满足的需要不再具有激励作用，只有未满足的需要才是激励的源泉。当低层次需要满足后又有高一层次需要的继续激励。因而现实生活中始终充满着内容丰富、千变万化的激励方式可作用于人们的行为，这就为人力资源管理中的各类奖酬制度和形式的设计提供了依据。

2. 双因素理论

20 世纪 50 年代，美国心理学家赫兹伯格（F. Herberg）在大量调查研究基础上得出结论：对激励而言，存在两种不同类型的因素，它们彼此独立，并且能以不同的方式影响人们的行为。一类是与工作内容有关的因素，如工作富有成就感、挑战性，工作成绩得到社会认可，在职业上得到成长和发展等，这类因素能够激发员工的工作热情，促使人们积极进取，提高工作效率，故称之为“保健因素”。它与工作环境或外部事物有关，如人际关系、薪酬待遇、工作安全保障等。如果缺少这类因素就会引起不满、降低工作效率，但改善了保健因素，也只能消除不满、维持工作现状，不能产生直接的激励作用。

某些特征总是与工作满意有关，而其他因素与工作不满意有关。当被调查者对工作满意时，他们倾向于把这些特征归于自己。另一方面，当他们不满意时，他们倾向于抱怨外部因素，如公司政策及行政管理、监督者、与主管关系和工作条件等。

赫兹伯格认为，满意的对立面不是不满意，不像通常人们理解的那样，满意的对立面应该是没有满意的感觉。消除工作中的不满意因素并不必然带来工作满意。这一发现表明了一个二元连续统一体的存在，“满意”的对立面是“没有满意”，不满意的对立面是“没有不满意”。

根据赫兹伯格的观点，带来工作满意的因素和导致工作不满意的因素是不相关和截然不同的。因此，管理者若努力消除带来工作不满意的因素，可能会带来平静，却不一定有激励作用。它们能安抚员工，却不能激励他们。而像人际关系、工作环境和工资等因素成为保健因素。当具备这些因素时，员工没有不满意，但是，他们也不会带来满意。正因为激励因素和保健因素在激励功能上的这种差别，调动人的工作积极性应该首先改善保健因素，避免引起员工对工作的消极情绪，进而从工作本身特征的改进来提高员工的满意度和积极性。这样才能使激励效果更突出、更持久。

但是，赫兹伯格研究方法的可信度受到怀疑，既然评价者必须对回答的结果做出解释，那么，他们有可能用一种方法解释这个问答，却用不同的方法来解释另一个相似的回答，这就可能使调查的结果失真；在具体应用这一理论时不可将激励因素和保健因素绝对化的理解。激励因素也有保健因素的作用，保健因素同样也有激励的作用。激励因素和保健因素并不是一成不变的，在特定的情况下两者是可以转换的。因此，有效的管理在于化保健因素为激励因素。转化的关键就是把保健因素与工作特征相联系。因为激励因素是以工作为核心的，只有将各种环境与工作本身密切相联，人们得到的外部报酬才会转化为来自工作本身的内在满足，才会“乐在其中”，自觉自愿的工作。在孤立的情况下，工资、奖金等物质奖励被看作保健因素，既缺少不得，多了也起不了多大的作用。可是一旦将金钱和工作绩效挂钩，它就展示出激励的效果了，丰富的激励内涵使得薪金、福利在奖酬管理中占据了举足轻重的地位。

（二）行为改造型激励理论

改造型激励理论以操作性条件反射论为基础，着眼于行为的结果，认为当行为的结果有利于个人时，行为会重复出现；反之，行为会削弱或消退。这类理论主要包括：

1. 归因理论。罗斯和安德鲁斯提出了归因理论。归因，是指根据人的外部特征对他的内心状态所做的解释和推论。归因理论侧重于研究个人用以解释其行为原因的认识过程，亦即研究人的行为受到激励是“因为什么”的问题。它包括：心理活动的归因；行为的归因；对人们未来行为的预测。归因理论揭示了人的行为的复杂性。

2. 强化理论。斯金纳的强化理论强调研究人的外在行为，侧重于研究个人行为结果对行为的作用。强化理论认为，行为的结果对行为本身有强化作用，是行为的主要驱动因素，即当人做出某种行为后，若出现了希望的结果，这种结果就会成为促进行为的强化物，强化刚才的行为。强化理论并不考虑人的心态，而是注重人的行为及其结果。但他忽视了人的主观能动性，认为受到什么刺激就会产生什么行为反映。强化也是激励人的一个重要手段。

3. 挫折理论。挫折理论是关于个人的目标行为受到阻碍后，如何解决问题并调动人的积极性的激励理论。一个人适应挫折情境的方式有三种：坚持的行为；对抗的行为；放弃的行为。正确对待挫折的原则有：防患于未然，消除于事后，变消极为积极。

### 三、过程型激励理论

过程型激励理论着重研究人们行为的过程。在这个过程中，人们的行为是如何产生的，是怎样发展的？如何使期望的行为保持下去，以及怎样结束这种行为发生的整个过程，在什么条件下人们到底选择什么样的行为，取决的因素是什么？有关过程型激励理论很多我们主要介绍期望理论和公平理论。

1. 期望理论

期望理论是通过人们的努力行为与所获得的最终奖酬之间的因果关系，来说明激励的过程，由美国心理学家弗鲁姆 1964 年提出来的。该理论认为：一种行为倾向的强度取决于个体对于这种行为可能带来的结果的期望强度以及这种结果对行为者的吸引力。当员工认为努力可以带来良好的绩效评价时，他就会受到激励从而付出更大的努力；良好的绩效评价会带来组织的奖励，如奖金、加薪和晋升；组织奖励会满足员工的个人目标。因此，这种理论研究三种关系。

一是努力与绩效的关系，认为个人通过一定努力会带来一定绩效的可能性；二是绩效和奖励的关系，个人相信一定水平的绩效会带来所希望的奖励结果的程度；三是奖励和个人目标的关系，组织奖励和满足个人目标或需要的程度以及这些潜在的奖励对个人的吸引力。

作为一种分析工具，期望理论能够帮助管理者了解员工的工作积极性是否已被充分调动起来。如果积极性尚未调动，就应该找出原因。根据弗鲁姆的观点，若想有效地激发员工的工作动机必须处理好以下的关系。

（1）努力与绩效的关系

一个人积极性的高低首先取决于努力与绩效的关系，个人通过努力，是否有较大可能获得良好的工作成绩和效果。如果他认为达到目的的几率很大，就会信心十足地去做好工作；若他认为目标太高，遥不可及，就会丧失信心。当然期望值不仅受主观判断的影响还受客观工作条件的制约。因此，管理者在这方面要按照个人能力特长来分配工作，协助排除干扰任务完成的不利因素。帮助员工树立信心，调动员工积极性。

（2）绩效和奖励的关系

一个人积极性高低还取决于工作绩效和奖酬的关系。如果两者之间没有关联，员工努力工作没有相应的物质或精神奖励。时间长了，人们被激发的内部力量就会逐渐消退。组织要处理好这对关系根本的方法在于建立按劳分配、多劳多得的工资和奖励制度。只有这样，员工的积极性才能被真正的调动起来并得以长久地保持。

（3）奖励和个人目标的关系

决定人的积极性高低的因素还包括奖酬能否满足人们的需要。只有能够满足人们某种需要的奖励报酬才会对人产生吸引力，才能激发内在的潜力。由于人们在需要层次上有明显的个别差异，因此同一种奖励对不同的人而言效果不同，吸引人的强度也不同。比如员工努力工作以期获得晋升，但得到的确是加薪，或者员工得到一个比较有趣和具有挑战性的工作，但得到的仅仅是几句表扬的话，这些现象都能表明根据每位员工的个人需要设置奖励是非常重要的。但是，管理者受到能分配奖励的限制，使得奖励个人化比较难以实施；而且有些管理者错误的认为，所有员工都想得到同样的东西，因此忽略了差别化奖励的激励效果。

2. 公平理论

公平理论是美国的斯达西·亚当斯于 1956 年提出来的。该理论侧重于研究利益分配尤其是工资报酬的合理性、公平性对员工工作积极性和工作态度的影响，以及个人所做的贡献与他所得到的报酬之间如何平衡的一种理论。所以公平理论也叫社会比较理论。亚当斯认为，员工的工作积极性和态度不仅受其所得的绝对报酬（实际收入）的影响，而且还受其所得的相对报酬（自己收入与劳动付出的比值）的影响；员工不仅会将自己付出的劳动和所得的相对报酬之比值与他人付出的劳动和所得的相对报酬之比进行横向比较，还会把自己现在付出的劳动和所得到的报酬之比值与过去付出的劳动和所得到的报酬之比进行纵向的比较。如果，发现自己的所得与付出和别人的所得与付出相符，或现在的所得与付出和过去的所得与付出相符，便认为是正常的、公平的，因而心情舒畅，就会努力工作。否则，就会认为是不公平的，今后的行为就会产生消极的影响。

公平理论认为：公平在激励中起着重要的作用，员工常常把自己的投入和产出与其他人的投入与产出相比较，如果这种比率是相等的，员工就认为他们所处的环境是公平的。否则，如果这种比率是不相等的，他们就会经历公平紧张，亚当斯认为，这种消极的紧张状态能提供一种动机使人们采取行动以纠正这种不公平。而员工选择的参照物会使公平理论更复杂。

**公平理论**

| 比率比较 | 感觉 |
|---|---|
| O/Ia<O/Ib | 由于报酬过低产生的不公平 |
| O/Ia=O/Ib | 公平 |
| O/Ia>O/Ib | 由于报酬过高产生的不公平 |

注：O/Ia 代表员工的产出/投入，O/Ib 代表相关的其他的产出/投入之比。

斯蒂芬·P. 罗宾斯著：《组织行为学》，中国人民大学出版社，1997 年 12 月第 1 版。

### 三、激励要素及其组合的运用

员工的激励动力要素及其组合方法多种多样，许多专家陆续提出各自的方案，各有其优点，也各有其不足。要想有效的对员工进行激励，就要整合他们的观点与做法。

（一）乔恩·R. 卡曾巴赫的观点

乔恩·R. 卡曾巴赫［美］（1995）提出，领导者要重视以下激励因素：

1. 设计符合员工愿望与需求的远景而非简单的利润指标，以激励员工的工作热忱。

2. 结合环境进行激励，即利用周围人们和团体的情感、愿望、行为去激励员工。

3. 建立竞争机制，即利用人们的竞争心理，鼓励人们争先恐后地追求成功的理想、精神、行动，创造竞争性的组织文化，把内部纷争的焦点转化为市场竞争的利器。

4. 支持企业员工向往伟大事业，成为优秀人物的理想、渴望。

5. 创造适度的危机感，即在提高人们对困难、危机的认识的同时，指明克服困难与危机的意义、方法、途径和前途。

6. 适度的报酬激励。

7. 以自己“做正确的事”的行为为员工树立榜样，进行榜样激励。

8. 为员工创造有利于其获得成功的条件与机会，对征服困难、完成任务、取得工作成果、使他人满意和脱颖而出的员工进行奖励。

（二）劳伦斯 S. 克雷曼的观点

劳伦斯 S. 克雷曼［美］（1997）提出 16 种开发人力资源、提高竞争优势的激励因素如下：

1. 选拔招聘：以科学、正确的方式挑选合格员工。这等于向求职者发出这样的信息：他们加入的是一个精英组织，并对员工的绩效有高度期望。

2. 职业安全感：即员工不会被随意解雇。组织向员工提供一个长期承诺。这会导致员工的忠诚、承诺和愿意为组织利益付出额外的劳动。

3. 诱因薪金：给那些提高了绩效和赢利率水平的员工分享津贴。如纽约银行为提供比竞争对手更具竞争力的薪酬和福利待遇，对过去 6 个月市场中同类岗位薪酬的调查，在平均值上加 15%作为员工薪酬。

4. 高薪金：提供高于市场所要求的薪金（比竞争者所付的薪金还要高），以吸引更加合格的求职者，降低流动率，并发出一个信息：企业珍惜他的员工。

5. 培训开发：组织为员工提供完成工作所必需的知识、技能。培训不仅仅要保证员工和经理们能够胜任他们的工作，而且要实现企业对他们的承诺。

6. 交叉使用和交叉培训：即培训企业员工从事多项不同的工作，可以使工作变得有趣，并为经理们提供安排工作日程的更大弹性和员工交叉替代使用的灵活性。

7. 信息分享：向员工提供有关运作、生产率、赢利率的信息。使他们获得正确评价个人利益与组织利益相互联系的信息和其他所需要的信息，为实现成功去做必须做的事。

8. 参与与授权：鼓励决策的分散化、民主化，并通过授权在员工工作过程中扩大其参与权。鼓励较低层次的员工主动做那些能提高绩效的事情。研究已经表明，参与既能提高员工的满意度，又能提高生产率。

9. 内部晋升：通过提拔较低组织层次上的优秀员工填补职务空缺，给员工一个“好好干、有奔头”的诱因，并增强工作场所的公平与正义的氛围。

10. 薪金浓缩：即在工作性质相同或相近的团队中或层次间，缩小员工间薪金差别的程度，以利互相依赖、相互合作、相互协调的完成工作任务。但是，要注意“薪金浓缩”的负面效应。

11. 长期观点：即必须明白，要长期、持久、积极激励和培养员工能形成的竞争优势。

12. 象征性的平均主义：平等对待员工，取消经理某些特权。减少“我们”对“他们”的对立思想，创造一种大家都为一个目标而工作的感觉。

13. 实际测量：即要测量员工的行为、态度、各种行动方案、首创精神、工作绩效水平等。通过测量指明“何者重要”，以指引员工行为，并能为组织及其员工提供反馈，告诉他们相对于测量标准他们的表现如何。

14. 团队和工作再设计：建立跨学科的团队以协调和监督他们自己的工作。团队对个体可以施加某种强烈的影响。当存在着对团队群体积极行为的奖励时，当群体对工作的环境拥有某种自主权和控制权时，当群众受到严肃对待时，便有可能产生来自群体影响的正面结果。

15. 贯穿性哲学：组织用根本的管理哲学把各种个体的实践连接成一个具有凝聚性的整体。

（三）玛汉·坦姆仆的观点

玛汉·坦姆仆则针对企业员工提出“四个阶段、四种激励因素、四类激励状态”。

1. 四个阶段

（1）发展阶段。20～30 岁的员工或其他年龄段或事业位置的均衡状态转化过来，正在寻求达到新的自我均衡状态的阶段。

（2）实现阶段。能够在相对重要的激励与报酬之间获得他们所满意的平衡阶段，对工作产生很高的满足感，也可能转向过渡期。

（3）过渡阶段。40～45 岁的员工或其他年龄段的员工正处于事业发展与个人发展的十字路口阶段，力图为自己的将来寻求一个合适的位置。

（4）稳定阶段。员工已经确定自己达到了想要达到的成就和水平，个体成长与激励、报酬一致，不再寻求新的挑战。

2. 四种激励因素

（1）个体成长。员工对知识、个体和事业的成长有着不断的追求。

（2）工作自主。工作环境能够保障员工在既定的战略方针和自我考评指标的结构下，自主的完成任务。

（3）业务成就。所完成的工作业绩达到令人足以自豪的水平。

（4）金钱财富。员工可以获得一份与自己的贡献相称的报酬，感到能够分享自己所创造的财富。

3. 四类激励状态

（1）被激励状态。个体成长、工作自主、业务成就都得到满足的状态。

（2）被监管状态。只有个体成长、业务成就的满足，而缺乏工作自主的状态。主要激励发展期、稳定期的员工。

(3) 以员工为中心的状态。只有工作自主、个体发展、而缺乏业务成就，未满足组织需要的状态。着重激励过渡期的员工。

(4) 以组织为中心的状态。只有业务成就、工作自主，而缺乏个体成长的状态。着重激励发展期的员工。

总之，激励动力要素及其组合，可以根据组织的实际情况，只要能够有效的激发员工的积极性、创造性，就可以通过不断的创新、开发、设计创造新的激励要素、激励方式。

实际上，激励的动力因素还有：物质/金钱（各种报酬：工资、奖金、津贴、股票等）、精神/情感（尊敬、信任、友爱、荣誉）、工作/任务（挑战/机遇、责任/意义）、时间/空间、职务/职称、权力/地位、信息/知识、法律/政策、关系/网络、目标/远景、客户/市场等。可以进行各种各样的组合，以加强激励力度。如西方学者就提出整体报酬方案如表所示。但是，不论如何激励，都必须以业绩为主要依据。

**整体报酬方案**

<table>
<tr><td rowspan="4">报酬</td><td rowspan="2">经济性报酬</td><td>直接性报酬：<br>工资、薪金、佣金、奖金</td></tr>
<tr><td>间接性报酬：<br>保险计划：人身、健康、医疗、灾害等<br>社会援助福利：退休计划、社会保障、伤病补助、教育补助等<br>缺勤支付：休假、节假日、病休等</td></tr>
<tr><td rowspan="2">非经济性报酬</td><td>工作本身：<br>趣味性、挑战性、发展机会、成功机会、褒贬机会、责任感、成就感</td></tr>
<tr><td>工作环境：<br>投缘的同事<br>舒适的工作条件<br>弹性时间工作制<br>恰当的社会地位标志<br>合理的政策、称职的管理<br>缩减的周工作时数<br>工作的便利程度等</td></tr>
</table>

美国芝加哥大陆银行对于不同层次的管理者实行不同的报酬方式。行长的报酬要以其所领导的银行的整体业绩为依据；中层管理者的报酬要综合考虑银行业绩、市场占有率和内部因素；基层管理者的报酬则主要考虑个人业绩，兼顾市场占有率和内部工资关系。用这种做法吸引了许多企业员工。

### 四、激励的手段

（一）物质激励。物质激励是以货币和实物的形式进行的对人们良好行为的一种奖励方式，或者是对不良行为的处罚的方法。物质激励是一种古老的激励方式。具有较强的生命力，在现代及今后相当长的历史时期将继续发挥独特的作用。当前，比较通行的物质奖励方式有奖品、奖金、分房以及休假、疗养、旅游等福利待遇；处罚方式有扣发奖金、工资、罚款、没收非法所得等。至于对日常生活中工作迟到、早退、损公肥私、打架骂人等不良行为者，扣发奖金、工资、罚款等处罚措施，也不失为一种有效的管理方法。

物质激励之所以行之有效，在于物质利益是人们的最基本利益。在社会生活中，每个人都离不开一定的物质需求和物质利益，这不仅是维持生存的基本条件，而且是个人在各方面获得发展的重要前提。物质利益是人们从事一切社会活动的物质动因。物质激励就是通过满足或者限制个人的物质利益的需求，来激发人们的积极性和创造性。人们为了获得或者避免失去物质利益，就会自觉用法律、条令和规章制度来约束自己，规范自己的言行，积极努力地工作，从而实现管理的目的。满足人们物质利益需求要符合社会发展的客观规律。第二次世界大战后，欧亚各国都面临着恢复经济的艰巨任务，英国工党提出“勒紧裤带，恢复经济”的方针，结果因不能满足人民的物质利益需要，调动不了人的积极性而遭失败。日本政府接受英国工党失败的教训，提出了《国民所得倍增计划》，把发展生产同提高人民生活水平相结合，使日本经济走上了腾飞的轨道。

（二）精神激励。精神激励的形式主要包括表彰与批评、吸引人员参与管理和满足人员的成就感等。精神激励的内容很丰富，主要包括：舆论激励、升降激励、民主激励、调迁激励、环境激励。无论是物质激励还是精神激励。必须注意两个问题：一是二者必须有机地结合起来，在不同时期，不同环境条件下，采取恰当的“激励组合”；二是必须通过人事考核、业绩考评等科学的方法，客观评价人的行为表现和工作成果，以得到好的效果。

1. 如何有效的表扬

激励员工的方式有很多，最“经济实惠”的方法是什么？就是表扬。表扬员工不花费什么，但可以取得意想不到的效果。可以采用以下方式表扬你的下属。

（1）用欣赏的眼光来观察下属的优点

任何人都有优点和缺点，但两者的比例如何，除了客观的标准外，更重要的是观察者的角度。有人专门关注别人的阴影，看到的当然是缺点多、优点少。如果你站在阳光下看人，所见的就恰恰相反了。这不仅仅能显示你的善良和宽宏，同时也是一种高明的领导方法。对于下属，管理者应该给予充分的信任和肯定。管理者不能炫耀自己的才能和智慧，却一定要学会欣赏别人的才能和智慧；要挑剔自己的不足和毛病，自我反省，却不宜对员工求全责备，百般苛刻。

(2) 随时持续地赞美员工的表现

赞美是进步的催化剂，但许多繁忙的管理者往往忽略了对员工的赞美。当员工辛辛苦苦完成了一项工作任务的时候，说一句“谢谢”，只不过花 2 秒钟，当有时管理者却忘记说，还认为员工的额外付出是理所当然的。

正确的选择是，管理者必须告诉员工你对于他的工作的肯定。一句真诚的赞美、一个坚定有力的握手或者拍拍肩膀，员工都会感觉到你的感激，如果在加上一些明确的表扬，就会大大增强他们的成就感和信心。一旦管理者如此激励员工，员工就会持续地表现卓越。被誉为管理界“经营之神”的松下幸之助就善于在实际工作中表扬员工。他创造了“电话管理术”经常给下属包括新招员工打电话：“也没有什么特别的事情，就是想问一下最近的情况”。当下属回答说：“还算顺利时”“很好，希望你好好加油。”这样使接电话的下属感到总裁对自己的信任和看中，精神为之一振。

IBM 的创始人汤姆·沃森能够及时认可每个人的成绩：“给完成一笔很棒的业务或贡献的新思想的员工当场奖励 500 美元。”有一天，一个年轻人走进他的办公室告诉他一个了不起的成绩。汤姆·沃森感到很高兴但是翻遍衣袋和办公桌抽屉希望能找到什么能马上作为奖品的东西，结果只找到了一根香蕉。他就把这根香蕉给了小伙子，年轻人恭敬的接受了奖品。从那时起，香蕉在 IBM 公司成了成绩的象征。

(3) 在第三者面前赞美下属

当上司直接赞美下属时，对方有可能认为那时一种口是心非的应酬和恭维。然而，赞美若是通过第三者的传达，效果便截然不同了。当事者会认为那是发自内心的欣赏，毫无虚伪，因此会为之感激加倍努力工作的。

(4) 当众表扬下属

当员工表现非常突出的时候，就应该当众表扬员工，好事要传千里。根据情况，可以是在召开会议的时候当众赞美，也可以在公告栏里通报表扬，甚至专门召开一个表扬大会，为业绩突出的个人和团队庆功。榜样的力量是无穷的，就等于告诉其他人被表扬者的行为是值得所有人关注和学习的。而且能够激励别的员工向他们学习，带动整个企业取得更大的成绩。

(5) 鼓励下属互相赞美

当一个人用积极肯定的态度去真心赞扬别人的时候，不仅对方听了会高兴，自己也是愉快的。相互赞扬和鼓励能够在企业内部创造一个积极向上的氛围，使全员的士气得到普遍的提高。

2. 如何有效的批评

平时我们说到激励，一般都是正面的奖励、表扬等等。实际上，恰当的批评同样会激起员工的积极性。有人把正面的激励比作“拉”，而把负面的批评比作“推”，形象的说明了批评的激励作用。关键是管理者要学会有效批评的方法。

（1）批评要因人而异

人与人是存在很大的差别的，在批评下属的时候，应考虑当事人的性格特点，在决定批评的方法，这样才能收到预期的效果。

通常，对于外向型的人，大可毫不客气地纠正其错误。他们知道如何将遭受批评后的不甘心化解，头脑中留有深刻的印象。甚至上司越是大发雷霆，他们接受的程度会越高。

对于内向型的人应采取先赞美后批评或边批评边赞美的方法。如果你对他有所肯定，他便会觉得批评并不是针对他本人的，只是在指出自己工作中的失误而已。于是便会虚心学习，努力改进。

（2）坚持“对事不对人”的原则

在批评员工的时候一定要注意对人格的尊重。负激励的最大缺陷就是往往会带来负面影响，使员工产生逃避或抗拒心理。避免这一后果的唯一途径就是要做到“对事不对人”，评论“行为”而不是“态度”。

（3）把握批评的力度

对于不同的错误，在批评的时候都应该考虑采用不同的方法，实施不同的批评力度。批评力度的确定最复杂，需考虑以下因素：行为的原因和动机；行为的目的；确定批评的底线。

（4）慎重选择批评的方法

对员工的批评方法，可以是口头的，也可以是书面的；可以是公开的，也可以是私下的。一般，对于那些比较严重的错误、必须严惩不贷的恶劣行为，才采用公开的、书面的方式进行批评；员工受处分并非光荣的事情，公开的书面处理会给员工造成较大的挫折，因此一般宜于以口头方式私下进行，使员工知错能改也就可以了。

总之，企业对员工的不当行为应该采取施加以防止和纠正，也就是批评的目的。采用批评进行激励，最重要的是不要挫伤员工的积极性，采取适当的方法，从宽处理。

**案例分析**

**把握好激励的时机**

心理学实验：将两辆外形完全相同的车子停放在类似的环境中，其中一辆车的引擎盖和车窗是打开的，另一辆则是保持不动的。打开的车辆在三天之内就被人破坏无遗，而另一辆车则是完好无损。但是当实验人员将车子的窗户打破了一个以后，一天过后车上的所有窗户都被人打破了，内部的东西也被偷抢一空。这项实验就是著名的“破窗户理论”。

在许多人的意识里，完美的东西大家都维护他，舍不得破坏他；残缺的东西，让它在破一些也无妨，这或许就叫：破罐子破摔！

企业上的人事管理中，如果员工有破罐子破摔的想法，那就十分危险了。一些企业的经营者虽然知道员工激励的重要性，但对于如何把握激励的时机却迷惑，如果对激励的时机把握不好，员工就有可能消极地对待工作，产生破罐子破摔的想法。

时间由于人们的主观愿望不同，会产生对时间长短的不同感觉。儿童和青少年感觉时间过的很慢，所以适宜采用及时极力，当他们的良好行为出现后立即给予激励不必等到月评和年评了。此时他们的积极性正高、情感正丰富，及时激励能促使他们认识深刻、行为良好并坚持下去。

中老年人觉得时间运行太快，则可采用延时极力，在一定的时候和场合给予总结和奖励，可以帮助他们加深对良好行为的认识并提高其认识程度，促其良好行为稳定化。

对于企业来说，如果进行的活动是有规律性的可以采用有规则的激励，如果进行的活动是突击性的则应于活动结束后评比激励。

### 狮子公司：及时奖励

日本东京有一家狮子公司，生产、经营洗涤、化妆品等，是一家拥有资产 25.5 亿美元，员工 5 000 人的大公司，主要从事生产经营洗涤用品和化妆品，排名全球最大 500 家工业企业的 483 位。虽然排名有点靠后，但也是了不起的了。

狮子公司在经营上有什么诀窍吗？十分注重建议制度，企业的经营者对好的、合理的建议提出者及时地给予奖励。

第一个故事是关于牙刷的

加藤信三这名员工性子急，别的不说了，就说早起的刷牙吧，为赶时间，总是粗粗地刷几下就了事。可是越着急越出事，每次刷了牙以后，牙龈就出血，还得一个劲地漱口。别看加藤信三向来什么都急猴似的，却爱思考问题。Why？如果是我的牙龈有问题，但为什么许多人都出血呢？想来想去，突然一拍脑门：哎呀，是不是牙刷有问题啊？他拿出放大镜，仔细观察牙刷的毛，猛地发现，牙刷毛顶端是四方的，很不圆滑，而有的就像刺儿一样，难怪它会刷得牙龈出血。

向领导建议：公司应该把牙刷毛顶端改成圆形。一个小小的建议，让狮子牙刷很快占领了日本 40%的市场，在国外也大受欢迎。当然，加藤信三也凭借自己的爱动脑筋和积极建议得到加薪晋职。

第二个故事是关于牙膏的

总裁召开会议，大家对公司的牙膏销售不旺感到烦恼。其实，大家想出了不少主意，但都没有一个可行。总裁感到非常沮丧。这时，一个年轻的经理站起来说“我手里有张纸上写着一个建议，若您采纳我的建议，我们的产品销量肯定能上去，但必须另付我……”他开出了一个很高的价钱。

“公司每个月都支付你薪水，另外还有分红和奖励，现在让你来开会，你还另要钱，是不是太过分了？”大家都异口同声地指职责他，总裁也有点生气了。“总裁先生，别误会如果我的建议不行，你可以把它丢掉，一毛钱也不必付。”年轻的经理说。

总裁接过那张纸，看完马上如数签了一张支票给他。大家都傻眼了，那张纸究竟写了什么，它怎么能值那么多钱？“将现有的牙膏口夸大 1 毫米”大家嘲笑起来，这叫什么建议，一分钱也不值。总裁却眉开眼笑了“大家好好算算，每天早上，每个消费者多用 1 毫米的牙膏，每天的牙膏消费量将多出多少倍啊？心算不出来，就用手，用脚也行啊!”在大家还在计算的时候，总裁已经下令更换新的包装了。这个决定使该公司这一年的营业额增加了 32%。

**点评**

要掌握好奖赏的时机。提升某人的时候就是增加其责任的时候，员工如果心情好，要肯定他的成绩，同时有要鼓励他百尺竿头更进一步；同时还应注意以最小的成本取得最大的激励效果。

**思考题：**

1. 考虑如何根据员工的不同感觉掌握激励时机。
2. 如何根据考核的不同内容掌握激励时机。

## 本章小结

人力资源管理的理论基础是以一定的人性假设为基础的。由于管理者对人性的不同认识，将决定他们对管理者采取不同的态度和管理的方式。总的来说，主要有“经济人”、“社会人”、“自我实现人”、“复杂人”几种假设，每一种假设都说明人性的一个方面，本章试图在不同的历史背景下阐述对人的认识。

“经济人”假设也称为 X 理论其基本观点：个人都是理性的个人利益最大化者，人们的行为目标在于追求自身的最大利益。与“经济人”假设相匹配，管理者通常创造出相应的管理措施。一般来说，相应的措施包括：注重工作任务管理；主要采用“胡萝卜加大棒”的方法对工作人员进行激励；管理工作是少数管理者的事，工人只是服从指挥，不用参与任何管理。“社会人”假设是人际关系学派的直接产物。这种假设认为：只要是人，无论是管理者还是员工，都处在人群之中，都是团队和集体的一员。任何人都不能孤立地存在，因此人与人之间的关系对于个人来说都非常重要。“自我实现人”假设人认为人并非有好逸恶劳的天性。只有当人的潜力、才能充分发挥出来，人才能获得最大的满足，在工作中人能够实现自我的价值，工人不会好逸恶劳。“复杂人”假设认为无论是“经济人”、“社会人”、还是“自我实现人”的假设，虽然各有其合理的一面，但不适用于一切人，人的需要和动机不仅因人而异，而且一个人在不同的年龄、不同的时间、不同的地点会有不同的表现，并随着年龄的增长、知识的增加、地位的变化而变化。“经济人”、“社会人”、“自我实现人”的假设、“复杂人”假设的相继提出这些认识每前进一步，人的作用与价值就得到进一步的发挥。对于人力资源管理与开发来说，人已经被放到了管理的中心地位，一切管理与开发活动都是以人为中心的，管理是人的活动，管理是服务于人的活动。

所谓激励广义上讲，就是激发人的动机、诱导人的行为，使其发挥内在潜力，为实现所追求的目标而努力的意思。简单说，就是调动和发挥人的积极性。本章还介绍了马斯洛的需要层次理论，它共分为五个层次即生理需要、安全需要、社交需要、尊重需要和自我实现需要。企业激励员工可用该理论。双因素理论主要包括保健因素和激励因素。实践中如何在不同的情况下正确使用这两种因素，以达到激励的效果。期望理论从管理者角度而言，强调管理者要根据员工的能力合理地指派工作和实际目标，同时设计一个合适的工作环境和工作报酬制度，使员工对预期组织和个人目标的实现充满信心。公平理论认为，一个人在自己因工作或做出成绩而取得报酬后，不仅会关心所得到的报酬的绝对量，而且还会通过自己相对于投入的报酬水平与相关他人的比较来判定所获得报酬是否公平或公正。强化理论认为，人的行为是对所获刺激的一种反应。如果这种刺激对他有利，他的行为就有可能重复出现；若刺激对他不利，则他的行为就可能减弱，甚至消失。

激励的方式主要有两种：物质激励和精神激励。在激励过程中要把握激励的艺术。通过本章的学习，可以使学生系统全面的了解员工激励的知识和实际，进一步了解企业用人的设计。

## 复习与思考

1. 什么是人的动机？它与激励工作的关系如何？
2. 企业重视激励的动因？
3. 在企业管理中如何运用双因素理论、期望理论？
4. 激励的方法有哪些？简要说明各方法？
5. 人性假设理论的发展过程，其背后的管理措施有何改变？

# 第五章　工作分析

**【本章要点】**

通过本章内容的学习，应了解和掌握如下问题：

1. 什么是工作分析，在一个企业中如何进行各岗位的工作分析；
2. 如何制订工作说明书，企业中以岗定人时如何确定岗位的任职资格；
3. 如何收集岗位信息，如何进行工作设计。

**【开篇案例】**

20 世纪初，美国福特汽车公司的产品 T 型轿车创造了一个奇迹，曾连续生产 20 年，最高年产量达到 200 万辆，成为世界上产量最高、销路最广的车型，福特公司也因此成为当时世界最大的汽车公司。亨利·福特在他的自传《我的生活和工作》一书中揭露了 T 型轿车的秘密，他详细地叙述了8 000多道工序对工人的要求：

949 道工序需要强壮、灵活、身体各方面都非常好的成年男子；

3 338 道工序可由女工或年纪稍大的儿童承担，其中：50 道工序由没有腿的人来完成；2 637 道工序由一条腿的人来完成；2 道工序由没有手的人来完成；715 道工序由一只手的人完成；10 道工序由失明的人完成。

我们不得不感叹亨利·福特先生对工作内容和工作承担者的精确分析，这些分析为福特公司在当时远远领先于同行的严密的工作流程和组织架构奠定了坚实的基础，也正是这些分析帮助福特公司实现了员工任用的低成本和高效率。

**点评：**

那么工作分析到底是什么呢？工作分析在员工任用及人力资源管理中起到怎样的作用呢？可见工作分析是人力资源管理的重要环节。最好的人才是适合其岗位的人才，人事匹配是人力资源管理的工作追求。

## 第一节　工作分析

我们知道，每个组织一般都是首先划定自己有多少事情，以确定组织设定多少岗位，这些岗位需要怎样的人来担任，这就是我们时常说的“以事定岗，以岗定人”。然后再研究这些人如何相互协作，最终达到组织的经营目标，实现组织的经营宗旨。由此可见，如何准确界定每个员工的工作职责一直是管理者的一项最为重要的工作。

一般来说，比较规范的组织都有自己的组织机构图，它本身显示了组织的部门结构、管理的层次、权力的走向等。但是，它无法说明组织的各项工作的日常活动及其职责，不能说明组织信息的具体传达方式，也不能说明各级经理人所掌握的实权范围。

为解决这些问题，我们需要借助于工作分析的内容来对其研究。

## 一、工作分析概述

1. 工作分析的概念

工作分析是指如何完整地确认工作整体，以便为管理活动提供各种有关工作方面的信息所进行的一系列的工作信息收集、分析和综合的过程。工作信息涉及到的主要内容包括两个方面。

一是工作本身即工作岗位的研究，要研究每一个工作岗位需要完成哪些具体工作，该岗位所承担的工作职责与工作任务以及它与其他岗位之间的关系等。比如说一般企业的行政部门文员，她的主要工作是办公室保洁、接听来访电话、起草打印日常的行政文书等。这即是她所承担的工作任务。

二是人员特征即任职资格的研究，研究能胜任该项工作并完成任务的工作承担者必须具备的条件与资格，为企业招募岗位能够胜任的人员提供招募标准。比如性别、年龄、学历、技能、工作经验等。

因此，工作分析要研究并决定一项工作的特定性质与职责，明确工作的各个细节，使人们比较深刻地理解工作在员工行为方面的要求，以及什么样的人员适合担当组织中的什么工作，从而为员工任用和其他人事决策奠定坚实的基础。

但是需要注意的是，一个岗位的工作内容可能会随着时间的变化而改变，它受很多因素的影响。诸如组织环境的变化、客户需求的变化、技术的变化、组织战略的变化和组织的人力资源队伍的变化等。

这样在新的组织建立，组织还没有建立工作内容和对任职资格的精确描述，或者新的工作产生、工作内容发生变化时，原来的工作描述相对组织的战略而言已经不具备执行的意义的时候，我们就需要进行工作分析。从这种意义上说，有效的组织分析还是组织健康发展的前提。

2. 工作分析时要注意的四个问题

（1）工作分析虽然只是人力资源管理体系中的一个环节，但在实施过程中也是一种微型的组织变革，也需要考虑时机选择、管理层的支持和工作团队构成等因素。

（2）工作分析不等于“工作归类”，工作归类只是工作分析的一个方面即工作内容所需技能或其他工作相关因素将相同或相近归为一类。

（3）工作分析的对象是工作本身而不是工作承担者本人，因此工作分析应该与员工评价区别开来。

(4) 工作分析的工作方法实质上是理论和实践紧密结合的过程。

## 二、工作分析的常见术语

在日常的工作和生活中，人们对有关工作的概念有很多种使用方法，如工作要素、任务、职责、职位和职业等等。美国劳工部在其汇编的《职位名称词典》(DOT) 中，对有关工作的一些术语给出了比较规范的定义。

1. 工作要素

工作要素是指工作中不能继续再分解的最小动作单位。例如，一般浴场负责擦鞋的工人要为客人擦鞋，擦鞋的这项工作中就包括为客人取鞋、搽油、擦亮、放置好、拿到客人脚边五个工作要素。

2. 任务

任务是员工在某一有限的时间内为了达到某种目的而进行的一系列活动。任务可以由一个或多个工作要素组成。例如，生产线上的工作人员给电视机后扭螺丝这一工作任务就只有一个工作要素，上面提到的擦鞋任务中则包括五个工作要素。

3. 职责

职责指的是工作承担者为实现一定的组织职能或完成工作使命而承担的一项或多项任务组成的活动，如进行员工满意度调查是人事经理的一项职责，它包括设计调查问卷、发放问卷、回收问卷进行整理，将结果表格化并进行解释，把调查结果通知有关人员等。

4. 职位

职位也叫岗位，担负一项或多项责任的一个工作承担者所对应的位置就是一个职位。有关职位的一个特征是，在一个组织中的职位种类的数量未必等于其成员的数量。换言之，每个员工都有自己的一个职位，职位种类之和通常小于员工总数。例如，总经理、秘书、出纳、销售代表等是不同的职位，但是总经理由一人承担，而销售代表可以由数百人承担。应该注意的是，职位是以“事”为中心确定的，强调的是人所担任的岗位，而不是担任这个岗位的人。

5. 工作

工作则指的是由一个或一组主要职责相似的职位组成的事项，也称职务。一项工作可以只有一个职位，也可能有多个职位。例如，营销人员的工作中可能有从事各种不同营销工作的人，但他们的主要工作责任是相似的，因此也可以归于同样的职务中。

6. 工作族

工作族指的是由两个或两个以上的工作组成的工作体系，这些工作或者要求工作者具有相似的特点，或者包括多个平行的任务，例如企业中的销售和生产就属于两个不同的工作族。

7. 职业

职业指的是在不同的组织中的相似的工作构成的工作属性。我们需要注意的是工作是就一个组织而言的。职业的概念有较大的时间跨度，处在不同时期，从事相似工作活动的人都可以被认为是具有同样的职业。一个人的职业生涯是指一个人在其工作生活中所经历的一系列职位、工作或职业。

8. 职权

职权指依法赋予的完成特定任务所需要的权力，职责与职权紧密相关。特定的职责要赋予特定的职权，甚至于特定的职责等同于特定的职权。比如，质量检查员对产品质量的检验既是质量检查员的职责，又是他的职权。

所谓职位分类就是指将所有的工作岗位（职位），按其业务性质分为若干职组、职系（从横向上分）；然后按责任的大小、工作难易程度、所需教育程度及技术高低分为若干职级、职等（从纵向上分），对每一职位给予准确的定义的描述，制成工作说明书，依此作为对聘用人员管理的依据。

因此，工作分析通常要采集有关特定任务的信息，一个员工完成的一组任务构成一个职位，相同的职位形成一个工作，相似的工作又构成一个职业。

## 三、工作分析的程序

工作分析是一项技术性很强的工作，必须有一个科学、合理的操作程序。整个工作分析步骤如图 5-1 所示。

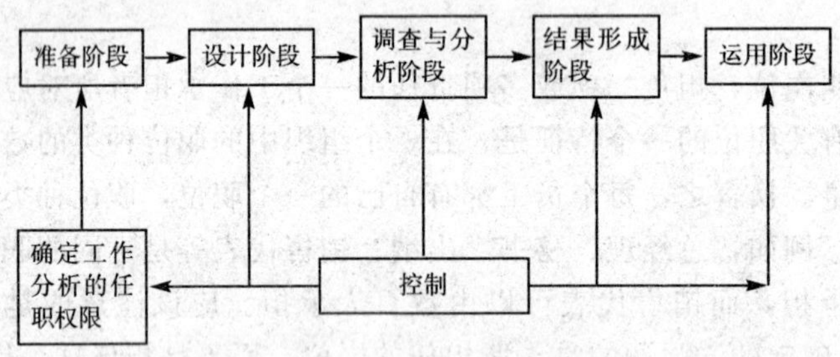


图 5-1 工作分析的过程图

在整个工作分析的流程中，准备和设计阶段是工作分析的关键，结果形成与控制阶段是工作分析的目的。

1. 准备阶段

在这一阶段，主要解决以下几个问题：

（1）组建工作分析小组，分配任务与权限。分析小组成员通常由三种类型的人员：分析专家、主管和任职者。分析专家是指具有分析专长，并对组织内各项工作有明确概念的人员。分析专家可以来自组织内部，也可以是外聘专家。组织内人员的组成一般为人力资源人员，也可为中、高层管理人员。一旦小组成员确定之后，赋予他们进行分析活动的权限，以保证工作分析的协调和顺利进行。

（2）明确工作分析的目的。有了明确的工作分析的目的，才能正确确定工作分析的范围、对象和内容，规定分析的方式、方法，并弄清应当收集什么资料，到哪儿去收集资料，用什么方法去收集资料等。

2. 设计阶段这一阶段包括以下几项内容：

（1）制订工作分析计划。工作分析计划包括整个工作的进程、企业内应进行分析的各个职务的名称和任职者人数、估计工时需要和分析人员人数、所需费用和其他条件、分析过程中各个环节的责任划分等。

（2）确定工作分析的范围。要明确是对所有的岗位都进行分析，还是对部分岗位进行分析。

（3）选择分析方法与人员，制定工作进度表。

（4）确定信息来源。工作信息来源一般有以下几种：工作者、主管者、顾客、分析专家、文献汇编等。

3. 调查阶段

（1）编制各种调查问卷和提纲；

（2）根据具体的对象进行调查；

（3）收集有关工作的特征及需要的各种数据。

4. 分析阶段

（1）仔细审核已收集到的各种信息；

（2）分析的内容主要有：职务名称分析，职务规范分析（对工作任务、工作责任、工作关系、劳动强度等的分析），工作环境分析和任职资格分析；

（3）利用现有文件与资料对工作的主要任务、主要责任、工作流程进行分析总结；

（4）提出原工作说明书主要条款存在的不清楚、模棱两可的问题，或对新岗位工作说明书提出拟解决的主要问题。

5. 结果形成阶段把前一阶段工作分析结果用文字的形式表达出来，使它成为可以使用的管理文件，也就是编写工作说明书和工作规范。

工作说明书是一份提供有关工作任务、职责与责任信息的文件。它是以书面形式解释一项工作叫什么，要做什么，在哪里做和怎样做。工作说明书一般包括工作基本资料（名称、类别、部门、日期）、工作的简要描述、工作职责和责任列表，以及对与工作相关的组织关系的说明。有些工作说明书会把工作规范的内容一并纳入。

工作规范是一份描述员工为完成一项特殊工作应具备最基本的资格文件。包括员工完成工作所必须具备的知识、技能、能力等方面的资格。工作规范是工作分析的另一项成果，有时与工作说明书并不分开。主要包括工作行为中被认为非常重要的个人特质，针对“什么样的人适合此工作”而写，它是人员甄选的基础。

6. 运用与控制阶段要根据工作分析的结果，制定人力资源管理的各种应用性文件，并培训文件的使用者。这些应用文件主要有招聘录用文件、人员培训文件、人员发展和晋升文件、薪酬规划文件等。

工作分析活动的控制贯穿于整个工作分析的过程，其目的是为了控制和纠正可能出现的各种偏差。

## 四、工作分析的意义

**即时案例**

一位操作工不小心把大量的液体洒在工作台的周围，车间主任叫操作工把洒在地上的液体清扫干净，操作工不愿干，理由是这不是他的工作，他认为应该叫服务工打扫。车间主任便叫来服务工，但服务工也不愿干，说“我这里的事情还没有做完，你叫别人干，再说这种事也不应该是我干的。”车间主任再叫来勤杂工，要勤杂工来清扫，勤杂工也很不情愿，车间主任威胁要将其解雇，勤杂工勉强干完了这件事，但心里很不满意，因为他认为他的工作不是清扫卫生，勤杂工做完后向公司进行了投诉。有关人员看了投诉之后，审阅了这三类人员的岗位说明书。操作工的岗位说明书上明确规定：“操作工有责任保持车床的清洁，使之处于可操作状态”，但未提及清扫地板；服务工的岗位说明书规定：“服务工有责任以各种方式协助操作工，如领取原料和工具，随叫随到，即时服务”，但没有包括清扫工作；勤杂工的岗位说明书中确实包含了各种清扫内容，但他的工作时间是从正常的下班后开始。

这则案例中问题的关键在哪呢？就在于各岗位的工作职责界定不清，导致互相推诿。要解决这一问题，就必须有一个科学的工作分析。通过工作分析，理清各个工作岗位的工作职责、工作权限、工作关系、工作要求以及任职者的资格，做到人职匹配，事事有人做。

有效地进行工作分析是企业进行有效人力资源开发与管理的基础，工作分析的各项文件能够应用于人力资源管理以及整个企业管理的各个方面。只有做好了工作分析与设计工作，才能据此完成企业人力资源规划、绩效评估、职业生涯设计、薪酬管理、招聘、甄选、录用等工作。图 5 - 2 说明了工作分析在人力资源管理中的地位和作用。

综上所述，工作分析的作用和意义可以归纳为以下几点：

(1) 有效地进行工作分析是现代企业人力资源开发与管理科学化的基础。在人力资源管理的每一个环节，包括人力资源规划、招聘、培训、绩效评价、薪酬制度等方面，工作分析都起了基础性作用。如在人力资源规划方面，规划者要分析一个组织对人力资源的需求，就必须要获得相关各种工作对于知识、技能、能力所要求的信息，而工作分析就能提供这一方面的信息。又如在招聘方面，如果招聘者不知道胜任某项工作所必需的资格和条件，那么员工的招聘和甄选就是盲目的，通过工作分析，就可以提供这方面的信息。

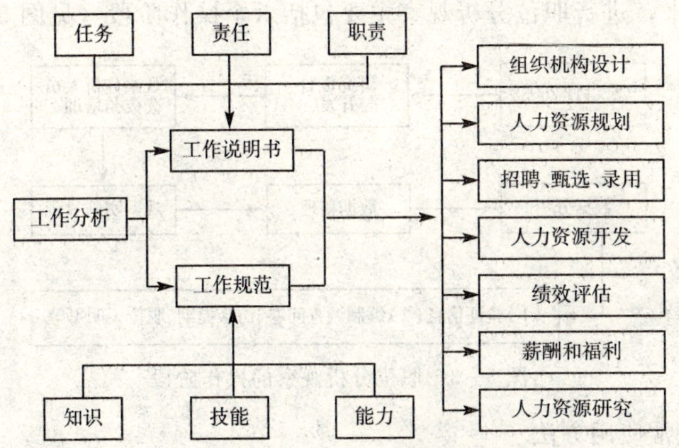


图 5－2　工作分析在人力资源管理中的地位和作用

（2）进行工作分析，使组织可以更合理地使用员工，避免员工使用过程中的盲目性。

组织通过工作分析，能清楚掌握每个职务的工作职责和要求，员工应具备的基本条件，这样在安排员工时，就可以根据每个员工的实际情况作出合理安排，从而把员工安排在最合适的岗位上，最大限度地发挥每个员工的工作积极性和潜力，发挥工作的最大效果。

（3）进行工作分析，使组织中每个人职责分明，分工明确，从而提高工作效率。

通过工作分析，组织中每一位员工的职责明确，能提高个人和部门的工作效率与和谐性，避免工作重叠、劳动重复等现象。

## 第二节　工作分析的方法

### 一、观察法

（一）观察法的概念

观察法是由工作分析人员在工作现场通过实地观察、交流和操作等方法收集工作信息的过程。这是一种相对简单的工作分析方法，它可以单独使用，也可以和其他工作分析方法一起使用。在使用观察法时，进行分析的人员通常观察员工完成工作任务的情况，并记录下他们所观察到的情况。这种分析方法主要用来收集相对稳定的重复性的操作岗位的那些信息，如机器操作工的工作信息，包括做了什么、怎么做的、用了多长时间、工作环境怎样，以及使用了什么工具等内容。

（二）观察法通用操作流程

一般说来，进行职位分析观察主要包括六个操作阶段（见图 5-3）。

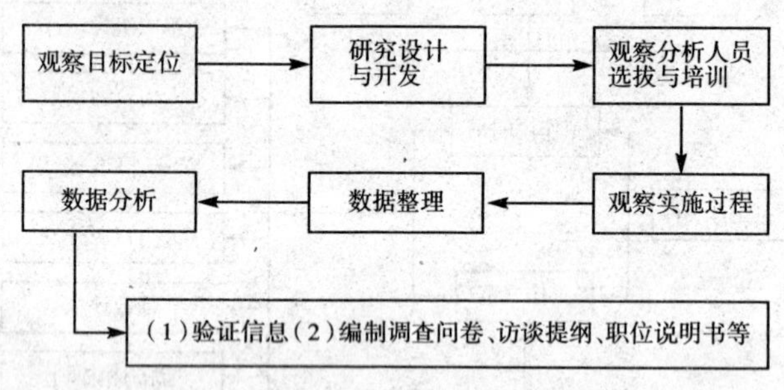


图 5-3　职位分析观察的操作阶段

（三）经常使用方法

动作研究和时间研究是经常使用的观察方法。动作研究（有时称为方法研究）涉及确定完成一项任务或工作所必需的动作，然后，设计出使这些动作结合在一起的最有效的方法。时间研究用来分析一项工作或任务，以确定完成这项工作或任务所需要的工作要素，以及这些要素发生的先后顺序及有效地完成它们所需要的时间。

工作分析人员有时可以使用工作抽样法。工作抽样法是统计抽样法在工作分析中的具体运用。它是根据概率论和数理统计学的原理，对岗位随机地进行抽样调查，利用抽样调查得到的数据资料对总体状况做出推断的一种方法。工作抽样法使用范围广，节省时间，节约费用。抽样调查时，只要遵守随机性的原则，且保证有足够的抽样观测的次数，抽查的结果就具有一定的可靠性和精确度。工作分析人员不必整天连续在工作现场进行观察，从而大大减少了工作量。

（四）观察法的利弊

观察法的优点主要有：（1）通过对工作的直接观察和工作者介绍能使分析人员更多、更深刻地了解工作要求；（2）所获得的信息比较客观和正确，能澄清某些疑问。

观察法的缺点主要有：（1）分析者的旁观可能给员工造成压力；（2）不易观察到一些突发事件；（3）不适用于工作周期长和主要是脑力劳动的工作。

## 二、工作日志法

（一）工作日志法概念

工作日志法是通过任职者在规定时限内，实时、准确记录工作活动与任务的工作信息收集方法。工作日志又称为活动日志、工作活动记录表等，同文献分析法一样，工作日志法的主要用途是作为原始工作信息搜集方法，为其他职位分析方法提供信息支持，特别是在缺乏工作文献时，日志法的优势就表现的更加明显。

（二）如何设计工作日志

在填写问卷之前，通过适当的方式对填写者进行培训，规范职位分析填写方法，将会大大提高日志法收集的信息的质量。另外在工作日志填写表格前，再次明确工作日志填写说明，同样也会达到增加信息规范程度，减少分析阶段工作量的目的；从某种意义上来说，也可以打消填写者对职位分析的疑虑。

一般说来，工作日志填写说明主要包括如图 5－4 所示的三个部分。

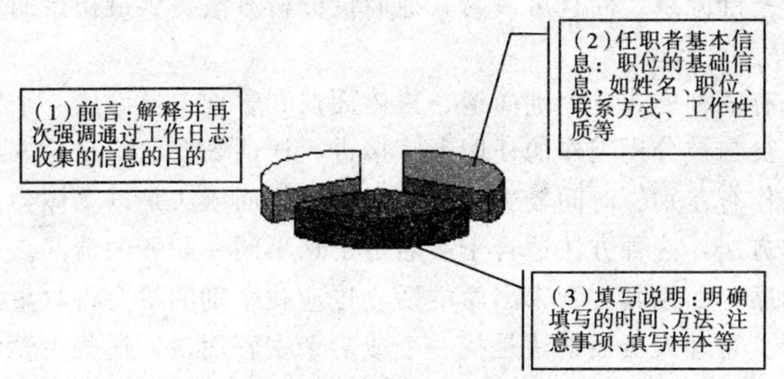


图 5－4　工作工志填写说明

（三）工作日志法操作要点

1. 工作日志填写辅导

为了尽可能使收集的信息更加规范与完整，为后期的分析整理工作减轻压力，在工作日志下发之前，应由职位分析小组组织召集填写者进行填写辅导，辅导的内容为如何规范填写工作日志。

2. 选择填写时间区间

（1）填写的总时间跨度，即工作日志填写的时间范围。总体时间跨度应适中，时间太短会造成大量信息的缺失，时间太长则会造成职位分析成本上升，对组织正常工作的开展带来较大的影响。一般说来，对于能划分完整工作周期的职位，在可能的情况下，可以选其一个工作周期作为填写工作日志的总体时间跨度。对于大多数职位，一般我们选取一个半个月作为工作日志填写时间。

（2）每日填写的时间间隔。对于填写者来说，确定填写工作日志的时间间隔的原则是，在尽可能不影响日常工作的前提下记录完整准确的工作信息。因此时间间隔的选择不能过长，过长会导致填写者因为遗忘而导致信息不准确甚至“创造”信息；也不能过短，过短会因为填写工作日志而打乱工作节奏，影响工作的正常开展，从而导致信息失真。一般说来，每日填写时间间隔为半小时，能最大限度地满足上述原则。在我们的职位分析实践中，半小时的填写时间间隔所收集的信息，也是相对完整准确的。

（四）工作日志法的优缺点

1. 优点：信息可靠性高，成本低。

2 缺点：适用范围窄，信息整理量大。

## 三、面谈法

1. 面谈法的概念

面谈法是两个或更多的人交流某项或某系列工作的信息的会谈。它是一种重要的收集基本工作信息的职位分析方法，通过访谈法收集的工作信息不仅是职位分析的基础源泉，而且可以为其他职位分析方法提供最初始的资料供给。

2. 面谈法的形式

面谈法有三种形式：个别面谈、集体面谈和管理人员面谈。个别面谈法是工作分析人员与被分析工作的任职者直接进行谈话来获取信息的方法。个别面谈适合于工作有差别、时间较宽松的情况。集体面谈法是以集体会议的方式来获取信息的方法，这种方法适合于多名员工从事同一职务的情况。通常会邀请其主管也出席，如果其主管未出席的话，也应找个别的机会将收集到的资料跟其主管谈论。管理人员面谈法是找一个或多个主管面谈，这些主管对于该工作有相当的了解。

面谈法是目前在企业中运用较为广泛、成熟的一种工作分析方法。工作分析人员通过与员工和管理者的面对面的交流，可以对工作有所了解。

工作分析面谈是一项系统性、技术性的工作，在进行实际的面谈之前，工作分析人员应做好充分的计划并接受面谈技术方面的训练。

3. 参与者

在一般情况下，访谈的参与者为两人：职位分析师和被访谈者。在实际操作过程中，也会出现访谈中的一方或双方都为多人的情况，例如SME会谈法。

为了收集更为全面完整的职位分析信息，面谈的对象除了工作的直接任职者之外，往往还包括任职者在整个工作流程中的上游供给者（supplier）和下游接收者（recipient)、管理层级中的直接上级（supervisor）以及同事（co—worker)，对其下级的访谈可以作为信息补充。各类对象在访谈过程中所起的作用和提供的信息种类存在一定的差异，详见图 5－5。

4. 访谈流程

职位分析访谈作为收集工作信息的重要手段，是决定职位分析质量的重要环节，对于大多数职位分析师来说，需要遵循一定的访谈流程，以最大限度地控制访谈结果的误差。当然，访谈的流程是多样化的，需要职位分析师在实际操作中，灵活把握。通用的职位分析访谈包括以下五个主要环节，如

图 5-6 所示。

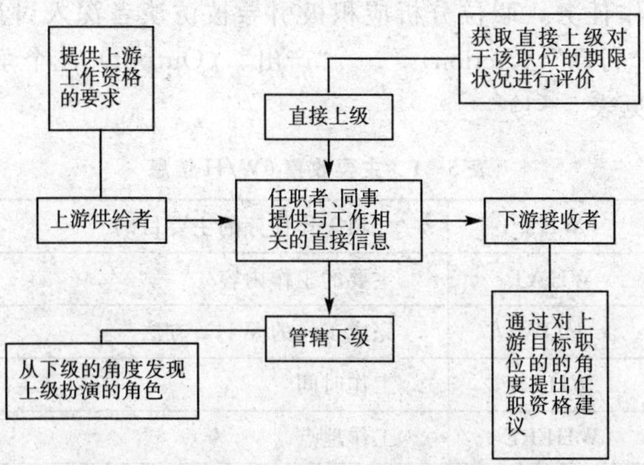


图 5-5　各类对象在访谈过程中所起的作用

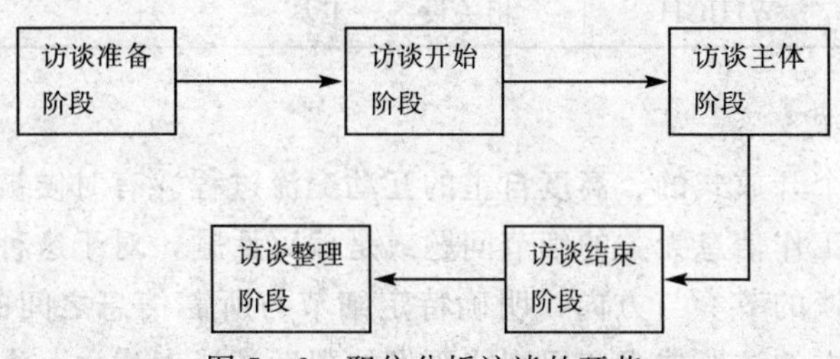


图 5-6　职位分析访谈的环节

5. 访谈主体阶段流程

职位分析师关心的首要问题是通过访谈获得关于目标职位准确而全面的信息。如果信息收集不够完整，将会直接影响职位分析结果的完整性；若所获信息用于编制职位分析调查问卷，也会造成调查问卷的残缺，无法完整地勾勒出目标职位的任务职责。因此在职位分析主体阶段职位分析师的工作将围绕如何收集完整、准确的信息而展开。

(1) 寻找“切入点”

首先，职位分析师应从一般信息入手逐步深入至问题的细节部分。主体访谈开始阶段很好的交谈“切入点”是询问被访谈者所在部门与组织中其他部门的相互关系，或者目标职位与部门内外其他职位的相互关系，另外一些简单的话题，诸如工作环境等，也可作为深入访谈的“破冰船”。随着访谈的逐步深入，所谈内容应逐步趋于具体、详细，主要询问被访谈者各项工作任务的“投入”(Input)、“行动”(Action) 以及“产出”(Output) 过程。

(2) 获取“主干”——工作任务

在访谈过程中，可向被访谈者提供事先准备的任务清单初稿，与被访谈者就任务清单所列项目逐条进行讨论。

(3) 探索“枝叶”——任务细节

就每项工作任务，职位分析应积极引导被访谈者深入讨论，从“投入”(Input)——“行动”(Action)——“产出”(Output) 三个角度，主要收集6W1H 信息 (见表 5-1)。

**表 5-1 主要收集 6W/H 信息**

| | |
|---|---|
| WHY | 此项工作任务的主要目的 |
| WHAT | 主要的工作内容 |
| HOW | 完成工作的 WHY 方法 |
| WHEN | 工作时间 |
| WHERE | 工作地点 |
| WHO | 工作联系 (协助者、指导者) |
| WHICH | 相关设备、工具 |

5. 访谈模式

访谈是一个开放式的、高度自主的互动交流过程。有时候被访谈者会特别专注于与所需工作信息无关的细节问题或是偏离话题，对于这种情况，访谈者应准确把握访谈的节奏与方向，明确特定细节与所需信息之间的关系。通常，有以下几种基本的访谈技术和原则能更好的帮助访谈者建立一个合理的访谈模式，应对访谈过程中出现的特殊情况，以确保更加迅速有效的收集工作信息。

(1) 沟通

被访谈者往往不知道职位分析师需要哪些与工作有关的信息，因此，职位分析师可以适当使用语言 (例如“是的”或“我懂了”) 或动作 (如点头) 等方式与被访谈者进行交流。这种交流首要的作用是使被访谈者认识到他提供了职位分析师所需要的信息。根据斯金纳 (B. F. Skinner) 的“强化理论”，对一种行为的肯定或否定的后果至少在一定程度上会决定这种行为是否重复，因此这种认同的交流方式，会加强被访谈者的自信，提供更多的有效信息。

(2) 提示

职位分析师的另一项十分重要且行之有效的技能是根据访谈的进程，对工作相关的信息进行提示，引导被访谈者思维。在访谈过程中，当被访谈者不清楚应该提供什么信息、语言阐述有障碍或是不愿谈论其工作时，职位分析师可以采用如下启发式问题来引导：

根据我们的经验和所获得与你工作相关的信息，某项工作应该在你的职责范围之内，你认为呢？(如果回答是肯定的，则继续提问) 请你详细谈谈这项工作职责的细节问题。能举几个相关的例子吗？

（3）静默

在访谈的过程中，采取适当的静默有利于访谈者更好的整理思路、组织语言，避免整个访谈过程的枯燥乏味；同时适当的静默是鼓励被访谈者继续谈论的信号。访谈者应根据实际情况判断双方沉默时被访谈者的意图，采取适当的应对措施，过多的静默会造成双方的尴尬，破坏访谈过程的连贯性。

（4）控制

访谈者应控制整个访谈过程使其不致偏离主题，但同时要努力维持轻松的交流氛围。访谈过程中，有时会出现过度控制或访谈失控的现象。

过度的控制主要表现为被访谈者缺乏兴趣、回答过于简单以及访谈者发言过多等。访谈者可以通过转换话题或变换面部表情和姿势等方式缓解现场气氛，同时也要努力克制不要打断被访谈者的发言。

访谈失控一般表现为回答问题过于冗长、被访谈者过多的谈及题外话、被访谈者提问过多等。访谈者可以及时总结相关话题结束在无关问题上的纠缠，在必要时，访谈者可以直接结束话题“为了节省时间，我们应该转入下一问题了，以后有机会我们再就这一问题进行沟通吧？”

（5）追问

在访谈过程中，当被访谈者提供的信息太过抽象或模糊、或者我们对这个问题存在疑问时，我们有必要就此问题的细节追根问底。追问的方式一般是开放式提问。

6. 麦考米克的观点

麦考米克在1979年提出了面谈法的五个标准：

（1）所提问题要和工作分析的目的有关；

（2）工作分析人员语言表达要清楚、含义准确；

（3）所提问题必须清晰、明确，不能太含蓄；

（4）所提问题和谈话内容不能超出被谈话人的知识和信息范围；

（5）所提问题和谈话内容不能引起被谈话人的不满，或涉及被谈话人的隐私。

7. 面谈法的优缺点

优点：

（1）能够对任职者的工作态度与工作动机等深层次内容有详细的了解；

（2）易于操作，能够广泛运用；

（3）信息量大，便于发现潜在的问题；

（4）有助于加强组织内的管理沟通。

缺点：

（1）信息的真实性受被面谈者的主观因素的影响很大；

（2）收集到的信息有时会被扭曲。

### 四、文献分析法

文献分析法也称为资料分析法，它是通过对企业现有的与工作相关的文档资料进行统计分析，来获取工作信息的方法。这些文档资料主要包括：企业年度财务报表、市场调查书、广告策划书等。运用文献分析法旨在了解企业的经营状况、产品定位、经营特色等情况。同时，在文献分析中还有可能搜集到极有价值的信息。如有关专家曾经进行的企业形象调查，对经济环境、企业竞争环境、市场需求等做的分析评估等。

文献分析法的优点主要有：分析成本低，工作效率高；能将企业中留有的大量的原始资料充分利用起来，为进一步进行工作分析提供基础资料。

文献分析法的缺点主要有：有时无法搜集到有效、及时的信息，搜集到的信息也往往不够全面；通过这种方法无法弥补原有资料的空缺，也无法验证原有描述的真伪。鉴于此，在进行文献分析时，一定要坚持所搜集信息的“参考”地位，切忌先入为主，以影响工作分析的最终结果。

## 第三节　工作评价

### 一、工作评价的定义

工作评价，又称职位评价，它是在工作分析的基础上，依据一客观标准对公司内部职位的相对价值进行评估的管理方法。

工作评价就是要评定工作的价值，制定工作的等级，以确定工资收入的计算标准。因此评价对象是职位，而非任职者。工作评价的结果是划分薪酬等级的依据，其目的是提供工资结构调整的标准程序。

### 二、工作评价的意义

1. 工作评价是确定职位等级的手段。通过工作评价，可以清楚地衡量职位间的相对价值。

2. 工作评价是建立薪酬内部公平性的基础。工作评价的目标就是建立一种公平、平等的工资结构，使员工在工作中体现的能力、绩效、与辛苦程度可以在收入上得到相应的回报就是建立一种公正、平等的工资结构，使员工在工作中体现的能力、绩效与辛苦程度可以在收入上得到相应的回报。通过工作评价得出职位等级，便于确定职位工资的差异。

3. 工作评价能强化员工对权责体系的认识，并指导自己的行为。工作评价是连接职位与职位报酬的桥梁。通过工作评价提供的信息，在报酬的激励作用下，能够更好地为员工所接受。

4. 一个科学的工作评价方案以及实施过程能够有效引导员工行为，提高员工对薪酬体系的满意度，减少员工对职位间报酬差别的不满和争端，从而提高流程运行效率。

## 三、工作评价的方法

工作评价的方法很多，主要有职位排序法、职位分类法、因素比较法、要素记点法等。这里主要介绍职位排序法和职位分类法两种。

职位排序法是比较传统的方法，它首先列出企业内的所有职位，然后按照类似高低排序的方式，对这些职位做重要性比较，最后排列出各职位的相对位置。职位排序法的工作步骤如图 5-7 所示。

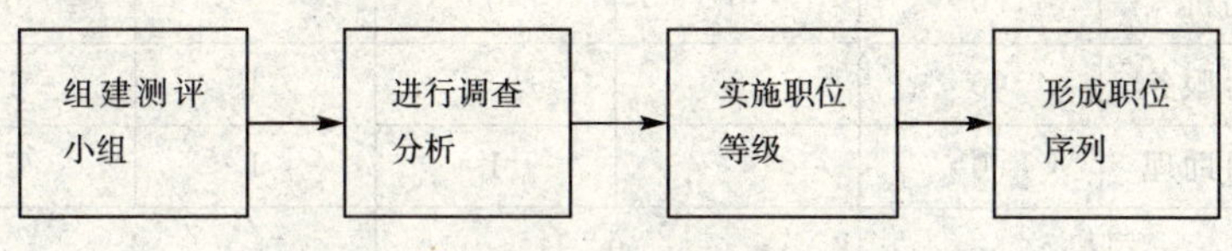


图 5-7　职位排序的工作步骤

1. 组建测评小组

测评人员有一些是管理部门推荐的，有一些是员工代表。他们应该接受有关测评方法的培训，并消除偏见，对各职位工作有一般性的了解。

2. 进行调查与分析

在工作分析的基础上，阅读有关文件、资料，对各工作职位进行全面了解和分析。

3. 实施职位分级

可采用配对比较法和交替排序法等方法对各个职位进行对比。

4. 形成职位序列

工作评价的最终结果是要形成所有职位的等级顺序。

职位排序法的优点主要是：操作简单，省时省力，最容易被员工理解和解释。这种方法的缺点主要是：主观随意性大，容易出现误差，并且，它只能得出职位高低顺序，却难以判断两个相邻职位之间职位价值的具体差距大小。

—职位排序法具体形式主要有：配对比较法和交替排序法。

（1）配对比较法

配对比较法就是将企业中待评价的工作职位两两配对比较。如果认为该工作比另一工作更重要可得 1 分，同等重要则记 0 分。最后将各工作岗位分数相加，分数最高即等级最高，按分数高低将岗位进行排序，就可划定工作岗位等级。表 5-2 显示了配对比较法的基本操作步骤和方法。

表 5-2 配对比较法示例图

| 工作职位 | 分数 | 序列顺序 |
| --- | --- | --- |
| 项目经理 | 3 | 1 |
| 项目助理 | 2 | 2 |
| 前台服务 | 1 | 3 |

表 5-3 工作评价排序表

| 工作职位 | 项目经理 | 项目助理 | 前台服务 | 司机 | 总分 |
| --- | --- | --- | --- | --- | --- |
| 项目经理 | | 1 | 1 | 1 | 3 |
| 司机 | 0 | 0 | 0 | | 0 |
| 前台服务 | 0 | 0 | | 1 | 1 |
| 项目助理 | 0 | | 1 | 1 | 2 |
| 司机 | | 0 | | 4 | |

（2）交替排序法

交替排序法是根据某些工作绩效评价要素将员工从绩效最好的人到绩效最差的人进行排序。在这种方法中，评价者先将所要评价的工作职位写在一张纸上，然后按以下步骤操作，如图 5-8 所示。第一步，先从所需排序的职位中选出相对价值最高的排在第一位，然后选出相对价值最低的排在倒数第一位。

第二步，再从剩下的职位中选出相对价值最高的排在第二位，然后选出剩下的职位中相对价值最低的排在倒数第二位。依此类推。

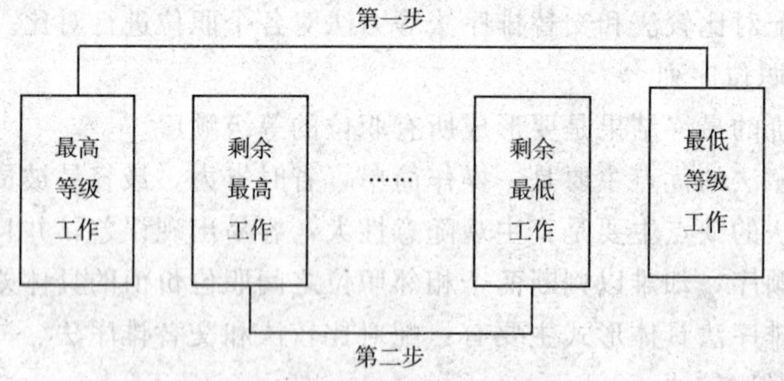


图 5-8 交替排序法步骤

（二）职位分类法

职位分类法又称职位归级法，是对职位排序法的改革。它是在工作分析的基础上，先制定出一套职位等级标准，然后将职位与标准进行比较，将它们归到各个级别中去。职位分类法是以职位为对象、以事为中心的一种分类方法。

职位分类法就像一个有很多层次的书架，每一层都代表着一个等级，比如说把最贵的书放到最上面一层，最便宜的书放到最下面一层，而每个职位则好像是一本书，我们的目标是将这些书分配到书架的各个层次上去，这样的结果就可以看到不同价值的职位分布情况。

这种方法中，关键的一项工作就是确定职位等级标准。各职位等级标准应明确反映出实际上各种工作在技能、责任上存在的不同水平。在确定不同等级要求之前，要选择出构成工作基本内容的基础因素，但如何选择因素或选取多少则依据工作性质来决定。在实际测评时，应注意不能把职位分解成各构成要素，而是要作为整体进行评定。

职位分类法的工作步骤如图 5-9 所示。

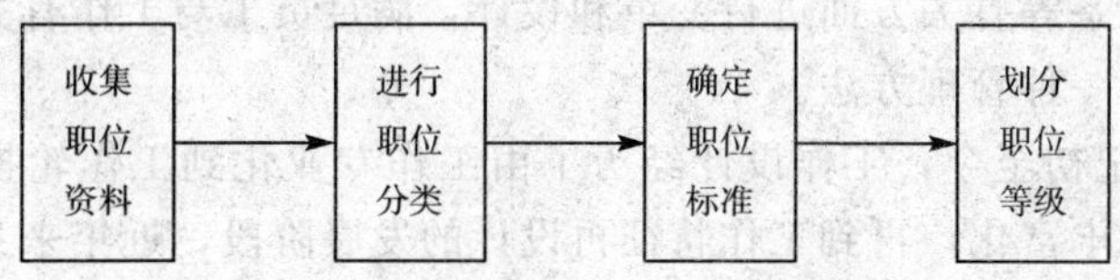


图 5-9　职位分类法工作步骤

1. 收集职位资料。在工作分析的基础上，由评定小组收集各种有关的资料、数据。

2. 进行职位分类。按照各类职位的作用和特征，首先将全部职位划分为若干个职组，如工程、管理等。然后将职组进一步划分为职位系列，如建筑工程师、会计师等。然后，再将各职位系列进一步划分为职位等级。

3. 确定职位标准。这一阶段，一方面要确定等级数量，然后要确定职位标准。如在按照不同程度的职位工作职责，在某一系列中设多少职位等级。等级的数量取决于工作性质、组织规模、功能的不同和有关人事政策。等级标准为恰当的区分工作重要性的不同水平以及确定工作评价的结果提供了依据，所以它是这一阶段的核心。在实际操作中，一般是从确定最低和最高的级别标准开始的。

4. 划分职位等级。在职位等级数目和职位等级标准确定后，把机构内所有的职位划入适当的等级之中。可以将工作说明书与等级标准逐个进行比较，并将工作岗位列入相应等级。

职位分类法的优点主要是：操作简单，适用于大型组织，对大量的岗位进行评价。同时这种方法的灵活性较强，在组织中职位发生变化的情况下，可以迅速地将组织中新出现的岗位归类到合适的类别中去。职位分类法的缺点主要是对职位级别的划分和界定存在一定的难度，有一定的主观性。另外，这种方法对职位的评价也是比较粗糙的，只能得出一个职位归在哪个等级中，到底职位之间的价值的量化关系是怎样的也不是很清楚，因此在用到薪酬体系中时会遇到一定的困难。同时职位分类法适用性有点局限，即适合职位性质大致类似，可以进行明确的分组，并且改变工作内容的可能性不大的职位。

## 第四节　工作设计

### 一、工作设计的概念

工作设计是一种艺术，它让人与工作相匹配，从而使人们的终生兴趣得以表现。它时一种职业与个人终生兴趣完美融合的艺术，其目的是为了增加留住人才的机会。工作设计是指为了有效地达到组织目标，通过对工作内容，工作职责，工作关系等有关方面进行变革和设计，满足员工与工作有关需求最终提高工作绩效的一种管理方法。

从20世纪初至今，工作设计经历了由工作专业化到工作轮换和工作扩大化，再到工作丰富化，再到工作特征再设计的发展阶段，近年来又出现了社会技术系统方法以及权变的工作设计思想。

工作设计与工作分析密不可分。工作设计的工作是从发现和研究工作任务的一些特性开始的，这就需要依靠工作分析的成果。如果说工作分析的出现是由于社会分工的需要而出现了不同工作岗位的差异，那么进行劳动分工本身就是工作设计。

工作分析的目的是明确所要完成的任务以及完成这些任务所需要的人的特点。工作设计的目的是明确岗位工作内容的特性，与员工的社会和个人方面所需求的工作之间的关系。

### 二、工作设计的主要内容和重要性

（一）工作设计主要对象

1. 工作内容。主要是关于工作范畴的问题，包括多样性，复杂性，难度与整体性

2. 工作职责。它是指做每件工作的基本要求与方法，包括工作责任，工作权限，工作方法，协作和信心沟通。

3. 工作关系。主要是指工作中人与人之间的关系，包括上下级之间的关系，同事之间的关系，个体与群体之间的关系。

4. 工作结果。它是指工作绩效与效果的高低。

5. 工作结果的反馈。它包括两方面：一是对工作本身的客观反馈；一是来自别人对工作结果的反馈。

6. 工作承担者的反应。主要指的是工作承担者对工作本身以及组织对工作结果奖惩的态度，包括工作满意度，出勤率和离职率等。

（二）工作设计的重要性

1. 工作本身的意义；

2. 增强员工的工作满意感；

3. 满足员工的内在性需要。

**三、工作设计的方法**

一般来说，工作设计有两种情况，一种是对组织中新设置的职位按照一定的要求和原则进行设计，特别是组织中产生新的工作内容时；另一种是对目前组织中已经存在的缺乏激励因素和满意度较低的职位进行重新设计。工作设计有五种主要的方法：工作轮换，工作扩大化，工作丰富化，优秀业绩工作体系，以及辅助工作设计方法，其中以前三种多见。

（一）工作轮换

所谓工作轮换将员工轮换到另一个同样水平，技术要求相接近的工作岗位上去工作。工作轮换与工作调换有些相似，但又有些不同。如工作调换从时间上来讲往往较长，而工作轮换通常是短期的有时间界限的。另外，工作调换是单独的，临时的，而工作轮换往往是两人以上的，有计划进行的。

工作轮换要注意以下几个问题：

（1）首先必须对工作进行分析，明确哪些职位之间可以互相轮换的；

（2）工作轮换必须是有序进行的，必须征得相关部门的同意并事先安排妥当，以免影响正常的工作秩序和工作效率；

（3）应充分考虑员工个人的意愿，不能进行强制性的工作轮换。

（二）工作轮换的优点和不足

1. 工作轮换方法的优点

（1）丰富员工的工作内容，减少工作中的枯燥感，使员工积极性得到提高；

（2）定期的工作轮换可以防止员工技能过时，刺激员工的职业发展，给员工提供各种各样的经验等；

（3）减少员工的离职率。很多公司把工作轮换作为干部培养的方式之一。

2. 工作轮换的缺点

（1）员工得到一个新的岗位，需要时间去重新适应新的环境、新的工作内容，这样生产力水平会有所下降；

（2）需要给员工提供各种培训以便使他们掌握多种技能去适应不同的工作，因此所需要的培训费用较高；

（3）工作岗位的轮换是牵一发动全局的，这样就会增加管理人员的工作量和工作难度。

（二）工作扩大化

工作扩大化是指工作任务的横向扩大，即通过给工作者增加工作任务，使每一个工作者都参与完成一项任务的全过程或整项任务的大部分过程。工作扩大化通常要求工作人员掌握多方面的知识和技能，这会推动工作人员提高学习的积极性。当他们在学习上取得进步时，也会在精神上获得满足感。

工作扩大化增加了员工工作的多样性和挑战性，员工的工作积极性在一定程度上提高了，他们对工作的满意度也得到提高。

（三）工作丰富化

工作丰富化则重点在于提高工作的挑战性和意义性，以及工作任务的同一性和工作中的独立。

工作丰富化是指在纵向上赋予员工更复杂，更系列化的工作，参与工作的规则制定，执行，评估，使员工有更大的自由度和自主权。

工作丰富化是工作责任的垂直深化，它使得员工在完成工作的过程中，有机会获得一种成就感，认同感，责任感和自身发展。尽管工作丰富化的方案并不总是产生积极的效果，但在许多组织中，他们确实能使工作业绩得以提高，并且增加了员工的满意程度。

**本章小结**

工作分析是指如何完整地确认工作整体，以便为管理活动提供各种有关工作方面的信息所进行的一系列的工作信息收集、分析和综合的过程。

任务是员工在某一有限的时间内为了达到某种目的而进行的一系列活动。任务可以由一个或多个工作要素组成。

职责指的是工作承担者为实现一定的组织只能或完成工作使命而承担的一项或多项任务组成的活动，如进行员工满意度调查是人事经理的一项职责，它包括设计调查问卷、发放问卷、回收问卷进行整理，将结果表格化并进行解释，把调查结果通知有关人员等。

工作则指的是由一个或一组主要职责相似的职位组成的事项，也称职务。一项工作可以只有一个职位，也可能有多个职位。例如，营销人员的工作中可能有从事各种不同营销工作的人，但他们的主要工作责任是相似的，因此也可以归于同样的职务中。

职业指的是在不同的组织中的相似的工作构成的工作属性。

工作评价，又称职位评价，它是在工作分析的基础上，依据客观标准对公司内部职位的相对价值进行评估的管理方法。

**复习与思考**

一、名词解释

1. 工作分析　　2. 职位
3. 职务　　4. 工作说明书
5. 职系　　6. 职组
7. 工作规范　　8. 工作评价

二、填空题

1. 工作分析的结果以______和工作规范的形式呈现出来。

2. 担负一项或多项责任的一个任职者所对应的位置称为______。

3. 工作性质相近的若干职称的总和称为______。

4. 工作分析人员与被分析工作的任职者直接进行谈话来获取信息的方法称为______面谈法。

5. 以集体会议的方式来获取信息的方法称为______面谈法。

6. 工作评价的对象是______。

三、选择题

1. 工作性质完全相同的职位系列称作（　　）。

A. 职级　　B. 职等　　C. 职组　　D. 职系

2. 下面哪一项不属于工作说明书的基本内容（　　）。

A. 工作职责　　B. 工作环境　　C. 工作权限　　D. 工作中晋升

3. 工作分析又称（　　）。

A. 工作描述　　B. 职务分析　　C. 程序分析　　D. 岗位分析

E. 动作分析

4. 在工作分析设计阶段，应做好下列（　　）几个方面工作。

A. 选择信息来源　　B. 按选定的方法收集信息

C. 选择工作分析人员　　D. 选择收集信息的方法

5. 工作评价常用的方法有（　　）。

A. 职位排序法　　B. 职位分类法　　C. 问卷调查法　　D. 面谈法

E. 观察法

四、判断是非题

1. 工作分析要在企业工作职位还没有明确的前提下进行。（　　）

2. 工作分析的设计阶段的主要内容是仔细审核已收集到的各种信息。（　　）

3. 工作说明书是一份提供有关工作任务、职责与责任信息的文件。（　　）

4. 个别面谈法是工作分析人员与被分析工作的任职者直接进行谈话来获取信息的方法。（　　）

5. 工作评价就是要评定工作的价值，制定工作的等级，因此评价对象是任职者。（　　）

五、简答题

1. 工作分析的作用和意义是什么？

2. 工作评价的意义是什么？

六、论述题

1. 试述工作分析的步骤。

2. 试述工作分析的基本方法。

七、案例分析

**工作职责分歧**

一位操作工不小心把把大量的液体洒在工作台的周围，车间主任叫操作工把洒在地上的液体清扫干净，操作工不愿干，理由是这不是他的工作，他认为应该叫服务工打扫。车间主任便叫来服务工，但服务工也不愿干，说："我这里的事情还没有做完，你叫别人干，再说这种事也不应该是我干的。"车间主任再叫来勤杂工，要勤杂工来清扫，勤杂工也很不情愿，车间主任威胁要将其解雇，勤杂工勉强干完了这件事，但心里很不满意，因为他认为他的工作不是清扫卫生，勤杂工做完后向公司进行了投诉。有关人员看了投诉之后，审阅了这三类人员的岗位说明书。操作工的岗位说明书上明确规定："操作工有责任保持车床的清洁，使之处于可操作状态"，但未提及清扫地板；服务工的岗位说明书规定："服务工有责任以各种方式协助操作工，如领取原料和工具，随叫随到，即时服务"，但没有包括清扫工作；勤杂工的岗位说明书中确实包含了各种清扫内容，但他的工作时间是从正常的下班后开始。

**试分析：**

1. 对于勤杂工的投诉，你认为该如何解决？有何建议？
2. 如何防止类似事件的发生？

# 第六章　人力资源规划

**【本章要点】**

通过本章内容的学习，应了解和掌握如下问题：

1. 人力资源规划在人力资源管理中的意义；
2. 人力资源规划中需求预测和供给预测的方法；
3. 人力资源规划的程序；
4. 人力资源规划的制定与形成过程。

**【开篇案例】**

**手忙脚乱的人力资源经理**

背景

D集团在短短5年之内由一家手工作坊发展成为国内著名的食品制造商，企业最初从来不订什么计划，缺人了，就去人才市场招聘。企业日益正规后，开始每年年初订计划：收入多少，利润多少，产量多少，员工定编人数多少等等，人数少的可以新招聘，人数超编的就要求减人，一般在年初招聘新员工。可是，因为一年中不时地有人升职、有人平调、有人降职、有人辞职，年初又有编制限制不能多招，而且人力资源部也不知道应当多招多少人或者招什么样的人，结果人力资源经理一年到头往人才市场跑。

问题

近来由于3名高级技术工人退休，2名跳槽，生产线立即瘫痪，集团总经理召开紧急会议，命令人力资源经理3天之内招到合适的人员顶替空缺，恢复生产。人力资源经理两个晚上没睡觉，频繁奔走于全国各地人才市场和面试现场之间，最后勉强招到2名已经退休的高级技术工人，使生产线重新开始了运转。人力资源经理刚刚喘口气，地区经理又打电话给他说自己的公司已经超编了，不能接收前几天分过去的5名大学生，人力资源经理不由怒气冲冲地说：“是你自己说缺人，我才招来的，现在你又不要了！”地区经理说：“是啊，我两个月前缺人，你现在才给我，现在早就不缺了。”人力资源经理分辩道：“招人也是需要时间的，我又不是孙悟空，你一说缺人，我就变出一个给你？”

**点评：**

人才作为一种资源，日益凸显其核心地位。作为用人单位应当从战略的高度把握相关人才的发展趋势和供需情况。以动制动，在变化中做强做大。

## 第一节　人力资源规划概述

### 一、人力资源规划的概念

关于人力资源规划的定义和内涵，国内外已有不少论述，可以归纳综述为：为了达到企业的战略目标和战术目标，根据企业目前的人力资源状况，为了满足未来一段时间内企业人力资源质量和数量方面的需求，决定引进、保持、提高、流出人力资源的可作的预测和相关事项。人力资源规划是企业根据发展战略的要求，对于未来变化中人力资源的供给与需求状况进行预测，对现有人力资源存量进行分析和规划，制定相应的人力资源获取、利用、保持和开发策略，确保企业对人力资源在数量和质量上的需求，使企业和个人获得长远利益的一项企业管理活动。

从人力资源规划的定义可以提炼出人力资源规划的基本问题：

第一，分析企业环境变化中的人力资源需求状况，并制定必要的政策措施来满足这些需求。

第二，要在企业和员工的目标达到最大一致的情况下，使得人力资源的供给和需求达到最佳的平衡。

第三，要确保企业在需要的时间和需要的岗位上获得各种需要的人才（包括数量和质量），人力资源战略与规划就是要使企业和个人都得到长期利益。

第四，预测企业未来的任务和环境对企业的要求，以及为了完成这些任务和满足这些要求而设计的提供人力资源的过程。

### 二、人力资源规划的必要性

（一）有助于获取和引进企业的第一资源——人力资源

企业要生存、发展，不但要对生产、经营进行详细周密的计划，更要在人力资源规划方面先行一步。有了人，才能有物，才能有生产、经营和管理活动。人力资源与企业需要的其他资源不同，不是用钱就能在市场上随时随意购买的。符合企业发展与战略要求的人力资源，更需要预先进行统筹安排，从长计议。

（二）有助于实现企业内部人力资源的合理配置

人力资源规划工作可以优化企业内部人员结构，从而最大限度地实现人尽其才，提高企业的效益。人力资源计划着眼于发掘人力资源的潜力，谋求改进人员结构、人员素质，从而改变人力资源配置上的浪费和低效现象。有些单位不重视对本单位已有人才的培养和使用，却以高成本从外面引进“人才”，而引进后又冷冻起来不充分使用，结果企业的人浮于事现象日趋严重，新老员工都感到有力无处使，甚至怨声载道。这是对人力资源的极大浪费。

（三）对满足企业成员的需求和调动职工的积极性与创造性有巨大的作用。

职工的需求要靠企业来满足，它包括职工个人的物质利益和精神需求。人力资源规划展示了企业内未来的发展机会，充分考虑了职工个人的职业生涯发展，这就使职工对自己可以得到满足的需求和满足的水平能够做到心中有数。这样，当企业所提供的与职工自身所需求的大致相符时，职工就会去努力追求，从而在工作中表现出主动性与创造性；否则，在其前途和利益未知的情况下，职工往往会下决心离开企业另谋高就，特别是有能力的人。而有能力人员的过多流失、又会削弱企业的实力、降低企业的士气，从而进一步加速人员的流失，使企业进入恶性循环。有些企业靠行政约束为人员流动设置障碍，意欲限制人员流失，这种方法虽然能暂时留住人才，但不是长久之计。

## 三、人力资源规划的类型

（一）按内容划分

人力资源规划按内容划分可分为总体规划和业务规划两大类，详见表 6-1。

**表 6-1 总体规划和业务规划**

| 类别 | | 目标 | 制度 |
|---|---|---|---|
| 总体规划 | | 涉及人力资源管理的整体目标，包括人员的数量、质量，构成和绩效等各个方面 | 制定人力资源管理基本的政策和制度 |
| 业务规划（举例） | 招聘与选拔 | 保证人员数量、结构、绩效水平等 | 招聘来源制度、任职资格制度等 |
| 业务规划（举例） | 人员运用 | 定岗定员、绩效考评等 | 聘用制度、调动制度等 |
| 业务规划（举例） | 培训与开发 | 提高人员素质，增强激励 | 培训制度、事业开发政策等 |
| 业务规划（举例） | 考核与评价 | 考评员工工作绩效，保证工作质量 | 绩效考评制度等 |
| 业务规划（举例） | 激励与报酬 | 提高满意度，降低离职率、缺勤率 | 工作制度、奖金福利制度等 |

（二）按时限划分

人力资源规划按时限划分，可分为长期规划、中期规划和短期规划，长期规划是指为了实现企业长远战略目标而编制的战略性人力资源规划，时限一般为 5～10 年。中期规划是指时限一般为 2～5 年的战术性人力资源规划。短期规划是指时限一般为 6 个月～1 年的作业性人力资源规划。

## 四、人力资源规划的要求

人力资源规划对于企业的意义深远、作用重大，因此一份高质量的人力资源规划必须符合内部一致性和外部一致性的要求，如图 6-1 所示。

从该图可知，人力资源规划要与招聘、选拔、培训、考评等各项工作相协调，这就是内部一致性，还要与组织总体规划相一致；成为总体规划的有机组成部分，这就是外部一致性。有效的人力资源规划，必须保证内部一致性与外部一致性的高度统一。

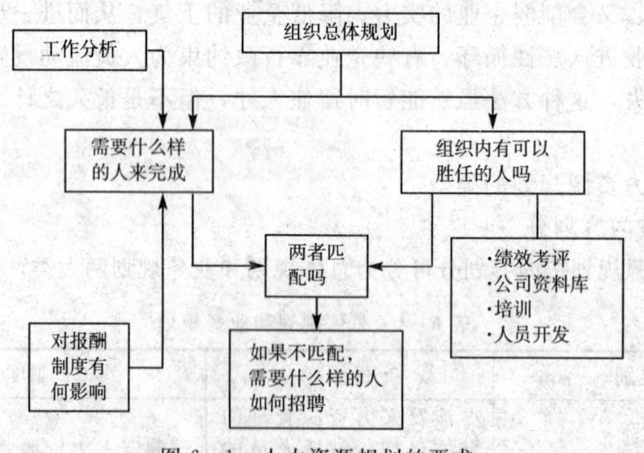


图 6-1　人力资源规划的要求

## 第二节　人力资源供求分析

人力资源预测的基本目的是预测未来的劳务需求。预测任务可以分为两个过程：预测在未来的某一时期组织内部和组织外部的人员补充来源；预测组织对各种类型的员工的需要。由于这两种预测取决于不同的变量和前提，故对其分别加以论述。对全国各地资源供给的预测与组织内部的条件有较多联系，例如，离职、退休、调动、新的雇用等的平均比率都对其有影响。需求预测主要取决于与人事需要有关的一些企业因素（如工资、产量等）的变化。与人力资源供给预测比较而言，需求预测在顾客行为、技术、一般的经济环境等方面遇到很多不确定性，因而困难也多一些。供给预测和需求预测都包括估计和规划两种类型。估计是一种有根据的推测，它以过去的人员使用情况和未来人员使用情况为依据做出预测。规划则是利用数学方法、利用现有的人力资源数据做出预测。许多预测都涉及这两种类型。有关研究表明，预测技术可能是简单的、易于描述的，但要想成功地运用这些技术，却显得复杂而困难。

## 一、人力资源需求预测

（一）人力资源需求预测概述

1. 目的

人力资源需求预测是为了实现组织战略和目标而对未来所需员工数量和质量进行预测，从而确定人员补充计划、培训开发方案等。人力资源需求预测是编制人力资源规划的前提和基础。

2. 影响因素

人力资源需求预测应以组织战略、目标、任务等为依据，在收集大量信息的基础上，综合考虑各种因素，科学地对人力资源未来需求作出预测。影响人力资源需求的因素有很多，具体包括：

（1）市场或客户对企业产品和服务的需求；

（2）人员流动比率；

（3）人员的质量或性质；

（4）与提高产品或服务质量，或进入新市场有关的决定；

（5）导致生产率提高的管理方面或技术方面的变化。

（二）人力资源需求的调查

就人力资源需求预测而言，第一步工作在于调查人力需求的现状。如果企业已经有完备的工作分析资料，人力资源的需求就已具备了初步的基础，此外，企业还需要对组织的生产技术及前景作深入的分析。需求调查不但可以提供人力资源规划的参考，也是组织内部分析人力资源工作的基础。人力资源的需求调查应包括以下项目：

1. 此工作是否企业运作所必需

由于组织行为的“惰性”，我们经常可以发现不但某些工作活动，甚至某些职务的设置都不再切合实际，或不能产生实际效益。对某职务是否必须而作出分析，可以避免在估计需求时计入“冗余”职位的人员需求。

2. 从事这一工作的工作人员数量是否合理

这一调查不但能提供组织内可能存在的冗员问题，而且当从事某项工作的员工太少，如加班期过长，临时工过多时，都会显示出人员配置不当。需求预测必须考虑改变这类不合理的配置数量或比例。上述两项分析通常采用零基预测方法来进行。

3. 现有工作人员是否具备必要的技能和知识

这一点对组织中的专业人员或生产技术变化较大的企业是十分重要的。现有人员的技能是否已存在落伍或不足的问题？未来新聘人员或升迁人员是否需要增加专业培训或经验的要求？这都应在需求预测中得到反映。

4. 现有或未来可能的新投资对生产力、劳动力成本的影响如何凡是新增投资，如新设工厂、扩充生产规模、更新生产程序等都可能涉及新技术的引进或劳动与资本比例的改变（由劳动密集型向接近资本密集型的生产方式转变），因而劳动生产率会有所变化。而企业雇佣的人员数量及性质也会因此有所改变，劳动成本无论是绝对数还是相对数（与资本等生产要素相比）也将不同。这一切对人员需求的估计都会产生重要的影响。

5. 本组织劳动生产率的变化与一般技术发展的趋势如何

劳动生产率在过去一段时期的变动方向与模式，如递增、不变或递减，以及本行业生产技术发展的一般趋势都会对未来人员需求的估计产生重要影响。

（三）人力资源需求预测的类型

人力资源需求预测的内容及相关工作，常因预测时间的长短而有差异。根据预测时间的长短，可以将人力资源需求预测分为三类：短期预测、中期预测和长期预测。

1. 短期预测。通常较短时间的人力资源预测（如一年以内）是根据现有或下期的人力资源成本预算而决定，即在成本预算的基础上，估计现有人力资源的数量，可能的离职人数与补充人员的数量。短期预测或是计划受限于较短时间内（多为半年到两年间），有关新聘员工、培训计划等的内容都只能作出局部的或战术性的调整，而很难有根本性的变化。所以，根据短期预测所采用的措施多为外包、加班、新聘、裁员、晋升和调职等。

2. 中期预测。一般为一年到三年期的需求预测，多为根据组织的财务计划（未来预算）而定。在这一资源限制条件下，估计可能保持的现有员工以及可完成的对新进（或升迁）员工的培训等内容。在中期，可采用的措施不仅限于局部的调整，也可进行某些战略性的人力资源活动，如长期性的聘用计划、培训计划与改善人员流动性的方案等。

3. 长期预测。一般是指五年以上的人力资源需求估计。由于时间较长，涉及的不确定因素较多，人力资源计划者在做长期预测时，往往很难客观地分析企业未来所面对的外部环境变化和内部的适应性调整，往往很难找到较客观的方法，只好采用臆测的分析方式。例如，不论是技术的变化，还是新的生产工艺的产生，都会造成人力资源需求量及劳动力技术水平出现“增”、“减”，但其确切影响则很难确定。因此，长期预测的基础通常是公司与未来市场的展望以及预期的技术变革等；预测的对象也包括了未来劳动力市场供求状况以及教育体系的人力资源培训成果。一般来说，预测期越长，预测的结果就越不可靠，但是，在审慎的规划和各种预测方法的客观运用下，这一预测仍有相当的参考价值。因而，长期预测多见于大规模的企业组织与政府机构，它可作为人事或其他管理政策的依据。

（四）需求预测的方法

需求预测是组织为实现既定目标而对未来所需员工数量和种类的估算。通常，需求预测必须在一定的假设下进行，这些假设包括：销售量或生产量目标、外部经济与社会因素、生产率变化趋势与影响劳动力利用水平的因素、岗位与员工间的匹配关系等。此外，如果使用一定的统计分折方法，则统计方法本身的限制条件也应包括在有关的假设条件中。比如，运用线性回归方法，就要求自变量与因变量之间存在线性相关关系。

根据通常的分类，常用的人力资源需求预测方法大致可分为以下四类：

（1）根据每人工作负荷量预测；

（2）根据时间序列分析估计人力资源的需求趋势；

（3）利用生产率分析的结果估计；

（4）利用管理者的经验进行的主观判断。

上述四种方法有不同的适用范围。例如，第一种方法适宜于短期分析，第二、三种方法多见于中长期分析，而长期预测用第四种方法为多。上述四种方法通常也可联合使用，以提高预测的水平。

1. 根据每人工作负荷量预测

这种方法基本上是根据工作分析的结果，先计算出某一特定工作每单位时间（如每天）的每人工作量或工作负荷（如每人产量、处理件数、授课时数等），再根据未来的产品（或劳务）生产量目标，计算出所需总工作量，并根据前一标准折算出所需员工数。

**【例 6-1】** 某工厂设一车间，其中工作共分四种：仪表、装配、维护及紧急任务。现对该车间未来三年操作所需的最低员工数量进行预测。

第一步，根据工作分析或其他调查资料，求出四类工作所需的标准任务时间（小时/任务），假设分别为 0.5，2.2，1.6 与 1.1 小时。

第二步，估计未来每一类工作的工作量（或生产量），假设如下表所示。

| 年份<br>工种 | 2003 | 2004 | 2005 |
|---|---|---|---|
| （1）仪表 | 12 000 | 13 000 | 10 000 |
| （2）装配 | 95 000 | 104 000 | 123 000 |
| （3）维护 | 29 000 | 34 000 | 38 000 |
| （4）紧急任务 | 8 000 | 6 000 | 5 000 |

第三步，根据第一步及第二步的资料，折算所需的“人工小时数”，如下表所示。

单位：千人工小时

| 工种 \ 年份 | 2003 | 2004 | 2005 |
| --- | --- | --- | --- |
| (1) 仪表 | 6× (12×0.5) | 7 | 5 |
| (2) 装配 | 209× (95×2.2) | 229 | 271 |
| (3) 维护 | 46× (29×1.6) | 54 | 61 |
| (4) 紧急任务 | 9× (8×1.1) | 7 | 6 |
| 合　计 270 | 297 | 343 | |

注：表中数字四舍五入为整数。

第四步，根据实际的每人每年工作量，折算所需人力。假设每人每年工作小时数为 1 800 小时。则由第三步所得资料可知：2003 年、2004 年和 2005 年所需的员工人数分别为 150、165 和 191 人。

根据每人工作负荷预测应用简便，不涉及繁琐的统计方法。不过，它的缺点也很明显：

(1) 有的工作不易计算其工作量，因而既不易由生产量估计“人工小时”，也不易由“人工小时”估计所需员工数；

(2) 工作所需的“标准任务时间”除非有完备的动作分析或时间分析，否则不易取得有关资料，而有的工作“标准任务时间”很难确定；

(3) 工作的内容与工作的标准表现很难评估，多少取决于主观的期望，而较少运用实际分析；

(4) 新方法或新设备的使用，往往会改变所需的单位时间工作量甚至工作的部分内容，这种变化将导致以往的工作量或工作负荷量与实际出现偏差。

由于其他统计分析方法也未能完全克服上述缺点，因此，工作负荷法仍是相当常用的方法。有时短期（如半年到一年）内的生产计划中，员工需求预测可采用这一方法。

2. 时间序列分析

在企业过去的统计资料较完备，企业经营较为稳定的情况下，可以使用时间序列分析方法来预测员工需求。应用时间序列分析方法应满足几点假设：(1) 过去员工增加（或减少）的趋势在未来不变；(2) 趋势线的形状（通常假设为直线）也会保持下去。时间序列分析期望发现企业长期产品需求及其他主要经济指标与员工需求之间的相关关系，从而用于预测未来需求。

企业的统计资料，尤其是按月（周）取得的统计资料，通常包括以下三种波动：

①周期变动。即发生在一年以上的可以预测的趋势线的运动。循环变动可

能是由经济周期、生产周期引起的，也可能是由战争、选举及社会压力所引起的。由于存在潜在的高峰和低谷，所以对周期性需求的预测十分重要。

②季节变动。即可预测的 1 年内发生的变化，通常与生产及消费性季节变动有关。季节变动与周期变动相一致，但可能波动幅度较大。如某些特定的礼品销售、农产品的生产和加工都会受季节变动的影响。

③随机变动。随机变动是由未能认定的因素所导致的不规则波动，即使是最严密的预测技术也无法预测这种变化。

时间序列分析的方法主要介绍以下三类：

(1) 趋势分析

趋势分析就是通过分析企业在过去五年左右时间中的雇佣趋势，并以此为依据来预测企业未来人员需求的技术。趋势分析使用的统计方法主要是移动平均法和最小二乘法两种。前者较为简单，例如，可以综合统计企业在过去五年中每年年末的雇员人数；或者这些年年末各类人员的实际数量（销售人员、生产人员、文秘及行政管理人员等），计算未来的人员需求水平和结构。后者见例 6－2。

趋势分析假设一切外在影响因素不变，即假设生产率提高、技术进步、工作内容变动、销售或生产目标的变化趋势等因素的综合影响不变。很显然，这些假设在长期（五年以上）是不符合实际的，但它往往用于预测中期的人员需求。

**【例 6－2】**　设有某公司 12 年来的雇佣员工数据，如下表所示。现利用最小二乘法的公式，可以求出以下方程式：

| 年　度 | (X)* | 人数（Y） |
|---|---|---|
| 1993 | 1 | 510 |
| 1994 | 2 | 480 |
| 1995 | 3 | 490 |
| 1996 | 4 | 540 |
| 1997 | 5 | 570 |
| 1998 | 6 | 600 |
| 1999 | 7 | 640 |
| 2000 | 8 | 720 |
| 2001 | 9 | 770 |
| 2002 | 10 | 820 |
| 2003 | 11 | 840 |
| 2004 | 12 | 930 |

注：＊令 1993 年为 X＝1，1994 年为 X＝2，……依此类推。

$$a=\frac{\sum Y}{n}-b\times\frac{\sum X}{n}=\bar{Y}-b\bar{X}$$

$$b=\frac{n(\sum XY)-(\sum X)(\sum Y)}{n(\sum X^2)-(\sum X)^2}$$

$Y=a+bX$ 的参数 $a$、$b$ 如下：

$a=423.1$

$b=41.3$

换言之，趋势线可以用方程式 $Y=432.1+41.3x$ 来表示。也就是说，在趋势分析的假设之下，这一方程式表示：每过 1 年，企业雇佣的员工人数将增加 41.3 人（或取整数 42 人）。由此可以预测：2007 年雇佣的员工人数将达到 1 052人。

其计算公式如下：

$Y=432.1+(12+3)\times41.3=1\,051.6\approx1\,052$（人）

(2) 比率分析

比率分析是以以下两种因素的比率为依据的：(1) 某些关键性的自变量（如销售量）；(2) 所需要的雇员数量（如销售人员数量）。例如，假设一名销售人员每年通常能实现 100 万元的销售额，在过去两年中，每年需要 5 名销售人员来完成 500 万元的销售额。再假设，明年计划销售额将提高到 800 万元，并在下一年将销售额提高到 1 200 万元。如果销售人员的劳动生产率保持不变，明年企业将需要增加 3 名销售人员，而后年则需增加 4 名。此外，比率分析还可用于分析各类人员间的比例关系（如文秘——管理人员、生产人员——监工等）。

与趋势分析一样，比率分析假定生产率保持不变，比如对销售人员的激励水平的变化不会影响其劳动生产率，同时忽视了员工存在的个体差异（假设不同的销售人员生产率相同）。如果企业的销售人员生产率发生变化，则这种比率分析的预测结果就不会很准确。

(3) 散点分析

散点分析实际上是一种通过确定企业的业务活动量和人员水平这两种因素之间是否相关，来预测企业未来人员需求的技术。如果二者是相关的，则基于预测的业务量，就可以得到人员需求的预测数。

**【例 6-3】** 一家拥有 500 张床位的医院准备在今后五年中将床位扩大到 1 200个。护理部主任和人力资源部经理想要预测他们未来的注册护士需求。于是人力资源部经理首先确定医院规模（以床位数表示）与需要的护士人数之间的关系。她在取得了 5 个不同规模的同类医院的数据后，得出了表 6-2。

**表 6-2　医院规模与护士需求数量之间关系的确定**

| 医院规模（以床位数量为标准） | 注册护士的数量 |
|---|---|
| 200 | 240 |
| 300 | 260 |
| 400 | 470 |
| 500 | 500 |
| 600 | 620 |
| 700 | 660 |
| 800 | 820 |
| 900 | 860 |

确定医院规模与护士人数之间的关系，可以通过画散点图的形式，如见图 6-2 所示。如果两种要素是相关的，则散点的分布就会趋于形成一条直线，如果仔细地画出一条直线，使这条直线与各点之间的距离最小，就能近似地确定在每一种医院规模下所需要的护士人数。在本例中，对于一家拥有 1 200 个床位的医院来说，可以估计约需要 1 210 名护士。

在作时间序列分析时，过去人力资源的资料分析十分重要。如过去若干年的“雇佣人数”是否是企业的“实际所需人数”？如果存在大量的冗员或加班的情况，则利用现有雇佣人员资料来预测，就会偏离实际的人员需要水平。

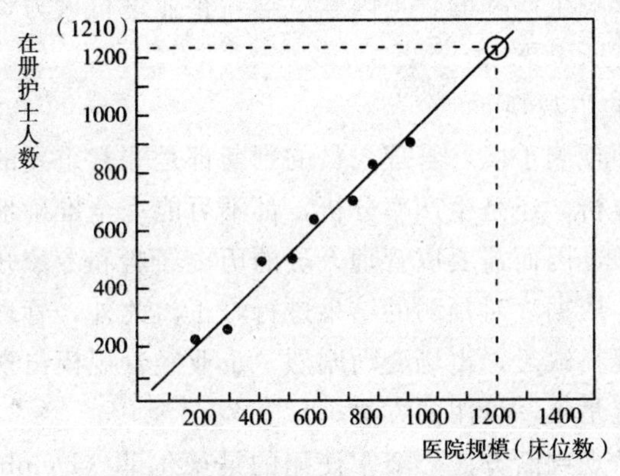


图 6-2　医院规模与护士人数的散点图

3. 生产率分析

影响生产率的因素很多，这里主要介绍两种：

(1) 规模经济或规模不经济。由于组织生产规模的扩大，新设备、新工艺和新的生产方法的使用导致企业的成本节约（如购货折扣、管理成本下降、生产平均成本下降等），这意味着企业的劳动生产率提高，产量（销量）与劳动者数量之间的比例发生变化。

（2）从经验中学习，提高了生产率。管理理论中所谓学习曲线效应，如见图 6－3 所示即是一例。图中的成本下降趋势反映了员工经验的积累和生产效率水平的逐步提高。但生产率的提高效率在以后的阶段随着时间的推移，会趋于缓慢。“倍数产出单位律”就说明了这一事实：“如果第一个单位产出需要 200 人工小时，则第 2 个单位的产出将比前一单位少需人工 $C\%$（$C$ 为常数，如果 $C$ 为 10，则第 2 个单位只需 180 人工小时）；第 4 个单位又将比第 2 个单位少需 $C\%$；第 8 个单位将再比第 4 个单位少需 $C\%$的人力……”这种生产率的变化趋势均应作为企业人力资源需求预测的考虑因素。

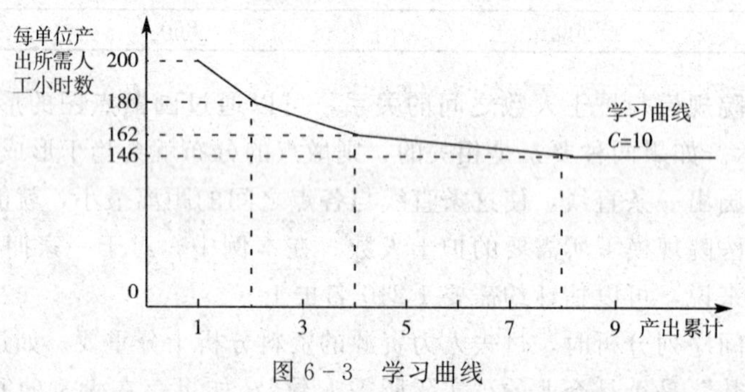


图 6－3　学习曲线

除此之外，企业管理政策的变化、员工激励水平的提高、员工与岗位匹配水平的改善都是影响生产率的管理因素。这在企业进行人力资源计划及其他各项工作时，均应有所考虑。

4. 管理人员的主观判断

无论采用何种预测手段，管理人员的判断都是非常重要的。无论是工作负荷法、时间序列分析，还是生产率分析，都不可能完全准确地分析各项影响因素并用于预测未来，因而需要以管理人员的历史经验和专家知识，以未来可能发生变化的因素为依据，对预测的结果进行修正。此外，管理人员的主观判断方法在企业统计资料缺乏、市场变动剧烈、企业经营规模出现波动或推出新产品的情况下，可能是唯一可用的方法。

管理人员的主观判断方法，经常使用的是德尔菲（Delphi）法。这种方法通过集中一组专家（根据其对组织的内部因素的了解程度），在彼此隔离的环境下经由一系列的问卷方式，让每一个参与者自由表达对某一特定问题的看法或提出估计数字。德尔菲法的具体做法是：首先将要咨询的内容写成若干条意义明确的问题寄给专家，由他们以书面形式予以回答。其次，由一中间人集中归纳汇总专家意见，并将意见反馈给各位专家，在此基础上要求专家重新考虑其预测，并说明修改的原因。再次，各专家以往所要求的资料清单被总汇列齐，并与前一阶段里各个估计值的差距一并发给各位专家。最后，专家传阅在前一阶段各个估计值的差距，各位专家据此作出最后的估计并说明估计的经过和理由。德尔菲法的好处是集中专家智慧和经验，但又可以避免群体的压力与权威的个人影响力，用这种方法所做的估计有时会相当有价值，即使在中短期的预测中，也表现良好。

销售力量估计是主观预测人力资源需求的另一种常见方法。这种方法非常适合用在出现由于导入新产品而产生的增加新员工的需要时。当一个新产品投入市场，销售人员被要求以他们的有关顾客需求和兴趣的知识为基础，来估计对这一产品的需求（即预期的销售量）；然后，组织用这些信息去估计为满足这些需求将需要多少员工。这个方法的一个缺点是，存在较大偏差的可能。

## 二、人力资源供给预测

### （一）人力资源供给预测概述

1. 目的

人力资源供给预测，就是指为了满足对人力资源的需求，对未来一定时期内，从企业内部和外部所能得到的人力资源数量和质量进行预测。人力资源供给预测与人力资源需求预测，构成了制定人力资源规划的完整的基础。

2. 内容

人力资源供给预测一般包括以下内容：

（1）分析企业目前人力资源状况，收集现有信息和资源；

（2）分析企业目前人力资源流动状况及其原因，预测未来流动趋势，以便采取措施避免不必要的流动，或及时给予替补；

（3）分析企业人力资源调动、升迁等情况，保证工作连续性；

（4）分析预测作息制度、轮班制度等工作条件的改变和出勤率的改变，对人力资源供给的影响；

（5）分析人力资源的供给来源和渠道。

3. 影响因素

在进行人力资源供给预测时，必须分析影响供给的各种因素。这些因素如表 6－3 所示。

**表 6－3 人力资源供给的影响因轰**

| 全国性因素 | 区域性因素 |
|---|---|
| ·全国劳动人口增长趋势 | ·企业所在地人口密度和素质 |
| ·全国对各种人力资源的需求状况 | ·当地科技文化教育水平 |
| ·全国人力资源的素质 | ·当地就业水平、就业观念 |
| ·国家政策、制度的影响 | ·当地对就业的吸引力 |
| ·大专院校的质量、规模、结构 | ·企业自身对就业的吸引力 |

4. 渠道

人力资源供给渠道包括内部渠道和外部渠道。二者关系如图 6-4 所示。

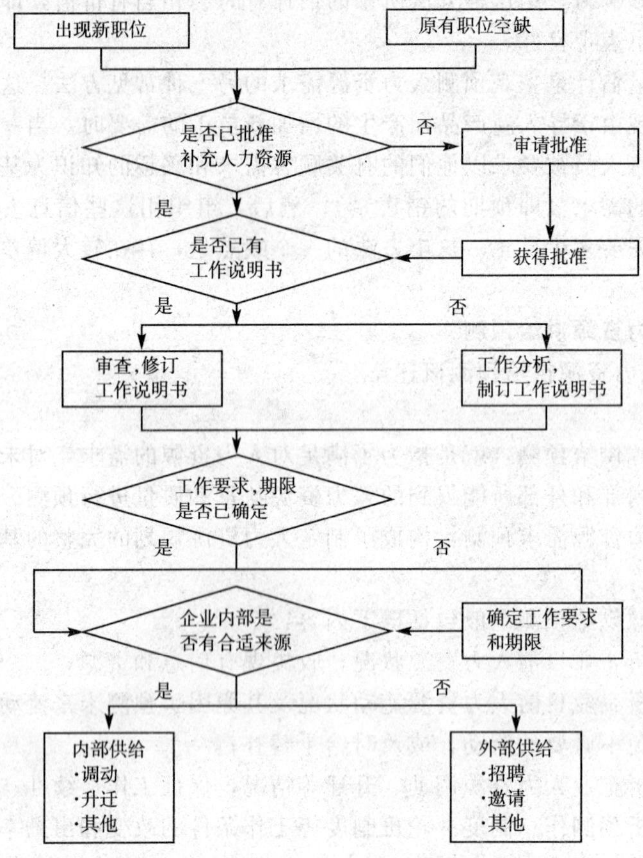


图 6-4 内部供给与外部供给流程

从图中可知，当已决定需要提供人力资源供给时，首先考虑内部供给渠道。如果内部供给来源不足，再考虑外部供给渠道。

（二）人力资源供给预测的方法

人力资源供给预测通常可以分为：组织内部人力资源供给预测和组织外部人力资源供给预测两种类型。

组织内部人力资源供给预测常用方法：

1. 管理人员接续计划

这是预测管理人员内部供给的最简单的方法。制订这一计划的过程是：

（1）确定计划范围，即确定需要制订接续计划的管理职位；

（2）确定每个管理职位上的接替人选，所有可能的接替人选都应该考虑到；

（3）评价接替人选，主要是判断其目前的工作情况是否达到提升要求，可以根据评价的结果将接替人选分成不同的等级，例如分成可以马上接任、尚需进一步培训、问题较多三个级别；

(4) 确定职业发展需要以及将个人的职业目标与组织目标相结合，这就是说，要根据评价的结果对接替人选进行必要的培训，使之能更快地胜任将来可能从事的工作，但这种安排应尽可能与接续人选的个人目标吻合并取得其同意。

为清楚起见，可以将上述接续计划在组织结构图上表示出来，如图 6－5 所示。

2. 马尔可夫分析

马尔可夫分析在理论上很复杂，但其应用方法却比较简单。我们在此将避开其理论，只介绍具体方法。

这种方法的基本思想是：找出过去人事变动的规律，以此来推测未来的人事变动趋势。下面我们以一个会计公司的人事变动为例来加以说明，如表 6－4 所示。

分析的第一步是做一个人员变动矩阵表，表中的每一个元素表示一个时期到另一个时期（如从某一年到下一年）在两个工作之间调动的雇员数量的历年平均百分比（以小数表示）。一般以 5～10 年为周期来估计年平均百分比。周期越长，根据过去人员变动所推测的未来人员变动就越准确。

例如，表 6－4（A）表明，在任何一年里，平均 80％的高层领导人仍留在公司内，而有 20％退出。在任何一年里，大约 65％的会计员仍留在原工作岗位，15％被提升为高级会计师，另有 20％离职。用这些历年数据来代表每一种工作中人员变动的概率，就可以推测出未来的人员变动（供给量）情况。将计划初期每一种工作的人员数量与每一种工作的人员变动概率相乘，然后纵向相加，即得到组织内部未来劳动力的净供给量，如表 6－4（B）所示。

**表 6－4 某公司人力资源供给状况的马尔可夫分析**

（A）

| | 人员调动的概率 | | | | |
|---|---|---|---|---|---|
| | E | M | S | Y | 离职 |
| 高层领导（E） | 0.80 | | | | 0.20 |
| 中层领导（M） | 0.10 | 0.70 | | | 0.20 |
| 高级会计师（S） | | 0.05 | 0.80 | 0.05 | 0.10 |
| 会计员（Y） | | | 0.15 | 0.65 | 0.20 |

(B)

| | 初期人员数量 | E | M | S | Y | 离职 |
|---|---|---|---|---|---|---|
| 高层领导（E） | 40 | 32 | | | | 8 |
| 中层领导（M） | 8 | 8 | 56 | | | 16 |
| 高级会计师（S） | 120 | 6 | 96 | 6 | 12 | |
| 会计员（Y） | 4 | | | 24 | 104 | 32 |
| 预计的人员供给量 | | 40 | 62 | 120 | 110 | 68 |

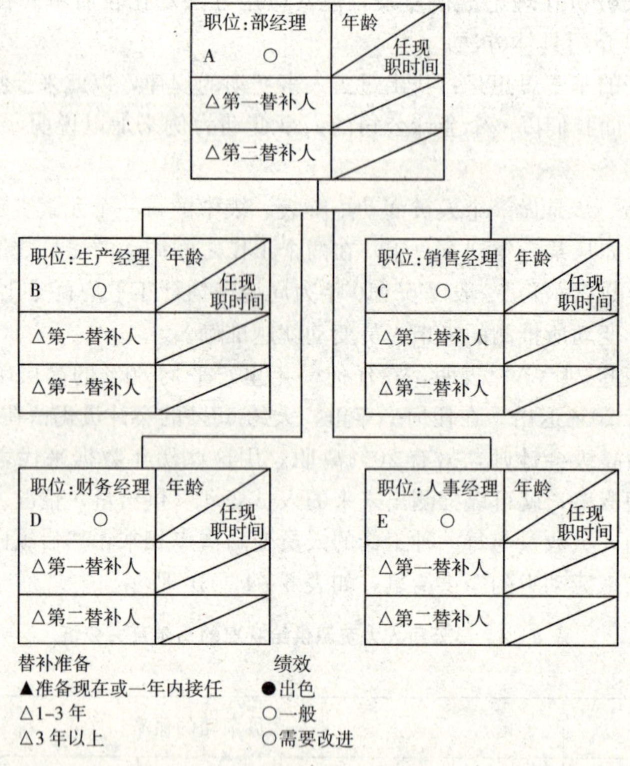


图 6-5 管理人员替补图

注：每一名字的后面方格斜上部分填写年龄，斜下部分填写任现职的时间

我们再看表 6-4（B），如果下一年与上一年相同，可以预计下一年将有同样数量的高层领导人（40 人），以及同样数目的高级会计师（120 人），但中层领导人将减少 18 人，会计员将减少 50 人。这些人员变动的数据，与正常的人员扩大、缩减或维持不变的计划相结合，就可以用来决策怎样使预计的劳动力供给与需求相匹配。

3. 档案资料分析

通过对组织内人员的档案资料进行分折，也可以预测组织内人力资源的供给情况。档案中通常包括了员工的年龄、性别、工作经历、受教育经历、技能等方面的资料，更完整的档案还包括员工参加过的培训课程、本人的职业兴趣、业绩评估记录（包括对员工各方向成绩的评价、优点和缺点的评语）、发明创造以及发表的学术论文或获专利情况等信息资料。这些信息对企业的人力资源管理具有重要作用。

组织外部人力资源供给预测常用方法：

1. 广告

利用广告来招聘外部人力资源，是常见的外部供给来源。使用这种方法，必须注意广告媒体的选择以及广告文案的设计。

（1）媒体选择

广告的媒体主要包括报纸、杂志、广播电视、招聘现场宣传资料以及互联网等等。

①报纸。报纸是传统的广告媒体。它的优点在于标题短小醒目，内容分类编排，便于求职者分类查找。但是，报纸的发行量有限，容易遗漏潜在的人力资源，而且发行对象不固定，不得不支出大笔无效的成本费用。因此，当招募对象主要集中于某一地区或某一特定群体时，报纸是较好的广告媒体。

②杂志。杂志印刷质量好，广告大小灵活，拥有特定的读者群，易于保存和反复阅读，这些都是作为广告媒体的便利条件。但是，杂志发行区域较广，广告预约期较长，因此不适合集中于某一地区的人力资源招聘广告。当招聘的人力资源属于某种特殊群体，而且不受时间和地区限制时，可以用杂志作为广告媒体。

③广播电视。广播电视极富灵活性，覆盖广泛，受益多，接触机会也很多，而且不容易引起招聘竞争。但是，广播电视只能提供简短的、简单的信息，缺乏持久性，不能保存，而且需要大量的成本。因此，当处于激烈的竞争中，需要迅速扩大影响，或者某一特定地区拥有足够多的人力资源来满足多种职位的需求时，可以利用广播电视作为媒体。

④招聘现场宣传资料。招聘现场的宣传资料能够引起人们的即时兴趣，诱发人们立即采取行动。但是，这首先需保证有足够多的人来到招聘现场。因此，在某些特殊场合，例如人才交流会、公开招聘会等，可以通过宣传资料的广告。

⑤互联网。互联网是通过利用先进的通信技术来达到企业与求职者双方互相沟通的方式。它成本低廉、传递信息迅速、信息容量庞大，是一种越来越得到广泛运用的广告媒体。

（2）文案设计

广告文案设计，要注意以下几点：

①能引起求职者的注意；

②能引起求职者对工作的兴趣；

③能引起求职者申请工作的愿望；

④能鼓励求职者积极采取行动。

2. 就业服务机构

在以下情况下，企业一般通过就业服务机构来招聘外部人力资源：

①企业缺乏自己的人力资源管理部门，不能较快地进行人员招聘工作；

②企业过去的经验表明，它一般很难招聘到足够的人力资源；

③某一特定的空缺职位必须立即有人填补；

④需要吸引较多的特殊群体（例如少数民族或妇女）来工作；

⑤希望从竞争者那里招募到优秀人才。

3. 高级管理人员代理招募机构

高级管理人员代理招募机构，即通常所说的猎头公司。这类机构专门为企业寻找职位高、报酬高的高级优秀管理人才。选择这类机构作为人力资源外部供给来源，虽然需要付出大量成本，但却能节约时间和精力，增加拥有优秀人力资源的机会。在选择高级管理人员代理招募机构时，要注意以下几点：

①确信这家机构能够自始至终地完成整个招募过程；

②要求会见该机构中直接负责本企业业务的有关人员；

③问清楚收费情况；

④该机构必须可靠、值得信赖，防止本企业机密泄漏；

⑤从该机构其他客户那里了解情况。

4. 大专院校

大专院校是企业招聘外部人力资源的重要来源，需要花费大量的时间和精力。因此，在校园招聘之前，必须制订详细的计划，准备好有关资料。此外，还要认真选择由谁来担当校园招聘者，以及去哪些大专院校招聘。

5. 计算机数据库

随着信息技术的迅猛发展，计算机的广泛普及，数据库对于供给人力资源的作用日益受到广泛关注。电脑、网络已经不仅仅是企业单向刊登招聘广告的媒体和手段，而且越来越成为供求双方双向沟通、储备人力资源信息的现代化方式。

6. 随机求职者

随机求职者，是随时到企业求职的人。它也是人力资源外部供给的一种来源。对于随机求职者，企业不应怠慢，而应该礼貌相待、妥善处理。否则，不仅会影响企业形象和声誉，还可能因此而错失了宝贵的人力资源。

## 第三节　人力资源平衡规划

人力资源供求平衡是人力资源规划的主要目的，供求预测就是为制定具体的人力资源供求平衡规划而服务的。人力资源供求预测结束后，一般会出现三种情况：人力资源供大于求；人力资源供小于求；人力资源总量平衡，结构不平衡。一般说来组织的人力资源总是处于失衡状态，供求完全平衡是一种极端的情况，实践中基本不会出现。组织需根据供求预测不同结果，制定相应的措施，调整组织人员，实现供求平衡。

## 一、组织人力资源供小于求（人力资源短缺）

1. 利用组织现有人员

（1）加班。加班是一种最直接的避免预期人员短缺的办法，在实践中很常用，但其效果不太好，仅适用于短期临时性的情况。员工加班，组织需要支付较高的人工成本、组织成本，但员工在加班时期的绩效水平并不高。因此，该方法一般作为一种暂时性的措施。

（2）内部人员调动。组织内部的人员短缺多是结构性短缺，即A岗位短缺，B岗位持平，C岗位可能是有剩余的。合理调动内部人员是解决人员结构性短缺的有效方法。

（3）制订有效的激励计划，如培训、工作再设计等，调动员工生产积极性、主动性，提高劳动生产率，减少对人力资源的需求量。

（4）提高企业的资本有机构成，以资本来替代劳动力，相对减少人力资源需求量。

2. 利用组织外部人力资源

（1）临时雇佣。对于一些临时性的工作人员短缺，组织可以雇佣临时工以解决暂时性的人员短缺。

（2）外部招聘。制订招聘计划，有计划地面向全社会招聘所需正式员工，从根本上解决人员匮乏的问题。

（3）非核心业务外包。组织根据自身情况，将非核心业务部分或整块地承包给外部组织去完成。非核心业务外包之后组织内部从事相应工作的人力资源需求减少，相应地减缓了组织的人员短缺。

## 二、组织人力资源供大于求（人力资源剩余）

1. 裁员。解雇员工是组织解决人力资源过剩的最直接的方法。裁员是一种短期行为，一方面可以有效降低组织的人工成本，另一方面对员工的伤害较大，负面影响深远。

2. 自然减少与提前退休。在人力资源规划的做出和实际供需矛盾产生之间是有一段时间的。因此，在这段时间内组织人员的自然减少如退休、病休、辞职等也将起到缓解人员过剩的作用。

提前退休是减少目前劳动力数量的一种途径。组织制定优惠措施鼓励接近退休年龄的员工提前退休。组织实行提前退休计划，不仅可以减少预期出现的人员过剩，还可以降低组织的成本。

3. 减少员工工作时间，并随之降低工资水平。这是解决组织临时性人力资源过剩的有效方式。

4. 工作分享。采用由多个员工分担以前只需一个或少数几个人就可完成的工作，组织则根据员工实际完成的工作量来计发工资。此方法的实质上也是减少员工工作时间、降低工资水平。

5. 再培训。再培训是一种减少组织预期人员过剩的方法，也是一种员工培训与开发的方法。组织预测到有员工过剩的时候，可以采用待岗再培训的方法。一方面解决了人员过剩，另一方面提高了员工的知识与技能水平，一举两得。

6. 通过开拓新的经济增长点来吸收过剩的人力资源。如扩大经营规模、开发新产品等。

### 三、组织人力资源总量平衡，结构失衡

人力资源供求结构失衡表现为组织中有些部门或岗位出现员工过剩，而另一些部门或岗位存在着人员不足。解决措施如下：

1. 通过组织内部人员的合理流动（晋升、平调、降职等），以满足空缺岗位对人力资源的需求；

2. 对过剩员工进行有针对性的培训，使其转移到人员短缺的岗位上；

3. 进行组织内外人力资源流动，以平衡人员的供需。即从组织外部招聘合适人员以补充到相应的岗位，同时将冗余人员从组织中裁减出去。

## 第四节　人力资源规划实务

### 一、人力资源规划的程序

一个理想的人力资源计划应包括四个部分的内容：调查、预测、规划、实施和评价。

（一）调查

人力资源规划的前期调查工作应包括以下内容。

1. 企业战略计划、经营状况和财务状况。如：销售预测、利润目标、生产目标、财务上的稳定性、竞争对手的状况、外部环境的变化等。

2. 组织体系内的生产方法、管理风格与一般环境。如组织实现生产自动化，则对人力的需求在数量和结构上会受到影响；而组织内的薪资、福利及管理风格等，也会影响组织的人力供给。

3. 外部人力资源供给。如研究外部劳动力市场的供给与需求的现状、对当

地劳动力市场结构的调查、政府的职业培训政策、教育政策等问题的一般了解都是人力资源规划所必不可少的。

4. 企业内部人力资源供求与利用现状。这通常是企业人力资源规划中最重要的一部分，特别是对一般中小企业而言，往往这个项目就是人力资源规划的全部内容。这部分的工作包括分析企业劳动力成本、劳动力损耗、员工流动率、员工利用不足的情况等。

由于调查取得的资料对人力资源规划的现实性、实用性都有着极端的重要性，许多组织的人力资源管理部门往往将有关资料纳人一个系统化的人力资源管理信息系统，以便随时更新、修正或提供各类人力资源计划。

（二）预测

这一部分是人力资源规划中较为技术性的部分。预测的方法从“主观判断”到各类统计分析方法不一而足，但基本的原则仍然是：

1. 鉴往知来——假设未来的发展与过去基本相似；

2. 配合企业整体目标，以落实企业发展目标为基本出发点；

3. 随时修正，以顺应客观事实与条件的变化。

预测，包括企业人力资源的需求预测和供给预测两部分。其具体方法已在上面两节进行了说明。

（三）规划

当人力资源的供给、需求及有关项目取得了预测数据后，人力资源规划工作就进入了项目规划阶段。所规划的主要项目大致包括以下内容：

1. 利用。生产力的改进、劳动力成本和组织发展等。

2. 供给。招聘、晋升、调职、裁员和退休等。

3. 开发。定位、后续培训、管理人员开发和员工职业发展等。

4. 人事政策。薪资与福利、工作条件与工作环境、劳动关系、冲突解决等。

在人力资源的规划过程中，有关各项目的计划均应包括以下内容：

1. 主要目标。在计划过程中，人力资源管理部门力图形成的最重要成果。

2. 范围。人力资源管理活动所面向的组织单位（事业部、部门等）以及员工群（管理人员、专业人员、文书、蓝领工人等）。

3. 活动重点。人力资源管理部门将其拥有的资源和人力在各项目（招聘、选拔、培训、补偿、劳动关系等）中分配的方式。

4. 角色。人力资源管理部门在政策调整、项目规划、项目管理、提供设备和控制方面的重要性。

5. 结构。人力资源管理部门为了实现其工作目标而进行的内部组织结构安排。

（四）实施和评价

人力资源规划的最后一步是付诸实施，这一阶段是人力资源规划具体化落实到各部门、各环节的过程。规划的合理和实用与否，全看实施的效果如何。

实施的效果可以用企业人力资源的利用水平作为评价标准，具体包括：生产率指标、财务指标、员工的出勤率、流动率和满意度等。

## 二、人力资源规划的内容

人力资源规划是对企业人力资源开发与管理的预先安排，它和企业的人事政策相联系，是企业各项人力资源管理活动的依据，其内容可以分解为以下六个方面：

1. 人员补充计划

人员补充计划是企业根据组织运行的情况，对企业可能产生的空缺职位加以弥补的计划，旨在促进人力资源数量、质量的改善，是企业吸收员工的依据。一般来讲，人员补充计划是和人员晋升计划相联系的，因为晋升计划会造成组织内的职位空缺逐级向下移动，最后积累到较低层次的人员需求上来。

2. 培训开发计划

培训开发计划的目的，是通过内部的努力为企业发展准备所需的人才是为了使人更好地与工作相适应。据报道，著名的IBM公司为本企业5 000多名有发展前途的员工分别制订了培训方案，投入了巨额资金，根据企业不同时期可能产生的职务需求，对这些人员有目的、分阶段地加以培训。这样，当职位出现空缺时，人员培训已经完成，对公司的发展也起了极大的推动作用。

3. 人员配备计划

企业员工在未来职位上的安排和使用，是通过企业内部人员有计划的流动实现的，这种人员流动计划称为配备计划。配备计划有三个作用：

（1）当企业要求某种职务的人员同时具备其他职务的经验和知识时，就应使之有计划地流动，以培养高素质的复合性人才。

（2）当上层职位较少而等待提升的人很多时，通过配备计划进行人员的水平流动，可以减少他们的不满，等待上层空缺职位的产生。

（3）在企业人员过剩时，通过配备计划可以改变工作分配方式，对企业中不同职位的工作量进行调整，解决工作负荷不均的问题。

4. 薪资激励计划

薪资激励计划对于企业来说，一方面是为了确保企业人工成本与企业经营状况保持恰当的比例关系，另一方面是为了充分发挥薪酬的激励作用。薪资总额取决于企业组织内员工不同的分布状况和工作绩效。企业通过薪资激励计划，可以在预测企业发展的基础上，对未来的薪资总额进行测算和推测，并确定未来时期内的激励政策，如激励方式的选择、激励倾斜的重点等内容，以充分调动员工的积极性。

5. 人员晋升计划

所谓人员晋升计划，是根据企业的组织需要和人员分布状况，制订员工的提升方案。对于企业来说，要尽量使人和事达到最大程度的匹配，这对于调动员工的积极性和提高人力资源利用率是非常必要的。晋升不仅是员工个人利益的实现，也意味着工作责任和挑战的增加。二者结合起来，会使员工产生一种能动性，使企业组织获得更大利益。

6. 员工职业计划

企业的员工职业计划，是指对员工在企业内的职业发展作出系统的安排。通过职业计划，能够把员工个人的职业发展和组织需要结合起来。所以，这项工作对于个人和组织都非常重要。特别对于有发展前途的员工，企业要设法将其保留下来，使其成为企业宝贵的财富。为了防止这类员工的流失，就必须有计划地使他们在工作中得到成长和发展。企业组织如果不能满足个人发展的需要，就会导致人员的流失，这是企业应该加强员工职业计划管理的理由。

另外，人力资源规划还包括劳动关系计划、退休解聘计划等。

## 三、人力资源规划的编写

一般来说，人力资源规划的编写大致包括以下步骤：

1. 编写职务计划

根据企业发展规划和组织工作方案，结合职务分析的内容，确定职务编制。职务计划阐述了企业职务的动态设置方式。

2. 编写人员配置计划

根据企业职务计划，结合人力资源盘存报告，制订人员配置计划，阐述企业不同职务的人员数量，人员的职务变动方式，职务空缺数量的补充办法等。

3. 编写人员需求计划

根据上面两项计划，进行企业未来的人员需求预测。人员需求的常用办法，是建立企业员工需求的明细表或分类表，标明所需员工的数量、技能、工作类别、管理层次等。

4. 编写人员供给计划

人员供给计划的编制，要在对企业现有人力资源进行盘存的情况下，结合员工变动的规律，阐述人员供给的方式，包括人员的内部流动办法、外部流动政策、人员的获取途径和具体办法等。

5. 编写培训开发计划

为了使员工适应企业发展的需要，有必要对员工进行培训，包括新员工的上岗培训和老员工的继续教育，以及各种专业培训等。培训计划涉及培训政策、培训需求、培训材料、培训方式等内容。

6. 编写人力资源政策调整计划

人力资源政策调整计划，是对企业发展和企业人力资源管理之间关系的主动协调，目的是确保人力资源管理工作主动地适应企业发展的需要。

7. 编写人力资源费用预算

人力资源活动必然会发生费用，人力规划的一个重要任务，就是控制人工费用，提高投入产出比。为此，必须对人力资源费用进行预算管理。在实际工作中，应列入预算范围的人工费用很多，常见的有招聘费用、培训费用、调配费用、奖励费用以及其他非员工直接待遇但与人力资源开发利用有关的费用。

8. 关键任务的风险分析及对策

任何企业在人力资源管理中都可能遇到风险，如招聘失败、新政策引起员工不满等，这些都可能影响公司的正常运行。风险分析就是通过风险识别、风险估计、风险驾驭、风险预警和监控等活动，防范和弱化相关风险的危害。

各项人力资源计划编写完毕后，应积极与有关部门进行沟通，根据其反馈结果进行修改，最后再提交公司决策层审议通过。

## 本章小结

人力资源规划是指根据企业的发展战略、企业目标及企业内外环境的变化，科学地分析和预测未来的企业对人力资源的需求和供给状况，并据此制定或调整相应的政策和实施方案，以确保企业在恰当的时间、在不同的职位获得恰当的人选的动态过程、人力资源规划是企业发展战略的重要组成部分，也是人力资源管理各项活动的起点和依据。企业人力资源规划包括要适应内外部环境的变化、主要工作是制定政策和措施、最终目标要使企业和个人都得到长期利益三方面的含义。

人力资源需求预测分为三类：短期预测、中期预测和长期预测。常用的人力资源需求预测方法大致可分为以下四类：(1) 根据每人工作负荷量预测；(2) 根据时间序列分析估计人力资源的需求趋势；(3) 利用生产率分析的结果估计；(4) 利用管理者的经验进行的主观判断。

## 复习与思考

一、选择题

某啤酒生产厂家共有管理人员 30 名，采购部采购员 20 名，生产人员 160 名，行政部行政人员 10 名，销售部销售人员 60 名。明年由于市场前景好转，预测生产量将提高 5%。

1. 如果每位员工的工作量不增加，明年应增加的销售人员、生产人员分别为（　　）。

   A. 8 名，3 名　　B. 7 名，2 名　　C. 8 名，2 名　　D. 7 名，3 名

2. 工厂采购部经理根据以往经验：增加 8 名生产人员对应增加 2 名采购人员，提出人员增长计划，请问这种估算方法为（　　）。

   A. 上级估算法　　B. 德尔菲法　　C. 岗位分析法　　D. 以上皆非

3. 行政部计划对外招聘一线生产人员，请问最适合的筛选方法为（　　）。

   A. 工作任务完成　　B. 角色扮演　　C. 公文筐测验　　D. 小组讨论

4. 工厂根据生产量变化调整人员结构的举措体现了人力资源规划的（　　）。

   A. 动态性　　B. 稳定性　　C. 灵活性　　D. ABC 皆对

5. 该工厂的组织结构为：(　　)。

A. 职能制　　B. 行政层级式　　C. 短阵式　　D. 事业部制

二、简答题

1. 组织为什么要制定人力资源规划？

2. 在人力资源管理活动中，有哪些人力资源需求预测方法？

3. 在人力资源管理活动中，有哪些人力资源供给预测方法？

4. 什么是马尔可夫法？

5. 如何实现人力资源供需综合平衡？

三、案例分析

**某铝业公司该如何进行员工的供求平衡？**

位于西部地区的某铝业公司是一家大型炼铝企业，它坐落在一个偏远的小地方，离最近的小城镇 60 千米，离最近的中型城市 160 千米，离最近的大城市足有 750 千米。因其地理位置偏僻，该铝业公司只能主要依据有限的当地劳动力维持正常生产。在 1996 年至 1997 年间员工自动辞职的人数超过该公司历史上任何时期。在这期间，公司为满足对人员配备的要求，人力资源部门匆忙招聘了大量的新员工。由于当地劳动力缺乏，人力资源部门不得不降低录用标准，使得人员配备的质量大幅度下降。另外招聘人员的结构也不合理，如单身员工过多，易流动的员工过多等。经常出现很多员工只工作了几个月就辞职而去，人力资源部门刚招聘来一名员工顶替前一位辞职人员的工作才几个月，就不得不再去招聘新的顶替者。人力资源部门为了招聘到合适的人选常常疲于奔命。

炼铝是一种连续作业工艺，其主要特点之一是生产技术水平要求稳定。任何一个生产技术水平稳定的企业都要求劳动力水平的相对稳定，这种稳定来源于劳动力队伍的相对稳定和企业对员工的质量与数量需求的满足。由于该公司对人员需求的估计不准确，经常造成人力资源供需矛盾，影响工厂的生产。

(根据余凯成等编著的《人力资源管理》，大连理工大学出版社 2001 年版，第 55 页“关西铝业公司”改写。)

分析与思考：

(1) 该公司在员工供求中碰到哪些问题，原因是什么？

(2) 通过制定人力资源规划能否解决该公司碰到的问题，如何制定该公司的人力资源规划？

(3) 如果你是该公司的人力资源部经理，你将采取哪些对策措施来保持员工的供求平衡？

# 第七章　招　　聘

**【本章要点】**

通过本章内容的学习，应了解和掌握如下问题：

1. 了解招聘的概念、意义、原则和程序；

2. 能够掌握人力资源管理中有关招聘的基本知识；

3. 掌握招聘过程中常用的方法与技巧。

**【开篇案例】**

**一张白纸好画图，宝洁青睐毕业生**

在美国《财富》中文版杂志最近评出的中国最受人力资源经理青睐的、排名前20家企业中，广州宝洁榜上有名。广州宝洁公司公共事务部的许燕辉小姐告诉记者，宝洁公司165年来成功的关键在于宝洁公司企业文化的核心是对人才的重视和承诺。许燕辉简要地介绍了宝洁公司人力资源管理体系的内容：

(1) 完善的招聘系统。确保招聘到最合适和最优秀的员工。

(2) 系统的培训体系。在员工的培训和发展方面投入了大量的人力、物力。尤其值得一提的是上级经理对下属在工作过程中进行的指导，在其企业内被称为“在职培训”，是他们人才培训非常重要的一部分。

(3)“内部提升”的用人哲学。从基层岗位招聘人才，尽量在内部员工中提拔高级管理人员，使员工和公司一起成长，对公司充满主人翁责任感和自豪感。

(4)“早期责任”。对新员工委以重任，为他们设计充满挑战性的工作项目，这点被称为早期责任。早期责任会让新人获得宝贵的实践经验，更快地成长。

(5)“看重每一位员工”。营造一种互相尊重的工作环境。

(6) 海外学习和工作机会。作为一个跨国公司，宝洁为员工提供海外学习和工作机会，使员工得以更快地成长。

宝洁公司招聘员工时重视的是员工本身的素质。他们所需要的素质包括：诚实正直、领导能力、勇于承担风险、积极创新、发现问题和解决问题的能力、团结合作、不断进取等。有些部门，如产品供应部、研究开发部、信息技术部和财务部，也会要求学生有一些基本的专业背景。

在用人方面，宝洁公司在权衡学历、工作经验方面可谓经验独到。宝洁公司大部分的需求岗位是招聘应届毕业生的。宝洁公司从1989年起，就开始在大学里招聘优秀的应届毕业生。十多年来，他们绝大多数的需求岗位都是由大学应届毕业生来补充的。这是基于公司“内部提升”的理念。在广州宝洁和全球其他地方的宝洁公司，几乎所有的高层、中层管理人员都是从毕业后就直接进入宝洁公司的。他们和公司一起成长，对公司有家一般的亲切感和自豪感。当然另一方面，宝洁也有少部分职位是面向社会招聘有经验的人才。

**点评：**

一流公司不仅吸纳人才，更是培养人才。公司因为吸纳一流人才而跨跃式发展，个人因加入一流公司而成为卓越人才。

## 第一节　招聘概述

### 一、招聘的概念

招聘是随着雇佣关系的出现而在组织内出现的一种活动，在组织管理中属于出现比较早的一种管理活动。关于招聘的定义却随着招聘活动的不断科学化和丰富化而得到不断充实和提炼。招聘是指组织为了生存和发展的需要，根据人力资源规划和工作分析的数量和质量要求，通过信息发布和科学甄选，获取本组织所需合格人力资源，并安排其到合适岗位工作的过程。

### 二、招聘的意义

招聘是现代企业管理过程中一项重要的、具体的、经常性的工作，是人力资源管理的基础和关键环节之一，它直接关系到企业各级、各类人员的质量和企业各项工作的顺利开展。可见，员工招聘对企业的意义非常重大，其意义主要体现在以下几方面。

（一）获取组织发展所需的高质量的人力资源，提高企业核心竞争力

生产高质量的产品必须具有高质量的原材料，企业要发展就必须具备高质量的人力资源。员工招聘是企业获得优秀人力资源的重要工作，其构成企业发展的基础。现代企业的竞争实质是人力资源的竞争，人力资源成为企业重要的核心竞争力。招聘工作作为企业人力资源管理的基础，一方面直接关系到企业人力资源的形成，另一方面直接影响到企业人力资源管理的其他环节工作的开展。

（二）为企业输入新生力量，增强企业创新力

企业根据人力资源规划和工作分析的要求，通过招聘，将新的人员配备到已有岗位上，新的人员在工作中注入新的管理思想、新的工作模式，可能会给企业带来制度创新、管理创新和技术创新。特别是企业从外部吸收人力资源，为企业输入新生力量，为企业弥补人力资源不足的同时，带来更多新思维、新观念和新技术，从而增强企业创新力。

（三）降低招聘成本，提高招聘的工作效率

招聘在为企业获取高质量人力资源和输入新生力量的同时也使企业产生招

聘成本。招聘成本主要是指三方面的成本：一是招聘的直接成本，包括招聘过程中的广告费、招聘人员工资和差旅费、考核费、办公费用及聘请专家等费用；二是重置成本，因招聘不慎，重新招聘时花费的费用；三是机会成本，因人员离职及新员工尚未完全胜任工作造成的费用。既要将招聘成本降低到最低程度，又能保证录用人员的素质要求，是任何企业招聘工作始终追求的目标。

（四）扩大企业知名度，树立企业良好形象

招聘工作要利用各种媒体将招聘信息发布出去，所以招聘工作涉及面广，经常使用的招聘媒体，如电视、报刊、广播、计算机网络等。利用以上大众传媒发布招聘信息可以扩大企业知名度，让外界更多地了解本企业。另外，有的企业以震撼人心的高薪、颇具规模和档次的招聘过程，来表明企业对人才的渴求和企业的实力，有利于企业树立良好的企业形象。

（五）减少离职，增强企业内部的凝聚力

有效的人力资源招聘，可以使企业更多地了解应聘者到本企业工作的动机与目的，企业可以从诸多候选者当中选出个人与企业发展目标趋于一致并愿意与企业共同发展的员工，另一方面可以使应聘者更多地了解企业及应聘岗位，让他们根据自己的能力、兴趣与发展目标来界定是否加盟该企业。有效的双向选择使员工愉快地胜任所从事的工作，减少人员离职，减少人员离职而带来的损失，增强企业内部凝聚力。

（六）有利于人力资源的合理流动，提高人力资源潜能的发挥

企业科学有效的招聘系统，能促进员工通过合理流动，找到适合的岗位，达到能职匹配，调动人的积极性、主动性和创造性，使员工的潜能得以充分发挥，人员得以优化配置。

### 三、员工招聘的影响因素

（一）影响招聘的外部因素

1. 国家的政策法规

国家的政策直接影响企业的经营活动，表现在招聘方面主要是其从客观上约束着企业人力资源招聘对象的选择和限制条件。例如，我国宪法和《劳动法》规定了劳动者平等就业和选择就业的权利。法律规定，凡是具有劳动能力和劳动愿望的劳动者，不分民族、性别、宗教信仰等，享有平等的就业权，劳动者有权根据自己的专业特长和兴趣爱好自愿参加用人单位的招聘，并自愿协商劳动合同期限。另外，我国以《劳动法》为准绳，还颁布了《国有企业招用工人暂时规定》、《女职工禁忌劳动范围的规定》、《集体合同规定》、《未成年工特殊保护规定》、《企业劳动争议处理条例》等等。因此，类似于此类的国家法规，企业在制订招聘计划和实施招聘录用工作中，必须充分考虑到，防止出现违反法律的行为，也避免产生法律纠纷，对企业人力、物力、财力造成不必要

的损失。

2. 国家宏观经济形势

国家宏观的经济形势对企业招聘的数量存在直接的影响。一般而言，宏观经济形势良好，企业招聘机会多；反之，宏观经济出现危机，企业生产能力水平低，招聘机会少。

3. 劳动力市场

劳动力市场是招聘工作进行的主要场所和前提条件。企业的人员结构、人员素质水平、工作结构、现有或预期的人力资源最终取决于劳动力市场的结构和作用。主要表现在：第一，劳动力市场的供求关系影响招聘的数量和质量。第二，劳动力市场的不完善影响招聘成本。劳动力市场条件是影响招聘决策的重要因素。在完善的劳动力市场，供求双方信息充分，中介机构提供职业指导和就业咨询，开展各种能力或心理测评，开展人事代理活动，这样企业主和应聘者都能得到充分的信息交流和评估降低交易成本。

4. 技术进步

技术进步对招聘的影响主要表现在以下三方面：一是技术进步在不同行业、地区、职业，就业职位的破坏和创造非常不平衡，就业职位需求的分布发生了变化，技术含量低的工种对人员需求量将递减，而技术含量高的工种对人力资源的需求将增加；二是对就业人员的基本素质提出了更高要求，技术进步要求就业者要具备更高的受教育水平和熟练的技术水平，这样，掌握先进技术的人取代掌握落后技术者，那些被取代的人由于原有的技术过时，难以顺利参加应聘，所以技术进步还改变了职位的技能技巧要求；三是影响了人们的工作和生活方式，使弹性工作制能在一些行业和岗位较好地实行，从而影响了招聘工作。

（二）影响招聘的内部因素

1. 职位的性质

企业招聘的目的，不是为企业储备人才，就是填补职位空缺。空缺职位的性质由两方面决定：一是人力资源计划决定职位空缺的数量和种类，二是工作分析决定的空缺职位的职责、素质要求等。因此空缺职位的性质就成为整个招聘过程的灵魂。它决定了需要招聘什么样的人以及定位到哪个相关劳动力市场进行招聘。另一方面，它可以让应聘者了解该职位的基本概况和任职资格条件，便于进行求职决策，并取得进一步发展。由此可见，职位性质信息的准确、全面、及时，是招聘工作最重要、最为基础的要求。

2. 企业经营战略

企业经营战略是有关企业全局、未来、根本的重大决策，它必定在宏观上、全局上影响招聘决策。如企业由单一产品战略转向非相关产品战略，首都钢铁公司就从生产钢材经营战略转向主要生产钢材，但同时还生产电子仪表、计算机、洗衣机、电风扇、服装，开采大理石、花岗岩，开设宾馆，涉足航运和金融业等。这种战略的变化就会产生新的职位，改变企业对员工性质的要求。同时，企业招聘人员的变动，特别是高级管理人员的变动也会影响企业经营战略的制定。

3. 企业形象

企业是否具有良好的社会形象，将从精神和行动两个方面影响着招聘活动。心理学家认为，每个人都希望自己成为优秀组织中的一员。所以，在公众中声望高的大公司就能很容易地吸引大量的求职者，从而有利于企业进一步的甄选录用工作。另外，招聘过程中招聘人员的形象也会影响招聘质量。招聘人员仪表端庄、热情高效、耐心细致、政策水平高，既能提高招聘效率，也给公众特别是应聘者留下良好的印象，吸引高素质的应聘者，反之，不仅会拒应聘者千里之外而且还向公众传递企业形象不佳的信息，影响企业未来的招聘工作。

4. 企业的资金实力

招聘资金充足的企业，在发布招聘广告时可以花费大量费用利用传播媒体在全国范围内宣传招聘信息，招募更多的应聘者；在招聘筛选时就可以选择更多、更精细的筛选办法，广泛地检查求职者提供的资料，调查求职者的背景。反之，招聘信息的传播范围将会相应减少，资料筛选的力度也会相应减小。

5. 企业的薪酬水平

应聘者找寻工作的主要目的是通过工作获得一定水平的薪酬，所以，招聘企业的薪酬水平是吸引应聘者的一个重要因素。企业在招聘过程中不应该忽视薪酬在招聘中的作用。在普通员工的招聘过程中，公平、优厚的工资和奖金，以及完善的各种福利保障制度，也是很实际、很有力的竞争“武器”。因为在大力发展社会主义市场经济的今天“有劳有得，多劳多得”被人认为是理所应当的准则，同时获得薪酬水平的高低也被认为是自身价值大小的体现。

影响企业招聘的内部因素还有很多，比如，企业的承受能力、企业的地理位置、企业发展阶段和企业各项任务对人力资源需求的紧迫性等。

## 四、员工招聘的原则和程序

### （一）员工招聘的原则

1. 因事择人原则

企业应依据人力资源规划开展招聘活动。无论多招了人还是招错了人，都会给企业带来很大的负面作用，除了高成本、低效率等看得见的损失外，还会因此导致人浮于事，从而不知不觉地对企业文化造成不良影响，并降低企业整体效率。

2. 能岗匹配原则

招聘时，应坚持所招聘的人的知识、素质和能力与岗位的要求相匹配。俗话说："骏马能历险，犁田不如牛。"一定要从专业、能力、特长和个性特征等方面衡量人与职之间是否匹配。在招聘时，贵在"能岗匹配"。

3. 平等竞争原则

在招聘过程中，对所有的应聘者应一视同仁，不得人为地制造各种不平等的限制，要通过考核、竞争选拔人才。静止的选拔人才，靠"伯乐""相马"，靠在"马厩"里"选马"，靠领导的直觉、印象来选人，往往带有很大的片面性。采用"赛马"的方法，以严格的标准、科学的方法对候选人进行测评，根据测评结果确定人选，就可以创造一个公平的环境，这样既可以选出真正优秀的人才，又可以激励其他人员积极向上。

4. 全面考核原则

招聘过程中对应聘人员的德、智、体等各方面都要进行考核和测试。劳动者的"德"决定着劳动能力的使用方向，制约着劳动能力的发挥。"智"的考核不仅指对知识技能的测试，还应包括对智力、人格等方面的测试。对"智"的考核是全面考核的重点。"体"是指劳动者身体素质。劳动者的体质是智力得以发挥的生理基础，对"体"的考核是其他一切考核的前提。

（二）员工招聘的程序

员工招聘的程序如图 7-1 所示。

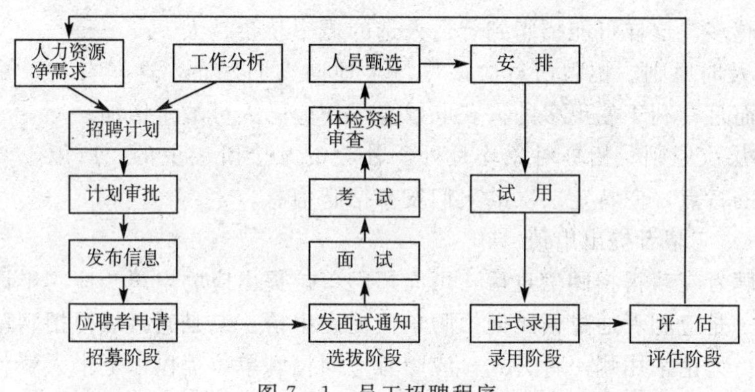


图 7-1 员工招聘程序

## 第二节 招 募

### 一、人员招募的内容和程序

人员招募是招聘工作的第一环节，其主要目的在于吸引更多的人前来应聘，使得组织有更大的人员选择余地，避免出现应聘人数过少而降低录用标准或随意、盲目挑选的现象；同时也可以使应聘者更好地了解组织，减少因盲目加入组织而后又不得不离职的可能性。有效的人员招募可以提高招聘质量，降低企业因招聘不合适员工而造成的损失。

人员招募主要包括：招聘计划的制订与审批、招聘信息的发布、应聘者提出申请等环节。

（一）招聘计划的制订与审批

招聘计划是人力资源部门根据用人部门发展的需要，依据人力资源规划中人力资源的净需求和工作说明书的具体要求，对招聘的岗位、人员数量、时间限制等因素做出的详细计划，是招聘的主要依据。制订招聘计划的目的在于使招聘更趋合理化、科学化。招聘计划的具体内容包括：（1）招聘的岗位、人员需求、每个岗位的具体要求；（2）招聘信息的发布时间、方式、渠道与范围；（3）招募对象的来源与范围；（4）招募方法；（5）招聘测试的实施部门；（6）招聘预算；（7）招聘结束时间与新员工到位时间。招聘计划由用人部门制订，然后由人力资源部门对他进行审核，特别是要对人员需求量、费用等项目进行严格复查，签署意见后交上级主管领导审批。

（二）招聘信息的发布

招聘计划制订以后，就应该迅速发布招聘信息。在发布信息时应遵循以下原则：

1. 面广原则。发布招聘信息的面越广，接收到该信息的人越多，应聘的人也就越多，这样可能招聘到合适人选的概率就会越大。

2. 及时原则。招聘信息应该尽量早地向人们发布，这样有利于缩短招聘进程，而且有利于使更多的人获取信息，使应聘人员数量增加。

3. 层次原则。招募对象均是处于社会的某个阶层上的，所以，要根据招聘岗位的特点，向特定层次的人们发布招聘信息。

（三）应聘者提出申请

应聘者在获得招聘信息后，可向招聘单位提出应聘申请。应聘申请有两种方式：一是应聘者通过信函向招聘单位提出申请；二是直接填写招聘单位应聘申请表。无论采用哪一种方式，应聘者应向招聘单位提供以下个人资料：应聘申请表，并且说明应聘的职位；个人简历，着重说明学历、工作经验、技能、成果、个人品格等信息；各种学历、技能、成果证明；身份证（复印件）。个人资料和应聘申请表必须详尽，人力资源部门将在招聘工作的后续环节予以审核。

## 二、人员招募的来源和方法

（一）内部招募

内部招募是指当组织出现职位空缺时，通过各种渠道在组织内部公布职位空缺信息，以此来吸引内部员工前来应聘的招募方式。组织内部招募的来源有：内部提升、工作调换、工作轮换和内部人员重新聘用等。内部提升是提拔一些合适的人员到空缺的职位上。工作调换也称平调，是指职务级别不发生变化，工作的岗位发生变化。工作轮换一般用于中层管理人员，让管理人员依次分别担任同一层次不同管理职务，或不同层次相应职务，全面培养管理人员的能力。内部人员重新聘用是吸引那些因企业不景气等原因下岗待聘的人或者在竞争中暂时淘汰出去的人前来应聘。

1. 内部招募的方法

(1) 档案法。人力资源部门都有员工档案，从中可以了解到员工在教育、培训、经验、技能、绩效等方面的信息，帮助用人单位与人力资源部门寻找合适的人员补充职位。

(2) 广告法。当组织出现职位空缺时，通过发布广告使组织内部全体员工获得必要信息，并邀请符合条件的员工前来应聘。这种方法符合现代管理倡导参与、开放交流、平等竞争的潮流。

(3) 推荐法。它是由本组织的员工根据组织需要推荐其熟悉的合适人选，供人力资源部门和用人部门选择。由于推荐人对用人部门与被推荐者都比较了解，使得被推荐者更容易获得组织与职位的信息，便于其决策，也使组织更容易了解被推荐者，因而这种方法比较有效，成功的概率也比较大。

2. 内部招募的优缺点

(1) 内部招募的优点

①简化招聘程序减少招聘费用。人力资源部门对组织内部的人员有一定的了解，减少了信息发布和信息收集的时间和费用，另外，人力资源部门熟悉在组织内部发布信息的渠道，从某种程度上也减少了信息发布的人力、物力和财力。

②能够有效地激励员工。通过内部招募选拔人才，使员工意识到绩效与选拔、提升、加薪之间的关系，从而起到“鼓励先进，鞭策后进”的作用。

③能为组织内部员工提供职业发展的机会。内部招募为组织员工提供了一个对个人发展更负责任的机会，内部招聘的是组织的员工，他们对组织比较了解，认识到在组织中可以获得广阔的发展前景和个人发展机会。

④有利于培养员工的奉献精神。内部招募为员工提供了更多的晋升、加薪、培训的机会，因此，能够使员工获得高度的认同感和责任感，同时也是他们在开拓职业生涯中获得自我实现的满足，从而让员工感到组织是自己良好的发展空间，在组织中工作可以发挥自己的才能，进而愿意为组织贡献自己的聪明才智。

⑤有利于有效的内部沟通。它向组织员工传递了组织的发展目标、前景等信息，使员工对于组织有更多的了解。

(2) 内部招募的缺点

①招募的范围有限，可能会造成职位的长期空缺。组织原有的员工毕竟是有限的，如果在短时间内找不到合适的人选，则会造成一定程度的工作中断，

影响整个企业的运作。

②容易在组织内部形成小群体和裙带关系，给管理带来困难。内部招募特别是候选人由上级主管推荐时，极易产生“举人唯亲”、“任人唯亲”的情况，不利于组织的管理。

③不利于吸引优秀人才。内部招募的对象仅限制在组织原有的员工，阻碍了吸收外部广大优秀人才的通道。在激烈的市场竞争中，不注重从外部引进和吸收优秀人才就无法保持自己的竞争优势。

④形成近亲繁殖影响企业的后续发展。内部招聘容易出现近亲繁殖，就如同人类的发展一样，近亲繁殖容易出现智力发育不够好的弱智儿童。因此，智力的近亲繁殖、企业经营理念和方法的近亲繁殖都可能给组织的后续发展带来不良影响。

⑤不利于组织扩大知名度、塑造组织形象。内部招募的信息仅通过组织内部的媒体传播，信息的接受者也仅是组织内部的员工，而组织外部是无法获得有关组织的招聘信息的，造成限制了组织的对外宣传，不利于组织知名度的提高和塑造组织形象。

（二）外部招募

外部招募是当组织出现职位空缺时，面向组织外部传递招聘信息以征集组织外部的应聘者的招聘方式。外部招募的人员来源较多，例如，熟人介绍来的、原来登记的求职者、职业介绍所介绍的、学校推荐的学生等。

1. 外部招募的方法

（1）发布招聘广告。招募广告是外部招募经常使用的一种方法。它通过新闻媒介向社会传播招募信息，其特点是信息传播范围广、速度快、应聘人员数量大、层次丰富、组织的选择余地大。使用广告招募人员主要有两个问题需要考虑：一是媒体选择；二是广告设计。

（2）校园招聘。

校园招聘是一种两点式招聘，即在学校与企业两点间进行。校园招募的方式通常有三种：第一种是组织到校园去“摆摊设点”，公开招募；第二种是组织参加政府举办的每年一度的应届毕业生招聘会；第三种是组织联合多所学校接受应届毕业生直接到本组织中实习，从中挑选合格者留用。此外组织还可以采用与学校定向培养、委托培养等方式直接从学校获得所需人才。

（3）职业中介机构。随着人才流动的日益增多，应运而生了各种各样的职业中介机构，如人才交流中心、职业介绍所、劳动就业服务中心、猎头公司等就业机构。这些机构承担着双重角色，即为组织择人，也为求职者择业。借助于这些机构，组织与求职者均可以获得大量的信息，同时也可以传播各自的信息。这些中介机构通过定期或不定期的人才招聘会，使供需见面进行商谈。

（4）网络招募。随着计算机技术的发展产生了通过计算机网络进行招募的方法，即通过在互联网上发布招聘信息，征集应聘者。网络招募具有传播范围广、速度快、成本低、供需双方选择余地大，且不受时间、地点的限制等优点。目前，我国计算机网络应用正处于高速发展阶段，因此网络招聘在我国具有良好的发展前景。

2. 外部招募的优缺点

（1）外部招募的优点

外部招募除了可以弥补内部招募的缺点外，它还具有以下优点：

①选择范围广，选择余地大。招募信息对外公布，信息获得者的数量远远超过组织内部信息获得者的数量，从而能够吸引更多的应聘者前来应聘，拓展了组织挑选的范围，加大组织挑选的余地。

②避免过度使用内部不成熟的人才。外部招募遵循“能岗匹配”的原则，为职位空缺寻找最合适的人选，这可以避免以次充好和过度使用内部人才把不适合的人员安排在不适合的岗位上。

（2）外部招募的缺点

①招募成本高。外部招募的信息发布要借助公共媒体，组织要支付媒体使用费，使用的媒体知名度越高，覆盖面越高，媒体费用就越高；此外，组织对外部招募的人员不了解，还需要花费一大部分资料审查费，这都增加了外部招募的成本。

②影响组织原有员工的工作积极性。当组织出现职位空缺时，企业内部可能有很多人渴望得到它，然而组织从外部招募人员，让员工感觉不到在组织中工作的发展前景，看不到晋升、加薪的机会，大大挫伤员工工作积极性。

**即时案例**

**招募来源**

由于企业通常总是力图使它所花费的每一分钱的用途都更大，因此，对于管理人员来说，在招募问题上很重要的一点就是：要调查企业支付出去的招募成本所带来的收益情况怎样。要了解这一情况，一种很方便的途径是问一问每一位求职者，看他们是如何知道本公司或本公司有空缺职位的。然后把这些回答编成容易输入计算机的代码（如果就业申请系统本身就是计算机化的，那么，只要要求求职者在代码单中做出选择即可）。一般情况下，求职者主要是通过以下几种途径了解到企业或企业的职位空缺情况的：已经在企业就职的亲属或朋友的介绍、报纸、州的就业服务机构、私营的就业服务机构、杂志或广播、电视广告等。如果招募广告是刊登在不同报纸上的，则应使用不同的代码。

对这些信息进行分析，可以向你显示出不同的职位类型是通过不同的招募途径得到工作填补的。如果填补某一类型职位（如一般职员）的合格候选人，大多是通过某一特定的招募途径吸引来的，那么这就说明，要为这一类的空缺职位招募工作候选人的话，利用此种招募途径是最为合适的。如果很少有工作候选人或几乎没有人通过某一途径来申请职位，那就应当检查一下，看一看为什么要利用这种招募途径。

如果企业中有多种类型的空缺职位需要填补，那么，从成本和收益对比的角度来说，采用一般性的广告，即利用公司的标识语以及一条适当的口号，可能会比把这些职位列举出来并加以说明的做法要更为有利。只要向求职者了解一下他们是被何种广告吸引来的，这种对比结果就很容易看出来了。

另外，通过记录求职信发来的日期。也可以对不同类型广告的作用进行评价。当然，将广告限定在某一范围内会使招募成本显得要高一些。但是有些情况下，这样做又是不可避免的。例如，在一个城市中存在对某一类型的职员较为激烈竞争的时候，为广告设定一定的界限，以对广告加以强调就是十分必要的了。

调查结果显示，高质量工作候选人的最佳招募来源还是企业中现有雇员的介绍或推荐。如果你的分析结果正是如此的话，这就说明，企业应当使雇员随时了解组织中的职位空缺状况，以及为本企业工作可得到哪些福利待遇。另外，还应当对企业所做招募工作的成效进行正规的评价。进行这种评价的方法之一就是利用计算机做一项调查。具体做法是，将所有的职位空缺信息都输入到便携式计算机中，并把计算机带到各工作现场。应使雇员有可能走到这一计算机的屏幕跟前来，并且能在几分钟内以不署名的方式完成此项调查（列举出他们可以联系的适于填补这些职位空缺的朋友）。

无论企业何时花钱，它都应当通过对比来分析支付出去的成本所带来的收益。计算机显然方便了这种分析。

## 第三节　甄　选

人员甄选是指组织通过一定的手段，对应聘者进行区分、评估，并最终选择哪些人将被允许加人组织哪些将被淘汰的一个过程。

人员甄选包括两方面的内容：一是甄选的客观标准和依据；二是人员甄选技术的选择和使用。

### 一、人员甄选的客观标准和依据

一般说来，人员甄选主要考虑应试者以下方面的特征：

1. 基本生理/社会特征：如性别、年龄、户籍等；

2. 知识技能特征：学历、专业、专业工作经历、其他工作经历、培训数量、专业资格证书；

3. 心理特征；各种素质、人格、兴趣偏好。

而职位分析的最终结果包括两个部分：职位描述和职位规范（任职资格）。其中职位规范部分一般比较具体地涵盖了职位要求的基本生理/社会特征、知识技能特征。表 7－1 列举了职位分析中与人员甄选要求相对应的部分。

**表 7－1 某公司市场研发部经理职位说明书（部分）**

八、任职资格

（一）学历—工作经验替代表

| 学历 / 工作年限 | 中专以下 | 中专、高中 | 大专 | 本科 | 硕士 |
|---|---|---|---|---|---|
| 应届毕业生 | | | | | |
| 1 年 | | | | | |
| 2 年 | | | | | |
| 3 年 | | | | | |
| 4 年 | | | | | |
| 5 年 | | | | | |
| 6 年 | | | | | |
| 7 年 | | | | | |
| 8 年 | | | | | |
| 8 年以上 | | | | | |
| | | | | | |

| 学习专业 | 市场营销、建筑专业 |
|---|---|
| 资格证书 | 工程师职称 |

（二）专业培训

| 培训内容 | 培训方式 | 每年的计划时间 |
|---|---|---|
| 市场 | 短期集中培训 | 15 天 |
| 销售、广告 | 短期集中培训 | 10 天 |
| 新技术、材料应用 | 短期集中培训 | 5 天 |
| 参观 | 周期 | 一个月 |

（三）工作技能

| 维度 | 表述 | 选择 |
|---|---|---|
| 外语能力 | 不需要 | |
| | 国家英语四级，能读写简单的英语文章 | √ |
| | 国家英语六级，能进行简单的英语交流，看懂专业文章 | |
| | 英语专业，是本专业的英语专家 | |
| 公文处理能力 | 熟悉一般公文写作格式，符合行文要求 | |
| | 能抓住要点，并加以归纳整理 | √ |
| | 具有强的文字表达能力，言简意赅，行文流畅 | |
| 计算机 | 熟练使用办公室工作软件 | |
| | 熟练使用专业软件 | √ |
| | 能针对需求编程 | |

## 二、人员甄选具体方法

(一) 初步面试

初步面试，通常是选拔过程的第一步。其目的是确定应聘者是否具备工作的最低要求，从而淘汰那些明显不合格的应聘者。初步面试主要调查应聘者的一般背景、学历、经历等方面的基本信息，并向应聘者提供有关工作的信息。如果应聘者不符合工作要求，除了淘汰以外，还可以作为其他职位的人力资源储备。

(二) 评价申请表

初试合格的应聘者填写完求职申请表，再由企业进行评价。精心设计的求职申请表能够以标准化格式记录应聘者的基本信息，验证应聘者书写能力、理解能力等基本能力，从而对初试合格的人进一步筛选。

(三) 测试

测试方法比较多，可作以下分类：

(1) 按内容划分

①智力测试。智力测试，就是对智力、智商（IQ）的测试。智力一般是指人类学习和适应环境的能力，具体包括观察力、记忆力、想像力和思维能力等。成人的IQ分数是导出分数，用来反映个体高于或低于成人平均智力分数的程度，其公式如下：

$$\text{智商 IQ}=\frac{\text{智力年龄（或心理年龄）}}{\text{实际年龄}}\times 100\%$$

②个性测试。个性测试就是指对个体的基本个性因素，例如个性特征（包括气质、性格、兴趣等）和个性倾向性（包括思想、态度、信念、价值观等）进行测试。个性虽然没有优劣、高低之分，但是它对人与工作的搭配是非常重要的。个性是多方面的，一种测试方法只能测试出个性的某一方面或某些方面，再结合其他指标，考虑应聘者是否符合工作要求。

③知识考试。知识考试，就是指对应聘者所具备的知识进行测试。它包括三个方面的考试，即知识广度、知识深度与知识结构。与此相应地，知识考试具有百科知识考试、专业知识考试和相关知识考试三种基本类型。

④特殊能力测试。特殊能力测试，包括特殊认知能力的测试和特殊运动能力的测试。特殊认知能力，例如归纳能力、演绎能力、语言能力、记忆能力等。特殊运动能力，例如双手配合协调能力、手指灵活性、身体敏捷性、运动耐力、运动速度等等。

(2) 按形式划分

①笔试法。笔试法，就是指应聘者根据测试的题目把答案写在答题纸上的测试方式。笔试的形式主要包括填空题、选择题、是非判断题、搭配题、简答

题、论述题等等。笔试主要用于智力测试、个性测试、知识考试等测试类型。

②笔迹分析法。笔迹分析法，就是指根据应聘者的书写笔迹，来分析其心理、个性等特征。虽然这种方法被许多科学家所怀疑，但仍不失为一种测试的参考手段。

③个性投射法。个性投射法就是指利用投射技术来测试个性的方法。测试者向应聘者出示一种非结构性的刺激物（即可以引起多种不同类型反应的刺激物），例如一团墨迹或一幅画，由应聘者自由地将其想像为许多不同事物或者想像出不同的故事，从而表现出自己的个性特征、价值观、世界观、需求、与他人的交往方式等。

最著名的个性投射法包括罗夏墨迹测试和主题理解测试。

④心理实验法。心理实验法，就是指有目的严格控制、或者创造一定条件来引起个体产生某种心理活动，从而进行测试的方法。实验法的基本原则是，在其他变量被妥善控制的条件下，测试者有系统地操纵某一自变量 A，使其他变量有所改变，然后观察自变量 A 对另一变量 B 的影响。这里，自变量 A 叫作实验变量，其他被控制的变量叫作控制变量，变量 B 叫作因变量。在用实验法来测试心理状态时，通常只设定一个实验变量，也就是说只针对某一种心理状态进行测试。

⑤仪器测量法。仪器测量法，就是指通过运用科学仪器，例如脑电波仪、测谎仪、计算机软件等，对应聘者进行测试，从而了解其有关特征。

⑥工作样本法。工作样本法就是指通过应聘者对实际工作的操作来测试其工作绩效的方法。例如测试打字员应聘者的打字速度和准确性的例子，运用的就是工作样本法。

⑦情景模拟法。情景模拟法就是指根据应聘职位的要求，编制一套与实际工作情况相似的测试项目，使应聘者置身于模拟的、逼真的工作环境中，通过考察应聘者对各种问题的处理情况来测试其心理、素质等特征的方法。情景模拟主要包括公文处理、与人谈话、无领导小组讨论、角色扮演和即席发言等内容。

⑧系统仿真法。系统仿真法，又叫作商业游戏、仿真游戏法，就是指一个或多个应聘者通过在计算机上进行有关企业经营管理的操作，可以及时了解自己的经营效果，最后以企业的经济效益来反映应聘者素质和能力的测试方法。它实际上是情景模拟的拓展，即情景模拟有关内容的电脑化。⑨评价中心法。评价中心法就是指在评价中心的帮助下对应聘者进行测试的方法。评价中心通常让应聘者参加一系列操作实习活动，并由测试人员进行考察和评价。评价中心法的特点在于集合了多种测试方法和多名测试评价人员，尤其以情景模拟法为主。因此，评价中心法的过程、内容和特点，和情景模拟法都基本相同。

以上介绍了按形式划分的九种主要测试方法。表 7－3 对这九种方法的优缺点作了总结。

**表 7－3　测试方法比较**

| 测试方法 | 优　点 | 缺　点 | 主要适用于哪种测试 |
|---|---|---|---|
| 笔试法 | ·应用范围广<br>·费用低<br>·测试工具少 | ·需要较多人力进行分析评价<br>·测试结果可能有偏差、不全面 | ·知识考试<br>·智力测试<br>·个性测试 |
| 笔迹分析法 | ·简单易行 | ·需要专家分析<br>·可靠性受到怀疑 | ·个性测试 |
| 个性投射法 | ·客观真实<br>·了解深入 | ·分析困难<br>·需要专家 | ·个性测试 |
| 心理实验法 | ·客观真实<br>·针对性强 | ·设计困难<br>·费用较高 | ·智力测试<br>·个性测试<br>·特殊认知<br>·能力测试 |
| 仪器测量法 | ·简单易行<br>·迅速分析 | ·需要适宜的仪器和工具 | ·智力测试<br>·个性测试<br>·能力测试 |
| 工作样本法 | ·真实可靠 | ·有赖于工作样本的有效设计 | ·能力测试<br>·智力测试<br>·个性测试 |
| 情景模拟法 | ·效度高<br>·信度高<br>·提供实际锻炼机会<br>·节省培训费用 | ·时间长<br>·成本高<br>·需专家指导 | ·智力测试<br>·个性测试<br>·能力测试 |
| 系统仿真法 | ·情景模拟法的电脑化<br>·迅速了解被测试者的未来工作业绩 | ·编制程序比较困难 | ·智力测试<br>·个性测试<br>·能力测试 |
| 评价中心法 | ·综合运用多种测试方法，尤以情景模拟为主 | ·时间长<br>·成本高<br>·需专家指导 | ·智力测试<br>·个性测试<br>·能力测试 |

（四）面试

1. 面试的一般内容

(1) 定义。所谓面试又叫面试测评，或者叫专家面试。这是一类要求被试者用口头语言来回答主试提问，以便了解被试者心理素质和潜在能力的测评方法。面试是企业员工招聘中常用的一种方法，也是争议最多的一种方法。有的时候用面试效果佳，有的时候利用面试毫无效果。面试的基础是面对面进行口头信息沟通，主要效度取决于面试的经验，如果主试的经验比较缺乏，信度和效度就会很低。

(2) 面试的意义。面试在员工招聘中有重要的意义，主要表现在：

①为主试提供机会来观察应聘者；

②给双方提供了解工作信息的机会；

③可以了解应聘者的知识、技巧、能力等等；

④可以观察到被试者的生理特点；

⑤可以了解被试者非语言的行为；

⑥可以了解被试者其他的信息。

(3) 面试的分类。面试主要可以分为四种类型：平时面谈、正式面试、随机问答和论文答辩。

①平时面谈。平时面谈又叫聊天，是一种非正式的面试。主试可以在不同的场合向被试者提问，要求被试者用口头语言回答，以便了解被试者的心理素质和潜在能力的一种测评方法。

②正式面试。正式面试是指在规定时间和规定地点，主试围绕某一个中心向一个被试者提出一系列问题，要求该被试者当场以口头语言回答，来了解被试者心理素质及潜在能力的一种测评方法。

③随机问答。随机问答是一种比较复杂的面试方法。它由主试事先编制出若干道题目，分别写在多张纸上，一张纸上可以有一道题目，也可以有几道题目，应该尽可能使每一张纸上的题目难度相似，然后主试把纸条密封起来，让被试者随机抽取其中的一张纸条，并根据纸条上的题目来回答，其间主试可以根据需要提问一些有关问题，以此来了解被试者的心理素质和潜在能力。随机问答要求被试者心理素质比较全面，可以了解一个群体的许多信息，但每个个体的成绩有一定的偶然性，被试者受到的心理压力也比较大。

④论文答辩。论文答辩是一种最复杂的面试方法，一般在招聘高级管理人员时选用这种方法。论文答辩要求被试先完成一篇测试委员会指定的论文，论文提交后，由测试委员会指定专门时间和地点，请被试者报告论文的主要内容，然后由主试提各种有关论文的问题，要求被试者当场回答，论文答辩可以全面了解被试者的心理素质和实际工作能力，以及工作经验。但是组织工作量大，时间较长，费用较昂贵。

2. 提高面试效果应注意的事项

(1) 紧紧围绕面试的目的，这一点十分重要。有的主试在面试时，往往会叉开主题，这样就达不到目标，有的时候被试者也会主动或无意识地把目标引开。

(2) 制造和谐的气氛。一般来说面试的气氛较和谐，了解的信息比较准确。除非你为了了解在压力状态下被试者的心理素质，这时可以利用一些压力气氛。在一般情况下，尽可能在面试刚开始时，和被试者聊聊家常，缓解面试的紧张气氛，使被试者在从容不迫的情况下，表现出其真实的心理素质和实际能力。

(3) 避免重复谈话。面试应该规定一个基本的时间界限，不要有的时候一开无轨电车就没完没了，一次面试拖了好几个小时，这样既影响了以后的面试，又使面试的内容不容易集中。

(4) 对每一个被试者前后要一致。也就是说不能先紧后松，或者后紧先松，这种现象在面试时经常会出现。

(5) 问的问题尽量要与工作有直接的关系，不要问与工作无关的问题，这样才能够紧紧围绕面试的目标。

(6) 对被试者要充分重视。有时主试在面试中会表现出对被试者一种漫不经心的态度，这样使被试者感觉到自己受冷落，就会不积极地反映，这样就不能了解被试者真正的心理素质和潜在能力。

(7) 避免过于自信。有些主试过分自信，自己认为怎么样思想上已经有个定式，不管被试者反应如何，他都根据自己事先已经考虑好的东西去判断，这样就造成失误。

(8) 避免刻板印象。刻板就是指有时对某个人产生一种固定的印象。例如，一听到老年人、马上就认为这是一种保守的人，认为穿牛仔裤的人一定是思想开放的人。这种刻板印象往往会影响主试客观、准确地评价被试者。

(9) 注意非语言行为。人们的语言行为往往是通过大脑的深思熟虑才讲出来的，尤其在面试的时候，被试者往往事先做过充分准备，他讲话的时候往往把最好的一面反映出来，但是要真正了解被试者的心理素质，有时应该很仔细地观察被试者的非语言行为，这里边包括他的表情、动作、语调等等。

(10) 防止不必要的误差，有时因为主试进行面试不熟练，或者没有面试经验，往往会造成不必要的误差。例如，对第一个被试者的态度与第三个被试者的态度不一致，这样就会造成一种误差。

(11) 注意第一印象。第一印象就是指两个陌生人在第一次交往之初给对方留下的印象。一般来说被试者在参加面试时都进行刻意打扮和充分准备，所以给主试留下的第一印象都比较好。但是第一印象可能是正确的，也可能是不正确的，而面试时产生的第一印象常常是不正确的，因此要防止第一印象的影响，这样才能比较客观地判断、评价一个人。

(12) 要防止与我相似的心理因素。与我相似这种心理因素就是指当听到被试者某种背景和自己相似，就会对他产生好感，产生同情这样一种心理活动。例如，听到被试者是上海人，主试一想是老乡，就产生一种与我相似的感觉，如果被试者是某某大学毕业的，主试马上想到原来是老校友，又产生一种与我相似的感觉，因此主试在面试时要尽量防止与我相似的因素影响。

3. 面试中的提问技巧

(1) 简单提问

在面试开始时，通常采用简单提问来缓解面试紧张气氛，消除应聘者心理压力，充分发挥自己水平和潜力。

如："一路上辛苦吗?""你家住在什么地方?"

(2) 递进提问

引导应聘者详细描述自己的工作经历、技能、结果、工作动机、个人兴趣等，应采取诱导式提问：

如："你为什么到本公司来工作?""你如何管理你的下属?"

(3) 比较式提问

要求应聘者对两个或更多的事情进行比较分析，以达到了解应聘者个人品格、工作动机、工作能力和潜力的目的。

如："如果现在同时有一个晋升机会与培训机会，你将如何选择?"

(4) 举例提问

引导应聘者回答解决某一问题需要采取的方法或措施，了解应聘者实际解决问题的能力。

如："请你举例说明你对员工管理的成功之处"

(5) 客观评价提问

主考官有意让应聘者介绍自己的情况，客观地对自己的缺点进行评价，或曾在主考官身上发生某些事情，引导应聘者毫无戒备地回答某些问题：

如："世上没有十全十美的人，我在处理问题时就容易冲动，今后有待于进一步改善。你觉得你在哪些方面需要改进?"

## 第四节 招聘的评估

### 一、员工招聘评价的作用

对员工招聘工作的评价是十分重要的，通过各种考核指标的核算和分析，发现招聘过程中的规律，有利于不断改进招聘方式，使招聘工作更有效，其具体作用体现在：

1. 有利于组织节省开支。通过对招聘成本的评估能够使招聘人员清楚地知道招聘预算的开支情况，区分出哪些是应支出的项目，哪些是不应支出的项目，这有利于降低今后招聘的费用。

2. 录用员工数量的评价是对招聘工作有效性检验的一个重要方面。通过数量评价，分析在数量满足或不满足需求的原因，有利于找出各个招聘环节上的薄弱之处，改进招聘工作；同时，通过录用人员数量与招聘计划数量的对比，为人力资源规划的修订提供了依据。

3. 录用员工质量的评估是员工的工作绩效、行为、实际能力、工作潜力的评估，它是对招聘工作成果与方法的有效性检验的另一个方面。质量评估既有利于招聘方法的改进，又对员工培训、绩效评估提供了必要的信息。

## 二、员工招聘评价指标体系

员工招聘评价主要通过确定一些评价指标来进行。常见的评价指标有以下三类：

1. 一般评价指标。一般评价指标主要是针对补充岗位空缺和新员工的工作情况进行评价的指标体系，具体包括：补充空缺的数量或百分比、及时补充空缺的数量或百分比、平均每个新员工的招聘成本、业绩优良的新员工数量或百分比、留职一年以上新员工数量或百分比和对新工作满意的新员工数量或百分比。

2. 基于招聘者的评价指标。这类指标包括：面试的结果、被面试者对面试质量的评级、职业前景介绍的数量和质量等级、推荐候选人中被录用的比例、推荐候选人中被录用而且业绩突出的员工比例和平均每次面试的成本。

3. 基于招聘方法的评价指标。这类指标包括：印发的申请数量、印发的合格申请数量、平均每个申请的成本、从方法实施到接到申请的时间、平均每个被录用的员工的招聘成本和招聘员工的质量（业绩、出勤等）。

在实际的招聘评价过程中，必须根据组织和职位的特点，选取一些特定的指标作为重点分析，常用的招聘评价指标有以下两种：

### （一）招聘成本评价

招聘成本评价是指对招聘中的费用进行调查核实过程。并与招聘预算进行对比评价的过程。

1. 招聘预算。每年招聘预算应该是全年人力资源管理总预算的一部分，招聘预算中主要包括：招聘广告预算、招聘测试预算、体格检查预算及其他预算，其中招聘广告预算占据相当大的比例，一般来说按 4：3：2：1 比例分配预算较为合理，当然每个组织可以根据自己的实际情况来决定招聘预算。

2. 招聘核算。招聘核算是指对招聘的经费使用情况进行度量、审计、计算、记录等的总称。通过核算可以了解招聘中经费的精确使用情况，是否符合预算以及主要差异在哪些环节。

3. 招聘成本评估。这是对招聘效率进行考核的一个重要指标，如果成本低，录用人员质量高，录用人数多，就意味着招聘效率高；反之，则意味着招聘效率低。招聘成本通常以招聘单价来评估：

招聘单价＝总经费（元）/录用人数（人）

（二）录用人员评价

录用人员评价是指根据招聘计划对录用人员的数量和质量进行评价的过程。

1. 录用人员数量评价

录用比＝（录用人数/应聘人数）×100％

招聘完成比＝（录用人数/计划招聘人数）×100％

应聘比＝（应聘人数/计划招聘人数）×100％

如果录用比例越小，相对来说，录用者的素质越高；反之，则可能录用者的素质越低。如果招聘完成比等于或大于100％，则说明在数量上全面或完成招聘计划。如果应聘比例越大，说明发布招聘信息效果越好，同时说明录用人员素质可能较高。

2. 录用人员质量评价

录用人员质量的评价主要依据认识匹配原理，通过P—J（合适度）、P—O（适应度）与职位空缺填补的及时性来考察，也可以根据工作分析与录用标准对录用人员进行等级排列来评价，还可以用合格的应聘者与不合格的应聘者之比进行评价。其中，P—J和P—O是国际上著名的招聘公司DDI公司提出的利用P—J—O合适度适应度理论指导组织招聘工作的方法。所谓P—J合适度是指人与工作的匹配程度；P—O适应度则指人与组织的匹配程度。如果员工的知识、技能和工作能力能满足空缺职位，则P—J高；如果员工知识、技能和工作能力与组织提供的职位有利于职业生涯发展，则P—O高。

**本章小结**

招聘是指组织为了生存和发展的需要，根据人力资源规划和工作分析的数量和质量要求，通过信息发布和科学甄选，获取本组织所需合格人力资源，并安排其到合适岗位工作的过程。员工招聘的意义主要体现在以下几方面：获取组织发展所需的高质量的人力资源，提高企业核心竞争力；为企业输入新生力量，增强企业创新力；降低招聘成本，提高招聘的工作效率；扩大企业知名度，树立企业良好形象；减少离职，增强企业内部的凝聚力；有利于人力资源的合理流动，提高人力资源潜能的发挥。

招聘的原则是：因事择人、能岗匹配、平等竞争、全面考核。员工招聘的程序是：招募、选拔、录用和评估。人员招募主要包括：招聘计划的制订与审批、招聘信息的发布、应聘者提出申请等环节。人员招募的来源主要有内部招募和外部招募，内部招募的方法有：档案法、广告法、推荐法；外部招募的方法有：发布招聘广告、校园招聘、职业中介机构、网络招募。

人员甄选是指组织通过一定的手段，对应聘者进行区分、评估，并最终选择哪些人将被允许加入组织哪些将被淘汰的一个过程。

## 复习与思考

一、选择题

1.“在面试前预先设定所提问题，在面试中有准备地系统提问的一种面试方法”指的是（　　）。

A. 结构化面试　　　　　　B. 半结构化面试

C. 非结构化面试　　　　　D. 以上皆不是

2. 内部招聘的优点不包括（　　）。

A. 鼓励员工的士气　　　　B. 使员工对组织有认同感

C. 可以减少培训的投入　　D. 有利于建立鼓励创新的组织文化

3. 下列不属于内部劳动力市场的特点是（　　）。

A. 雇主和员工之间存在契约

B. 组织与员工之间具有长期的附属关系

C. 除一些指定职位外，提升采取外部优先制

D. 强调资历

4. 推崇内部劳动力市场的组织有利于鼓励一种（　　）。

A. 强调忠诚和稳定的文化

B. 强调创新和变化的文化

C. 强调创新和发展的文化

D. 强调竞争和创新的文化

5. 要考察应聘者的应变能力，最适宜的筛选技术是（　　）。

A. 专业知识考试　　　　　B. 面试

C. 价值取向测试　　　　　D. 工作动机测试

二、简答题

1. 员工招聘的意义和原则是什么？

2. 员工招聘的程序有哪些？员工招聘计划的内容是什么？

3. 描述内部招聘相对于外部招聘的优点、缺点。

4. 面试有什么特点？面试的类型有哪些？它们各自的主要内容是什么？面试的程序是什么？

5. 在面试中，主考官应该注意哪些问题？

6. 怎样提高面试的有效性？

三、案例分析

### 松下公司招聘

宽敞肃静的天极网会议室里，人头攒动，《21 世纪人才报》为松下举办的招聘会正在这里举行。一进大厅就可以看到醒目的条幅：“松下招聘专场”，经过简单的时间安排介绍，招聘会正式开始了。

主考官经过一小时的单独面谈后，大家都聚集在大会议室内。正式的现场模拟活动启动。

第一回合：简介

当记者踏进会议室时，活动已经开始。坐在会议室里大概有 20 个应聘者，他们正在进

行着自我介绍，每个人以最简短的语言介绍自己，结束以后，主考官提出一个问题："介绍完后，谁能记住其中三个人的名字?"这个时候，只有两个人举手，然后把三个人的名字报了出来。"谁能记住两个?"此时又有三个人举手。"谁能记住其中五个?"没有人再把手举起来。这一回合结束了。

但是记者却深深地被主考官吸引住了。这似乎不像是老调重弹的面试方式，其中充满了种种的杀机，关键要看应聘者是否有这样的素质。也许自我介绍是很多场合下使用的一种方式，但是又有多少人会记住刚才那个人说了什么，只是一心想着自己如何介绍自己更出色和吸引人。却不想，主考官要的就是这些反应。

第二回合：组织团队

当记者还在感叹不已时，下个环节又开始了。这个回合是要看大家的分工合作能力。

这个时候，大家被分为两组，在规定时间内，每个组要为自己的团队起一个名字，选一个队长，为自己谱一曲队歌，还要定出自己队伍的口号。看似简单的工作，却要甄别每个组合作的能力。这种游戏似乎让每个在场的人又回到了童年时代。第一小组有两个女生，第二组是清一色男生。

第一组按照分工，开始了行动，先是选出自己的团队的领导，然后讨论团队的名字，完全忘记了自己这个团队的人是来跟自己竞争职位的，而是融在了一起。一切定论后，开始探讨自己的队歌和口号。为了能够让自己的队歌和口号更动人，这个组的队长先让一个人负责开始思考，口号大家一起来商谈。一切定局后，他们还扯开了嗓子练习自己的队歌。在旁边观看的记者也被这种气氛感染了。这种众心一致的场景非常动人，况且是在招聘现场，而那些常规的面谈、考试程序都被抛到了九霄云外。在这里，他们好像就是同事，在做自己团队应该做的事情。

但是男性组似乎就有些令人诧异，他们两个一组，三个一伙的在探讨着各自的话题，也许他们讨论的是同样的话题，但是大家不是共同讨论，而是分散。记者唯一的感受：他们在面试，但是忘记了主考官要考的是什么，而恰恰是面试的东西：分工协作。直到主考官提醒他们为止。

正当第一组的人忘我地进行自己的队歌排练时，主考官拿出一张残缺的纸，问大家："你们有谁注意到我的这张纸缺了一角?"

"我注意到了。"有几个人回答。

"我知道，因为你在面试我的时候把纸撕掉一角的。"其中一个男士说。

"那你们有没有注意在你们面试坐的椅子的腿边有个纸团，直到面试结束，都没有人把它拣起来。"

鸦雀无声。

"好了，你们继续吧。"

整个会场被一组的歌声给渲染了，第二组的人也开始亮开了自己的嗓门。会场的气氛欢快愉悦，谁也不会想到这是在招聘，外面的人会以为这是在开文艺座谈会。

第三个回合：建立团队

工作在主考官的带领下，紧张有序且乐趣盎然的进行着。

随后进入的现场模拟是建立自己的市场部的结构。根据市场的需求，制定出所需要的职位，和职位功能，及适合这个职位的人所具有的素质。

看到他们的题目，记者想起自己在企业时所做的这个训练，即使工作了那么久，也很少有人知道自己所在职位的功能和所具有的素质。但是对企业来说，每个职位都要起到一颗螺丝钉的作用，否则就是资源浪费。所以，这些工作在招聘的时候就需要人力资源部经理要做好，其实也是对他们的一种考验。

这个模拟需要大量的纸，这时工作人员把纸分发到两个桌上，但被主考官阻止了，说："今天的工作，都需要我来做，谁要什么东西也要跟我说，其他人不能多做。"

纸被收了回来。

主考官在题板上写了几个字：资源是有限的，资源是无限的。

这其中的道理，但愿他们都能明白。

讨论完毕，需要每个组的队长把自己的结构图画到题板上。但是他们不知道的是，只有一支笔，谁先走到题板前，谁就先得到在题板上板书自己结构图的机会。

靠近题板最近的第一组却错过了机会，只好退下来。

第一组的队长只好口述自己的结构图。但是二组的人似乎并没有认真地听着对手的方案，他们也许认为是说给主考官听，跟他们没有任何关系。但是却不料，每一个细节都是主考官要考的内容，今天的场景完全打乱了他们的阵脚。其中一个面试的人对记者说，以前没有这样的场面，没有想到是一种做游戏的方式。

"你们对第一组的机构有何问题?"主考官终于问到了他们没有想到的问题。

众人无言。

第四回合：挑选产品

主考官把三种产品给了两个团队，让他们选择自己的产品，他们用自己的市场眼光，挑选出一种对市场更有冲击力的产品。结果他们挑选的产品都是相同的。

随之让他们制订产品的方案。

两个组马上进入工作状态。

当他们聚精会神的做事时，主考官发布了一条新闻：翰林汇经过潜心研究，向市场推出一款软件，市场价是 1000 元，但是不久，清华同方推出同样功能的产品，市场价只有 725 元，所以，翰林汇的市场受到了重挫。为什么呢?

他的话让大家停顿了一下，但是他的话一结束，他们又回头研究自己的方案。

记者实在纳闷，为什么主考官在这个时候来打断他们的思路，而且是一个不相关的信息。为此记者问了主考官。

他说："这个信息听起来是多余的，事实上，要看他们什么时候会意识到，他们的产品是相同的，现在他们两个组就犹如两个竞争对乎，但是他们有没有注意对方在做什么？有没有观察邻桌在做什么，现在他们好像都没有这样做。因为你的市场方案是要根据市场的动态来做的，要时刻观察着竞争对手在做什么。"

记者恍然大悟。在记者的工作生涯中，经历过两个厂商的生死搏斗，现在想来，这种保持竞争的意识要时刻存在，特别是来应聘市场的人员。

佩服主考官的精明，但是也为这些人才们感到遗憾。

第五回合：市场推广

一套具体的市场推广方案，能体现一个市场人员应该具备的最基本的素质也许今天的方案并不是很优秀，但是可以看出这个人的市场基本功，对他们来说是最重要的一个环节。

在他们策划方案的时候，他们两个组谁都没有去注意对方的动态，更别说主考官的行为了。

主考官在题板上写了一行字：游戏规则——制定者、执行者。而且把这行字圈了起来。

但是这行字在那里默默地被挂了半个小时，都无人问津，更别说看它一眼。

主考官实在看不下去了，就问了他们一个问题："你们当中有谁做过公关？"这个时候就有人零星地站起来说"我做过"。

"在公关当中，有没有人做过政府公关？"

"政府公关是要做的。"但是似乎底气不足。

然后又开始了谋划。

主考官无奈地摇了摇头，自言自语地说了一声："我尽力了。"

观察细节，不只是某个行业的从业人员应该具有的素质，而是在我们的生活中时刻要使用的。更何况是在应聘。难道这样轻松的环境使他们放松了警惕吗？

在这个游戏开始时，规则是由主考官制定了，可是却没有人理会主考官想要的是什么，他的规则是什么。

做方案时依然，如果不知道这个市场的规则是什么，即使再漂亮的方案，如果不符合游戏的规则，照样行不通。

主考官的意旨不完全在漂亮的方案上，重要的是这个方案的思路和可执行的程度。

不管怎么样，直到上午的活动结束，都没有人去注意到竞争对手在做什么？也没有人关心松下这个外来企业在进入中国市场时所面临的政府公关。

第六回合：等待

时间在快乐且有压力的氛围中进行了一半。

12点到了，是大家午餐和休息的时候。主考官对他们说："12：00——13：00是午餐时间，13：00正式开始。"

但是他对下面的服务人员说："13：00——14：30之间，不允许给他们水喝，谁问都说不知道。就让他们等。"

游戏更好玩了。

午饭回来后，看着一屋子坐着的人，一个都没有动，好像在等待着抽奖号码的公布。

第七回合：逐一面谈

14：30终于到了。

等待的结果是再等待。当别的人被主考官叫去面谈时，他们剩下的还是等待。直到17点才结束今天的招聘。气氛仍然很热烈，一整天的面试估计是前所未有的，但是这么长的时间，却没有任何一个人感到劳累，如果有的话，应该是这个主考官。

"这样的招聘会是我第一次遇到，感到在里面学到了很多东西，而且还交了这么多朋友。很幸运参加这样的招聘会。"一个即将离开现场的应聘者说。

案例讨论与练习题

1. 松下公司在这次招聘活动中采用了哪些方法？各种方法有什么优点和缺点？

2. 为什么松下公司要采取这些方法？

3. 松下公司的人员招聘主要考察候选人哪些方面的素质？

4. 从松下公司的招聘过程中，你有哪些启示？

# 第八章　员工培训与管理

【本章要点】

通过本章内容的学习，应了解和掌握如下问题：

1. 什么是员工培训？培训有哪些意义？
2. 员工培训需求分析。
3. 员工培训的系统包括哪些内容？
4. 员工培训效果的评估。
5. 培训效果评估的程序与方法。
6. 培训效果评估的指标设计。

【开篇案例】

**摩托罗拉公司：百年大计培训为本**

一直被视为世界无线通讯巨人的美国摩托罗拉公司，支配世界无线通讯市场已有多年历史。那么这家为美国人带来“美国荣耀”的电子高科技公司是采取什么样的秘诀和策略，在当今竞争日益残酷的国际市场上取胜的呢？其中一个重要的答案是培训。

一、推陈出新“竞争优势”

在总结是什么因素使摩托罗拉在竞争激烈的高科技电子产业中出类拔萃时，该公司的高层管理人员归纳出以下至关重要的三点：

1. 不断推出让顾客惊讶的新商品。为此，公司在科研方面进行持续性投资，以巩固研究开发最新产品的基础。

2. 新商品的开发必须注意到速度与时效问题，技术性商品的生命周期较短，因此在开发速度上不能落后。

3. 将顾客的不满减少到零。

电子高科技产业竞争的激烈程序并不亚于一般传统产业，摩托罗拉长期培养出来的竞争优势在于：首先是在整个企业的运转过程中拥有学习曲线效果，有效降低制造成本，以成本为领导的形势竞逐市场；其次是高度重视研究发展投资，从新技术中率先创造出异化的新产品，领先上市，进而抢占市场，摩托罗拉1993年在研究开发上的投资高达15亿美元，几乎占其营业额的9%，这么大的研发投资，在美国企业中也是较为少见的；最后是重视员工的教育训练，由人的改革做起。摩托罗拉公司全体员工每年至少要有一周时间接受教育训练，课题以介绍最新科技及质量管理为主，每年在这方面的花费竟达1.5亿美元。摩托罗拉的管理者认为，唯有员工教育成本，才能真正掌握企业经营成功的金钥匙。

二、“超常规发展”

1988年，摩托罗拉获得“马尔科姆·鲍德里奇全国质量奖”，这是美国质量管理的最高奖项。近年来，摩托罗拉一直是《幸福》杂志每年评比的“美国最佳企业形象”十佳之一。

然而，在产品获得声誉之后，摩托罗拉公司应如何做起？公司的领导人相信，在未来十年的商战中，最重要的武器是应变的能力、适应能力和创新能力。

以发展上述能力为目标，摩托罗拉公司正在加紧开展一项新的雇员终身学习宣传运动。公司将大幅度加强对车间、办公室中所有雇员的培训。

对雇员的培训需要投入大量的财力和物力。摩托罗拉公司已向所有雇员提供了每年至少40小时培训时间，这在美国已属于较高的培训要求。

三、摩托罗拉大学

和麦当劳大学一样，摩托罗拉大学反映了公司对培训工作的重视，该大学总部设在伊利诺州肖姆堡，从东京到檀香山共设有14所分校，预算超过1.2亿美元。学校课程由“辅导工程师”制订，内容包括批评式思维、解决难题的方法、管理、计算机、英语补习和如何使用机器人等。摩托罗拉大学还大力倡导一种组织严密、高效率和主动进取的公司文化。

实际上课堂教学仅是摩托罗拉公司培训的一部分，更重要的“现场操作”或实习。例如在伊利伊诺州阿灵顿海茨的工厂，新雇员在老雇员的指导下的学徒期间可拿到工资，美国培训与教育协会（ASTD）的卡内维尔说，在每年40小时的正规培训以外，就额外的实习培训而言，摩托罗拉公司是在全美国公司中率先实行这种培训方式的公司。

四、培训的力量

尚无可靠标准来衡量培训的效益，摩托罗拉公司以如此之大的人力、物力和投入培训是冒了很大的风险的。20世纪80年代中期的一项尚有疑问的研究表明，每1美元培训费可以在3年内实现30美元的生产收益。摩托罗拉公司也宣称，“攻关小组”和其他类似的工作小组已为公司节约了40亿美元左右。

但是，这类数字并不那么有说服力：到底是哪一种方式可以节约多少呢？奥斯汀工厂负责组织与人员效率的经理加里·兰吉利的评价较为中肯。他说；“我们把培训当作信仰，并且深信，培训正在改善我们的最终财务成果。”

**点评：**

当代社会已进入“学习性”社会，步入知识经济的发展阶段用人单位更是从长远的角度看待公司和人的和谐发展。培训员工，培养人才已经成为一种普遍现象。

## 第一节 员工培训

### 一、员工培训概述

1. 员工培训

员工培训是指通过一定的科学方法，促使员工在知识、技能、能力和态度四个方面的行为方式得到提高，以保证员工能够按照预期的标准或水平完成所承担或将要承担的工作和任务，以满足企业目前或将来的工作需求。培训是增进员工知识和能力的过程。

具体说来，培训就是有计划地帮助员工学习与工作相关的基本能力的过程。培训的目的在于使员工的知识、技能、态度以及行为发生改进，从而使其发挥最大潜力以提高工作绩效。如今，越来越多的企业认识到，要想通过培训获取竞争优势，培训就不能仅仅局限于基本技能的开发，培训还要提供更广阔范围的技能。在竞争日益激烈的今天，仅仅能胜任工作是不够的，对员工的培训还要关注他们解决和分析工作中发生的问题的能力，满足现代企业对速度和灵活性的要求。

2. 员工培训的意义

培训的意义总的来说，可以从受训者和组织两个方面来看：对受训者来说，培训能起到挖掘潜力，提高绩效、增加满足感、提高归属感和责任感的作用。对组织来说，培训能够提高企业适应环境变化的能力、减少失误、降低成本、提高企业效率和效益、提高企业全面竞争力。下面具体谈谈培训的重要意义。

(1) 培训是企业发展的支柱。在现代激烈的市场竞争环境中，作为企业的领导人必须明白，企业员工培训是以发展劳动者职业技能、全面提高劳动者思想和业务素质，改善劳动力结构，促使企业劳动生产率和经济效益的提高为目的。其根本目的是通过培训为企业培养一大批能迅速适应和满足生产及经营需要的员工。任何企业要想获得持续、稳定的发展，必须要有较高的整体素质，而员工培训就是不可缺少的一个环节。

(2) 培训逐渐成为员工对企业的要求

首先，员工经过培训后可以增强就业能力。现代社会职业流动性的加强使员工认识到充电的重要性，换岗、换工主要依赖于自身技能水平的高低，培训是走出校门的企业员工增长自身知识、技能的一条重要途径。因此，很多员工要求企业能够提供足够的培训机会，这也成为一些人择业中考虑的一个方面。

其次，通过培训可以增加员工获得较高收入的机会。员工的收入和其在工作中表现出来的劳动效率和工作质量直接相关。为了追求更高收入，员工就要提高自己的工作技能。这也使得员工主动要求企业提供培训机会。

再次，培训可以使员工获得除收入以外的其他满足。培训不但可以提高员工的工作技能，还能够满足其对知识渴求的欲望，提高员工对娱乐活动的欣赏能力以及某些方面的兴趣，这也符合企业激励制度中物质激励和精神激励相结合的原则。

(3) 培训是企业的一项投资。1960 年美国经济学家舒尔茨在《论人力资本投资》的报告中指出，经济增长的主要源泉，除了靠增加劳动力和物质投资以外，更主要的是靠人的能力的提高。人力资本的概念是把对劳动者的培训看成是一种投资，企业投入的财力和时间等换来的是员工工作效率和生产力的提高。一个员工离开企业的可能性越小，企业在该员工身上的投入所得的回报就越高。一般来说，有效的培训所产生的收益要大于培训所花费的成本。对于那些技术迅速变化的企业来说，员工的培训尤其重要。

**即时案例**

麦当劳 95%的管理人员要从员工做起、每年麦当劳北京公司要花费 1 200 万元用于培训员工，包括日常培训或去美国上汉堡大学。麦当劳在中国有 3 个培训中心，教师都是公司有经验的营运人员。

许多企业的人才结构像金字塔，越上去越小。而麦当劳的人才体系则像圣诞树一样，只要你有足够的能力，就让你升一层，成为一个分枝，再上去又成一个分枝，你永远有升迁机会，因为麦当劳是连锁经营。

麦当劳北京公司总裁说："每个人面前有个梯子。你不要去想我会不会被别人压下来，你爬你的梯子，争取你的目标。我鼓励员工永远追求卓越，追求第一。"

通过这样的人才培养计划，在麦当劳取得成功的人都有一个共同特点，即从零开始，脚踏实地。炸土豆条、做汉堡包，是在公司走向成功的必经之路．最艰难的是进入公司初期，在 6 个月中，人员流动率最高，能坚持下来的一些具有责任感、有文凭、独立自主的年轻人，在 25 岁之前就可能得到很好的晋升机会。麦当劳实施一种快速的晋升制度：一个刚参加工作的年轻人，可以在一年半内当上参观经理，可以在两年内当上监督管理员。

首先，一个有能力的年轻人要当 4～6 个月的实习助理，其间，他以一个普通班组成员的身份投入到公司各基层岗位，如炸薯条、收款、烤生排等；他应学会保持清洁和最佳服务的方法，并依靠最直接的实践来积累管理经验，为日后的工作做好准备。第二个工作岗位带有实际负责的性质：二级助理．此时，年轻人在每天规定的一段时间内负责餐馆工作。与实习助理不同的是，他要承担一部分管理工作，如订货、计划、排班、统计等。他必须在一个小范围内展示自己的管理才能，并在日常实干中摸索经验，协调好工作。

在 8～14 个月后，有能力的年轻人将成为一级助理，即经理的左膀右臂。此时，他肩负着更多更重要的责任，他要在餐馆中独当一面的同时，使自己的管理才能日趋完善。

一名有才华的年轻人晋升为经理后，麦当劳依然为其提供广阔的发展空间。经过一段时间的努力，他将晋升为监督管理员，负责三四家餐馆的工作。3 年后，监督管理员可能升为地区顾问。届时，他将成为总公司派驻下属企业的代表，成为“麦当劳公司的外交官”。其主要职责是往返于麦当劳公司与各下属企业，沟通传递信息。同时，地区顾问还肩负着诸如组织培训、提供建议之类的重要使命，成为总公司在某地区的全权代表。当然，成绩优秀的地区顾问仍然会得到晋升。

麦当劳还有一个与众不同的特点，如果某人未预先培养自己的接班人，则在公司就无晋升机会。这就促使每个人都必须为培养自己的继承人尽心尽力。正因如此，麦当劳成了一个发现与培养人才的基地。可以说，人力资源管理的成功不仅为麦当劳带来了巨大的经济效益，更重要的是为全世界的企业创造了一种新的模式，为全社会培养了一批真正的管理者。

（4）培训是企业挖掘本身资源的手段。从下面这个案例中，我们可以看到培训对企业内部资源挖掘的重要性。如果一个企业一味“舍近求远”，只从外部市场招聘人才，而不重视内部资源的开发，将会为企业带来很大的损失。实践表明，相对于从外部招聘而言，从内部晋升企业所需人才有着无可比拟的优势。

**即时案例**

**麦当劳公司内部人才的成长历程**

麦当劳公司美国总部的总裁，最初干收发报纸的工作，他能坐上第一把交椅，这完全和公司内部严格的训练制度分不开。麦当劳北京公司的总经理，原来仅是一名普通的员工，经过短短五六年时间，升到了总经理职位，这也与公司内提供的各种培训分不开。目前，北京麦当劳公司 16 个部门的主管（其中两人为外国人），都是麦当劳培养的干部，都是从普通员工中晋升上来的。麦当劳公司现在在北京拥有 28 家餐厅，每家餐厅估计有员工 100 多人，餐厅的经理都是从普通员工晋升上来的。1995 年，仅北京麦当劳公司培训费就花了 1 000多万元。麦当劳培训系统在世界上拥有五所大学，教授来自世界各地，教学设备也很先进。

（5）培训有利于建立优秀的企业文化和形象。培训能传达和强化企业的价值观和行为，一方面可以建立优秀的企业文化，另一方面可以使员工体现企业的优良形象。培训对于企业的重要意义似乎是不言而喻的。在科技发展日新月异的今天，越来越多的企业认识到企业核心竞争力的来源是掌握了先进科学技术和经验的人力资本。确保员工掌握了帮助企业获得成功的信息，对于企业的管理者来说，是一项重要的任务，也是一个巨大的挑战。

优秀的企业文化是现代企业追求的一个目标，优秀的企业文化可以增强员工对企业的认同感，有助于协调员工和组织的目标趋向一致，从而实现员工和企业共同的发展。一方面，通过对员工进行企业文化的培训，可以营造这种优秀的企业文化，另一方面，通过培训和开发活动的进行，就会营造一种学习的、积极的组织氛围，这些正是优秀企业文化不可缺少的因素。所以，培训和开发有利于营造优秀的企业文化，是企业成功制胜的法宝。

**即时案例**

**江淮汽车：学习 学习 再学习**

安徽江淮汽车股份有限公司成立于1999年9月30日，五家发起股东分别是：安徽江淮汽车集团有限公司、新加坡金狮亚太有限公司、安徽省科技产业投资有限公司、安徽省机械设备总公司、武汉天喻信息产业有限公司。公司主要从事汽车及零部件的研发、制造和销售，主要产品包括中、轻型客车专用底盘，重、中、轻型载货汽车，瑞风商务车以及汽车变速箱等产品，年汽车生产能力20万辆，公司拥有各类设备2000多台。2005年在中国汽车行业利润大幅下滑的情况下，公司产销各类汽车超过15万辆，同比增长19%，利润也随之大幅增长，成为业内三大利润正增长的汽车厂家之一。

公司拥有先进的技术开发装备及开发手段，与上海同济大学同捷科技股份有限公司联合成立“JAC—同济同捷汽车联合研发中心”，与合肥工业大学联合成立了“江淮汽车·合肥工大汽车技术研究院”，2005年6月公司在意大利都灵成立了JAC—意大利设计中心。

“把青蛙放在热水里，它会感觉到危险而立即跳出来。但若是把青蛙先放在冷水里，再将水慢慢加热，麻痹的青蛙就会耗尽体力，再想跳出来为时已晚。”在江淮汽车有限公司，你会无数遍地听到这个故事，上至老总、中干，下到工人、司机，他们都把这个故事常挂在嘴边，都把这个故事当作对自己企业生存的警示。当年公司董事长左延安第一次讲这个故事的时候，其实要说的是企业的寿命。在对企业经营多年的观察和实践之后，左延安得出了一个有关企业寿命的“数字化”结论：一、三、五、八。企业在技术创新（有好的产品）的条件下，繁荣1～3年；若是加上管理创新，可以持续进步3～5年；再加上制度创新，又可以发展5～8年。而到了第9年，企业便进入成长的瓶颈期，呈现既不滑坡也不增长的平台状态。如何才能跳出这样一种周期，使企业长寿？左延安为江汽寻觅了一条路：缔造学习型企业。“40+4”模式什么是学习型企业？即全体成员能够全身心投入，并有能力不断学习来实现自身生命意义的组织，通过学习能创造自我、扩展创造未来能量的组织。1997年世界管理大会有一个观点：学习型企业是未来成功企业的模式。问题的实质和关键都在于学习。据此，江汽确立了学习的核心理念——团队学习，系统思考，并为此营造了“40＋4”模式。“40”是指每个员工每周要工作40小时，另外的“4”则是还要利用业余时间或节假日集中学习4个小时。或许“40＋4”并非江汽首创，但可贵的是他们做到了坚持，一周也不能少。江汽的学习是全方位的：向一切可以学习的人学习，向一切可以学习的事学习，学习不仅是学知识，更是学习学习的能力；学习过程就是心灵互动的过程；学习的最根本目的，是掌握学习的能力；学习应变的单位不再是个人，而是团队……套用一本畅销书的名字，这简直就是“学习的革命”了。

崭新的学习观念，必然带来崭新的人才培训模式，江汽提出开放式的培训。在4小时的“课程”中，排排坐变成了讨论小组的“圆桌会议”，演讲式教学变成了案例研讨、角色演练、各种游戏和野外训练，讲台上的老师变成了“节目主持人”和“导演”。学习的过程是开放的、互动的，学员在轻松交流的气氛中会不断地体会到学习的快感并生创意。江汽还引进了一个“学习力”的概念，要旨是未来企业的竞争将是学习力的竞争，只有那些有学习力的人，才可能成为人才。于是，在今天江汽人的心目中，学习便成了一种高回报的投入，个人资产的积累，一种最高奖赏，一项大福利。用“心”做事学以致用。怎么用？江汽提出：用“心”做事而不是用手。让员工学会用“心”去做事才是管理，也是企业思想政治工作的关键，这是一个学习的过程，甚至是无止境的学习过程。

3. 培训体系与类型

(1) 培训体系

培训体系是完成所有培训职责的框架结构。培训体系的框架如图8-1所示。

由图8-1可知，培训首先要进行情况分析，在此基础上确定培训需求，从而设置培训目标，进而进行培训设计，之后是培训的实施，最后是培训评估。

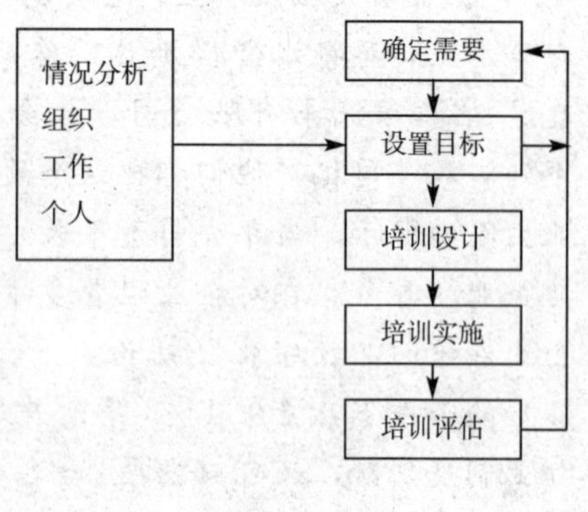


图8-1

(2) 培训的类型

员工培训的方式很多，企业应该根据自身的发展状况、所处阶段的实际情况，选择合适的培训方式。目前常见的培训方式有岗前培训、在岗培训、外派培训等。

岗前培训是使受训者具备某一岗位合格员工的基本条件所进行的培训。按照目的的不同，岗前培训可以分为4类，如表8-1所示。

表 8-1　岗前培训的种类

| 岗前培训种类 | 内　容 |
| --- | --- |
| 入职培训 | 对刚进入职业的员工进行的培训。目的促使其了解企业的概况、规章制度、产品和技术开发的管理制度等，一般较少考虑员工之间的差距。 |
| 转岗培训 | 对已经被批准转换岗位的员工进行的培训，目的在于使其达到新岗位的要求。 |
| 晋升培训 | 对拟晋升人员或后备人才进行的培训。目的在于使其达到更高一级岗位要求的需要。 |
| 资质培训 | 对某些特殊岗位的人员所进行的培训。这些岗位一般要求获得相应的资格证后才能上岗，且该资格仅有几年的有效期，资格证到期后：需要接受培训并再次参加资格考试。 |

在职培训是员工在不离开企业、不离开自己工作岗位情况下，实施的培训。它的含义有广义与狭义之分。从广义上说，员工培训都是在职培训，即对具有工作岗位的员工进行培训。狭义上的在职培训是指以不占用工作时间为原则进行的员工培训，这种培训我们更应称之为在岗培训。按照培训的目的又可分两类，如表8-2所示。

表 8-2　在岗培训的种类

| 在岗培训的种类 | 内　容 |
| --- | --- |
| 更新知识、掌握新技能的培训 | 为了使员工能及时跟上企业外部环境和内部环境的变化，能及时获得相应新知识，新技能所进行的培训。 |
| 以改善绩效考核为依据的培训 | 当绩效未达到要求、绩效下降或绩效虽达到要求但是仍希望改进其绩效时所进行的培训。 |

（3）信息社会新兴培训方式的兴起

目前，越来越多的公司企业和其他组织采用网络来培训其员工，在美国已有 92%的大公司和 50%大学采用了网上培训。据一份来自于一家独立调查公司的报告显示，网上培训的规模将接近课堂培训的 66%。Microsoft 公司 1998 年网上培训比课堂培训的增长速度快 5 倍，而网上培训学员的总人数比课堂培训的人数多两倍多。

随着信息技术的发展，特别是网络的迅速普及，一些新兴的培训方式正在兴起，对传统的培训方式产生了巨大的冲击。传统的培训方式主要是课堂教学、开办讲座、车间实习等，但现代培训过程中多媒体技术、网络技术被广泛应用。

3. 培训的原则

（1）战略原则。培训的战略原则包括两层含义：企业培训要服从或服务于企业的整体发展战略，最终目的是为了实现企业的发展目标；培训本身也要从战略的角度考虑，要以战略眼光去组织企业培训，不能只局限于某一个培训项目或其一项培训需求。

要从企业发展战略的角度去思考问题，避免发生“为培训而培训”的情况。要做到这一点，需要在每一个培训项目实施前进行培训需求调查时，认真分析企业发展战略，找出企业战略意图实现过程中的一些阻碍，并努力通过培训帮助组织清除这些障碍。

企业培训由一系列的培训项目构成，培训项目之间要有相关性，同时每一个培训项目本身都应由需求调查、课程设计、培训实施以及培训评估等一系列活动构成。在安排企业培训项目时，要以明确的培训整体计划为依托，不能发现一个培训需求，搞一个培训项目。每一个培训项目也必须有详细的实施计划，这样才能保证培训实施顺利进行。

(2) 长期性原则。

**即时案例**

**IBM 公司的终身教育**

IBM 公司的员工，从刚进厂的新员工到临近退休的职工，甚至已经离开公司的人都是接受教育的对象。任何一名员工跨进 IBM 公司的第一件事就是接受新职工入厂教育。要求其大致了解公司的生产、设备、销售、管理情况。这种教育要持续三个月的时间。IBM 公司对进来时间为 1～3 年的员工进行一种“入厂教育”的再教育，以造就真正的 IBM 人。五年后，有能力的职工再接受特殊的骨干职工教育。八九年后，优秀职工又参加“候补管理者教育”，当他成为一名管理人员后，仍要再一次接受进修。

员工培训需要企业投入大量的人力、物力，这对企业的当前工作可能会造成一定的影响。有的员工培训项目有立竿见影的效果，但有的培训要在一段时间以后才能反映到员工工作绩效或企业经济效益上，尤其是管理人员和员工观念的培训。因此，要正确认识智力投资和人才开发的长期性和持续性，要用“以人为本”的经营管理理念来搞好员工培训。

企业要摒弃急功近利的态度，坚持培训的长期性和持续性。案例中 IBM 公司的终身教育便向我们提供了一个长期性培训的典范，IBM 公司的发展历程也向我们证明了这种终身教育为企业带来的好处。

(3) 按需施教、学用一致原则。企业组织员工培训的目的在于通过培训让员工掌握必要的知识技能，以完成规定的工作，最终为提高企业的经济效益服务。培训的内容必须是员工个人的需要和工作岗位需要的知识、技能以及态度等。

(4) 投入产出原则。员工培训是企业的一种投资行为，和其他投资一样，我们也要从投入产出的角度来考虑问题。员工培训投资属于智力投资，它的投资收益应高于实物投资收益。培训投资成本不仅包括可以明确算出来的会计成本，还应将机会成本纳入进去。培训产出不能纯粹以传统的经济核算方式来评价，它包括潜在的或发展的因素，另外还有社会的因素。

## 二、培训系统

员工培训是一个系统，主要表现在内容、组织机构、组织程序以及培训计划等多方面。员工培训系统的子系统包括需求调查系统、组织系统、课程系统、实施系统、评估系统以及信息系统等。

1. 培训的内容

培训的目的是要确保员工具有能够胜任他们工作的能力，提高他们工作的效率，改善他们的工作绩效，所以，培训的内容是很广泛的，可以是提高专业技能的培训，也可以是对员工进行企业文化的培训等等。但培训内容的选择还必须要考虑到两个方面的因素：

（1）培训内容的选择必须要和企业的发展需要相一致。从花费的组织资源和员工的时间、精力角度来看，培训是一项价格昂贵的活动，只有针对性和高效率的培训和开发活动才能够为企业带来效益，因此选择最合适的培训和开发的内容就显得格外重要了。培训内容必须和企业的发展相一致，企业在选择培训内容时，应不断地提出这样的问题，“这些培训内容能够为组织的发展服务吗?”只有能够为企业发展带来效益的培训内容才是可取的。

（2）培训的内容必须具有由学到用的可转化性。企业对员工的培训与一般的学校常规教育有所区别。人力资源的培训与开发是以提高工作岗位的工作效率和水平，改进工作绩效为核心和直接目的，因此，内容的选择应该侧重于那些能够指导工作实践或是具有可操作性的培训内容，关注培训与实践的结合。

培训的内容主要包括四个方面：即技术技能、工作程序或过程、专业和人际交往的能力等。另外，企业还可能需要对员工进行一些具有特殊目的的培训，比如价值观的培训。现在，越来越多的企业将价值观的培训也列入对员工的培训的内容中。这些企业相信让员工认同企业提倡的价值观，会使他们更能认同组织文化，更具有主人翁意识，更愿意为组织服务，从而带来更高的工作绩效。

2. 培训项目的程序设计

（1）培训需求评估。作为培训人员，首先要学会分析问题。培训需求开展一般从以下几个方面进行：

确立企业培训需求。培训作为企业生产经营中的一项活动，它以解决问题为目的。只有当企业存在培训需求时，才有必要进行培训，因此确立需求的存在是需求调查开展前的第一件事。

培训需求分析。在确立企业有培训需求以后，我们就要对这项需求进行分析。企业并不需要满足所有的培训需求，对于那些不能为企业生产经营带来成效或只能发挥很小成效的培训，企业是不会开展的。

培训需求调查结果的分析。在培训需求调查完成以后，要对所获得的资料进行详细的分析，以找出问题的本质。

(2) 培训过程的组织与设计。在培训需求评估完成以后，就要在需求评估的基础之上进行培训设计工作。

培训设计要反映出课程或各个培训活动的主要特点，培训设计主要有以下任务：

确立培训目标。培训目标是在需求调查的基础之上确立的，通过分析企业发展战略、企业当前培训需求、受训员工与目标要求的差异等，培训人员首先要确定这次培训要达到什么目的。

确定培训内容。在培训目标中我们已初步确立了培训方向，但我们应进一步明确培训内容。培训的内容主要包括四个方面：即技术技能、工作程序或过程、专业和人际交往的能力等。

(3) 培训课程的设计与开发。广义地说，培训课程设计与开发涵盖面非常广，它包括培训课程目标确定、培训教师的选择、培训对象的准备、培训教材的编制、教学模式的选择、培训时间和空间的开发等多种要素。

培训课程的开发是一项具有创造性的工作，但并不是所有的企业都有能力自己进行课程开发。对于大多数中小型的企业来说，也可以选择聘请外部顾问或直接购买的办法选择培训所需的课程。

(4) 培训实施。培训实施也就是将培训项目计划付诸实践的过程，前面所有的工作都是为这一阶段的工作服务。因此，这一阶段是整个培训过程中的实质性阶段。

培训实施阶段要做如下一些工作：

在进入实施之前，应从培训教师、培训对象、培训时间、培训空间、培训设备以及培训后勤服务这几个方面进行准备。

选择培训教师（即培训者）的途径有两个：一个途径是从企业内部开发培训人员；另一个途径是从外部聘请。培训教师的选择要慎重，要根据培训内容、培训对象、培训方式等各方面来考虑。

培圳对象在此之前已经确立，但在培训实施之前要向其通知培训的具体时间和地点以及其他一些事项为培训做好充分的准备。

培训内容传授完以后，不要虎头蛇尾，还要进行认真的学习回顾和总结。培训人员积极引导培训对象对培训的内容进行总结性的思考，不仅有利于加深其印象，而且通过一定方法，可以让其在工作中发挥出培训效果。

## 三、员工培训需求分析

1. 培训需求的含义

培训不是管理者凭空臆断的，当企业中出现了一些问题，只有通过培训才能解决或者才能更好地解决时，培训需求就产生了。我们在培训项目确立之前，需要仔细分析“这项培训到底有没有必要和是什么导致这个培训需要”的问题，这个需要就是培训需求。

培训需求可以用下面这个公式来表示：

要求具备的－现在已有的＝还需要的（培训需求）

培训需求分析采用各种方法与技术，对各种组织及其成员的目标、知识、技能等方面进行系统的鉴别与分析，以确定是否需要培训及培训内容的过程。对于组织而言，培训需求分析既是确定培训目标、设计培训规划的前提，也是进行培训评估的基础，因此是培训活动的首要环节。

2. 产生培训需求的原因

（1）企业经营方向的变化。企业的经营方向不是一成不变的。当企业的经营战略发生变化后，经营方向也会做相应的调整。经营方向一旦发生变化，企业面临的环境和条件也会发生变化，企业对每一个员工的要求也会发生变化，这时企业所有的员工可能都面临着适应新环境和新工作条件的要求，就会产生培训的需求。

（2）工作环境和岗位的变化。企业在发展过程中经常会引进新设备、新技术或新工艺，这时有些员工可能就面临着适应新的机器、设备或工艺的要求。为了使这些员工更快更好地适应新的需求，企业也可以适当地安排一些培训。

（3）企业的人员变化。企业要健康发展，企业内部的员工就应该在稳定的基础上不断地流动；同时，为了满足企业发展的需要，企业还应该不断从外界引进人才，并不断淘汰不合格的员工。员工在企业内部的流动必然意味着企业人员的变化，一旦人员发生变化，员工在新的岗位上难免会遇到这样那样的问题，这都可以通过培训来解决。

（4）企业绩效低下。企业和员工的工作绩效低下是企业进行培训的一个很主要的原因和理由。

3. 培训需求分析的作用

（1）确认差距，即确认绩效的应有状况和现实状况之间的差距，这也是培训需求分析的基本目标。首先，要对所需要的知识、技能、能力进行分析，了解理想的知识、技能和能力的标准是什么；还要对现实中的实际知识、技能和能力进行分析；最后，是对所需要的知识、技能和能力与现有的知识、技能和能力进行比较，确认差距。

（2）选择培训方法。解决任何问题都不会只有一种方法，培训也是这样。

在确认培训需求的基础上，可以根据差距和培训的目的相应地选择最佳的培训方法，安排最有效的培训课程。

(3) 培训结果预先分析。在进行培训需求分析并选择了培训方法之后，可以很容易地将成本因素引入培训需求分析中，预先了解培训的价值和成本之间的关系。

(4) 获得各方面的支持。培训需要得到组织内外各方面的支持和帮助。有效的培训需求分析收集了大量与培训相关的信息，很明确地告诉每一个与培训有关的人培训的过程及可能的结果，使每个人都做到心中有数，认识到培训对他们的意义和重要性，从而很容易得到他们的支持和协助。

(5) 前瞻性。由于市场环境的不断变化和企业面临的竞争压力，要求企业有能力预测到企业未来的培训需求，并制订合适的培训计划与之相适应，使企业及员工在知识、技术和能力等方面保持优势，从而能够抓住机遇，使企业更加健康地发展。

3. 培训需求分析的方法

培训需求的分析方法有多种，培训需求调查的方法也有很多种，如面谈、调查问卷等。进行不同的培训需求分析时，要根据面谈培训需求的内涵，选定相宜的方法。

4. 培训需求的评估

为了保持竞争力，企业必须不断使员工接受良好的培训。但在具体的培训过程中，首先遇到的问题就是为什么要培训和培训内容与目标是什么等问题。没有针对性的培训不能为企业带来任何收益。所以，培训实施过程的第一步就是要确定企业对培训的具体需要，也就是要进行培训需求评估。这种评估可以分为三个层次进行：一是组织分析，着重于确定培训在整个组织范围内的需求。二是人员分析，就是确定哪些人需要进行培训。三是任务分析，就是试图确定培训的内容，即员工完成任务，达到令人满意的工作绩效所必须掌握的知识和技能。

对于一项培训需求，企业可以通过很多种培训方法和技术来满足，各种不同的培训方法和技术在满足企业各种培训需求上有着各自的优势和劣势，企业可以以此来选择最合适的培训方法。例如，如果一家公司要对它的商务部进行电子化改造，那么它可以采取三种方法来解决对懂计算机员工的需求问题。第一，公司可以在现有人员的技术水平以及可使用资源的基础上，利用内部的培训师对员工进行培训。第二，如果企业认为对员工进行培训成本过高的话，也可以通过对现有员工进行技能测试，让那些测试合格的员工来从事相应的工作，而将那些低于标准要求的员工重新配置到其他工作岗位上。第三，企业还可以利用外部的培训资源，比如从咨询公司那里购买培训服务等，这样可以提高该企业技术改造的效率．并且还可以弥补企业技术能力的缺乏。

对现有员工的分析主要是通过绩效评估的方式，找出那些与组织期望绩效有差距的，其次重视对在职员工的培训和开发。完善自我是每个人的追求目标，特别是知识型的员工，他们更重视自我能力的提高和个人的发展，往往都有一个自己的发展目标和学习计划。给员工提供发展的机会就是增强企业的竞争力，这一点已经被越来越多的企业所认识。另外，有针对性地培养有潜力的员工，使他们为承担更重要的职责做好准备，也是实施培训者应该考虑的一项重要因素。

## 第二节　员工培训的实施过程

### 一、制订培训计划

培训计划是根据企业的近、中、远期的发展目标，对企业员工培训需求进行预测，然后制订培训活动方案的过程。

（一）培训计划的内容

1. 培训计划应该考虑的问题

培训计划主要需要考虑以下几个方面的问题：

Why：为什么要进行培训？

What：培训的内容是什么？

Who：培训的负责人是谁？

Whom：培训的对象是什么人？

When：培训的具体时间及所需时间长度？

where：培训所在场所与设施？

How：如何进行培训？

2. 培训计划的主要内容

一般说来，培训计划的主要内容如表 8－3 所示。

**表 8－3　培训计划的主要内容**

| 培训计划的项目 | 主要内容 |
|---|---|
| 目的 | 培训计划要达到的目的和需要解决的问题 |
| 原则 | 制定和实施培训计划时的原则或规则 |
| 培训需求 | 与要求或标准存在差距，需要弥补的地方 |
| 培训目标 | 培训计划中的培训项目需要达到的目标或结果 |
| 培训对象 | 接受培训的人是谁？在什么岗位上？学历、经验和技能状况如何 |
| 培训内容 | 培训计划中每个培训项目的培训内容是什么 |

续表

| 培训计划的项目 | 主要内容 |
| --- | --- |
| 培训时间 | 包括培训计划的执行期或有效期、培训计划中每一个培训项目的实施时间或培训时间，以及培训计划中每一个培训项目的培训周期或课时 |
| 培训地点 | 包括每个培训项目实施的地点和实施每个培训项目时的集合地点或召集地点 |
| 培训形式和方式 | 确定所采用的是外派还是内部组织培训、是外聘还是内聘教师、是半脱产、脱产还是业余培训等 |
| 培训教师 | 培训计划中每个项目的培训教师由谁来担任 |
| 培训组织人 | 包括培训计划或培训计划中每个培训项目的执行人或实施人 |
| 考评方式 | 采用笔试、面试还是操作方式进行。其中笔试又分为开卷和闭卷，试题类型又分为开放式或封闭式 |
| 计划变更或调整方式 | 计划变更或调整的程序及权限范围 |
| 培训费预算 | 包括整体计划的执行费用和每一个培训项目的执行或实施费用 |
| 签发人 | 本培训计划的审批人或签发人 |

## 二、实施培训计划

### （一）培训的部门

1. 最高管理层

最高管理层提供支持培训的大环境。现代企业中，由于员工培训关系到企业的发展，因此领导层一般都非常重视员工培训。领导层一般主要负责提供支持培训环境，包括协调各个职能部门、将培训制度化、确定培训的方向以及公司的用人体制，需要从组织的长远发展角度出发，制定企业员工培训的长期规划时最好是高层领导安排专人负责该项工作。

2. 人力资源部门

人力资源部门主要是制订或协助制订培训方案，并负责协调培训资源。

3. 直属上司

直属上司的鼓励与帮助对于员工顺利完成培训任务并取得好的效果具有重要意义。直属上司在员工培训过程中要支持与鼓励员工积极参加培训，积极提供应用所学技术与知识的条件与环境，创造鼓励员工应用所学技术与知识氛围。

4. 培训者

培训者有广义和狭义两种含义。广义的培训者既包括培训师，也包括培训管理者，狭义的培训者仅指培训师。培圳者的主要责任是提供高质量的培训服务。培训师与受训者接触并进行面对面的培训，培训师可以来自企业内部，也可以是从外部聘请。培训管理者的主要责任是做好培训管理工作，了解整个培训流程及主要内容等。

5. 员工个人

员工个人首先要有参加培训的愿望，同时，还要有能力发现和充分利用培训机会。

培训的效果与员工的个人意愿密切相关，员工的意愿强，培训的效果也必然好。

（二）培训师的选择

培训师是培训工作中至关重要的一个环节，培训师的素质、能力和态度决定了他所能够传授给受训者的知识、技能及态度。因此，培训师的选择是人力资源部门和培训部门在培训工作中需要认真考虑的问题。企业培训师是对个人综合素养和资历要求极高的职业，一般对培训师的要求主要有：

（1）喜欢培训工作；

（2）对主讲的课程有深厚的理论基础和功底；

（3）有一定的实践经验；

（4）善于进行信息沟通；

（5）心态较积极；

（6）善于学习；

（7）善于语言表达；

（8）具有专业的培训或授课经验。

由上可见，企业对培训师的要求极高，培训师既要能将深厚的专业理论功底与丰富的实务经验相结合，又必须掌握高超的授课技巧，还应当具备多元化的资历。从中国当前的现状来看，培训师主要有三个来源：企业内部、外部培训机构和各大学的教师。企业应根据自身实际情况选择适当的培训师。

## 三、培训的实施

（一）常见的培训方法

1. 讲授法

讲授法属于传统模式的培训方式。它是指培训教师通过语言表达，系统地向员工传授知识，期望员工能记住其中的重要观念与特定知识的一种方式。讲授法是培训中最普遍、最常见的方法。

讲授法对培训教师的要求很高。要求培训教师具有丰富的知识、经验和技巧。有人认为，培训教师要有魅力，就要有：100 %理论知识+100%实践经验+100%技巧。在这里，技巧尤为重要。技巧主要包括表达能力、普通话水平、煽动水平、把握现场局势能力等。讲课针对性要强，要针对不同层次的学员进行不同的教案设计。应尽量配备必要的多媒体设备，电子讲稿要精心制作，图文并茂，尽可能运用一些音频与视频文件，以加强培训的效果。讲授过程中要有适当的时间与学员进行沟通和互动，如提问、讨论等。讲授法的主要优点有：比较简单，易于操作；在相对较短的时间内能向一大批人提供大量的信息；适合于系统地进行知识的更新和传授。

2. 案例教学法

案例教学法是把现实中的真实情景加以典型化处理，编写成供学员思考和决断的案例，让学员进行分析和评价，并提出解决问题的建议和方案，从而提高学员分析问题和解决问题能力的一种培训方法。案例分析的目的是为了提高学员分析问题和解决问题的技能。

案例教学法的优点很多。通过对现实案例的分析、总结、展望，提出个人的见解，开拓员工的思维，汇总员工的观点，更有利于员工站在理论的高度来看问题，容易使学员养成积极参与和向他人学习的习惯。在案例教学中，学员的参与性比较强，可以变学员被动接受为主动参与，将学员解决问题能力的提高融入到知识传授中。同时，由于案例教学方式生动具体，直观易学，学员的学习积极性大大提高，可以开发学员在有效沟通和积极参与方面的能力，对于员工的成长和开拓思维是非常有利的，使员工跳出原有的思维逻辑站在战略家、企业家的角度看问题，更能融入企业的文化氛围。

3. 角色扮演法

角色扮演法，指学员在特定的场景中或情境下扮演某些特定的角色并出场表演，模拟性地处理工作事务，从而提高处理各种问题的能力。这种方法比较适用于训练态度仪容和言谈举止等人际关系技能。比如询问、电话应对、销售技术、业务会谈等基本技能的学习和提高。适用于新员工、岗位轮换和职位晋升的员工，主要目的是为了尽快适应新岗位和新环境。

角色扮演法的主要优点是：学员参与性强，学员与培训教师有较多的互动，可以提高学员参与培训的积极性；参加者能较快熟悉自己的工作环境，了解自己的工作业务，掌握必需的工作技能，尽快适应实际工作的要求；学员既能发挥个人的表演天赋，也能从角色的演练中获得实战经验和技巧，一方面发挥了员工的主观能动性，另一方面也会发现员工存在哪些尚待挖掘的潜质，以利于更好地开发员工的长处。

4. 工作轮换法

这是一种在职培训的方法，指让员工在预定的时期内变换工作岗位，使其获得不同岗位的工作经验。在有些公司，通常会看到这样一个现象：一位经理前两年在公司的一个部门任职，而接下来的两年，却转入另一个部门任职，这就是我们所谓的“工作轮换”。它适用于大大小小的公司。

工作轮换法的主要优点是：能丰富员工的工作经历，增进员工对各部门管理工作的了解，扩展员工的知识面。企业通过工作轮换能识别员工的长处和短处，了解员工的专长和兴趣爱好，从而更好地开发员工的长处。

5. 工作指导法

这种方法是由一位有经验的技术能手或直接主管人员在工作岗位上对员工进行培训。如果是单个的一对一的现场个别培训，通常称之为学徒式培训。指导教师的任务是教给员工如何做，提出如何做好的建议。这种方法应用广泛，可用于基层生产工人。

6. 视听技术法

就是利用现代视听技术（如幻灯、录像、电视、电影、电脑等工具）对员工进行培训。这种方法的关键是要根据培训目的选择好合适的视听教材，根据需要进行一定的考核，以达到培训的目的。

（二）在职培训方法

1. 带徒

又称导师制。师傅通常采用口授、示范、练习、反馈的方式教导徒弟。

2. 轮换法

原是日本培养企业继承人的一种方法，即在一个岗位上工作 1～2 年后转换一个新的岗位。目前常用来培养有潜力的管理人员。

3. 教练法

20 世纪 70 年代出现在美国的一种方法，聘请专业体育教练来讲课，学习的是管理知识。

4. 行动学习法

以小组为对象，模拟实际工作中面临的问题，大家合作解决问题，制订行动计划，并负责该计划的实施和推广。

5. 初级董事会

10 人左右的小组，模拟“公司董事会”，就经营策略、政策和措施等进行讨论并提出建议。

（三）分层次培训

以管理人员为例，管理人员分为高层管理人员、中层管理人员和基层管理人员。管理人员的层次不同，培训的内容和方法也应该有所不同。以高层管理人员为例：管理大师德鲁克曾说过，高层管理者是机构内负责指引和领导、提供境界、设立标准的器官。他们往往担负着指引企业前进方向、设计组织结构、培养人力资源（尤其是高阶层人力资源）、与外界建立并维持良好关系、协调冲突、处理重大危机的责任。他们的学识结构应该包括知识层次（至少精通一门专业、了解营销、财务、生产运作、人力资源等相关职能的工作，具备经济学、计量分析、信息处理、行为科学等相关知识，对工商企业活动的环境有明确的认识）、意识层次（要具备全球意识）和技术层次（懂得并致力于技术的生产性运用）。因此，对他们的培训应该主要侧重于以下内容。

（1）企业所处环境和国内外形势介绍；

（2）经营思想探讨；

（3）企业发展战略研究；

（4）对策研究；

（5）组织设计与用人；

（6）控制与影响；

（7）企业责任管理技术；

（8）个人能力与修养的提高；

（9）企业社会责任探讨等。

与此相对应，对高层管理者的培训方法主要有：

（1）高级研讨班；

（2）研讨会；

（3）报告会；

（4）自学；

（5）企业间高层交流；

（6）热点案例分析；

（7）在职高等学历教育（如，EMBA 教育）；

（8）出国考察进修等。

对基层管理人员的培训内容则应侧重于，提供与其工作相匹配的基本管理方法，提供有效处理第一线日常工作的各种问题的技巧。可以包括：

（1）基本管理理论；

（2）安全管理；

（3）操作流程改进；

（4）监督技巧；

（5）奖惩技巧；

（6）报表训练等。

（四）职能培训

主要是按照人员的职能来进行培训。一般可以分为营销人员培训、生产作业人员培训、人力资源管理人员培训、财务人员培训、总务后勤人员培训等。

（五）特殊项目培训

主要包括人际沟通技能培训、领导技能培训、团队建设、行为调整训练、心理训练等项目。企业应根据需要选用。

从总体上来说，目前在企业中进行的最频繁的十大培训项目是：新员工导向培训、推销技能、领导技能、业绩评估、人际关系技能、培训培训师、团队建设、聆听技能、个人电脑实务、外语、市场营销。

（六）培训成果的转化

培训成果的转化需要考虑以下问题：

1. 培养有利于培训成果转化的气氛

企业要培养鼓励员工使用所学知识和技能的气氛。对员工因使用新知识或新技能而造成的暂时性的问题或绩效的降低给予理解和支持，保证员工不会因为应用所学而受到打击；对员工因使用所学知识和技能而取得的工作成绩应进行表扬和奖励。

2. 为培训成果的转化提供技术方面的支持

虽然受训者学习了新的知识和技术，但在具体应用的过程中，可能会发现一些以前学习过程中没有发现的问题。企业应该为这些员工安排专门的辅导人员，负责解决员工在使用新知识或技术的过程中可能会遇到的问题，使员工可以更加放心地应用所学，而企业的正常生产运作也不会因为员工的技术问题而受到影响。

3. 管理者对培训成果转化的支持

管理者，尤其是直接上级应积极鼓励受训者运用培训中学到的新技能，在培训结束后要与员工讨论如何应用所学技能、如何改进绩效等问题，并提供应用的机会，使受训者能在没有压力的情况下放心应用新的技能。

4. 同事对培训成果转化的支持

由于受训者接受了培训，掌握了一些新的技能，这使得员工之间在开展工作中多多少少会出现一些新的摩擦或矛盾。这就需要企业培养同事对受训者转化培训成果支持和鼓励的氛围，使同事了解到应用这些新知识或技能的重要性，并从技术或管理的角度对员工提供帮助，共同克服在应用新技术的过程中可能出现的问题。

5. 员工的自我管理能力

一般说来，员工刚开始应用新近掌握的技能时，会较之使用过去的技术和方法来得生疏，从而会影响员工的绩效，因此往往有一种倾向——在不知不觉中又开始使用以前的老方法和技术。这就要求员工有较强的自我管理能力，坚持使用新的技能，坚信使用新的技能在度过生疏期后一定能取得更好的绩效。

6. 运用所学技能的机会

企业还需要在员工的日常工作中提供运用所学的机会，否则员工会感到所学技能与工作的相关性低，从而对以后的培训学习缺乏积极性，或者会对工作的满意度降低，如果企业不能及早发现问题，极易导致员工离职。

## 第三节　员工培训效果的评估

### 一、培训效果评估的程序与方法

1. 员工培训效果的评估

评估是一个用来确定某个活动的价值或意义的系统过程。因此，培训效果评估就是确定培训活动的价值或意义的系统过程，就是对培训进行评价，依据培训目标，对培训对象和培训本身做一个价值判断。

培训评估是对培训项目的改进，或者是为企业以后的培训工作积累经验，一般的培训项目都要进行评估。

2. 培训效果评估的目标

评估的目标一般包括：

(1) 是否实现了培训项目的培训目标；

(2) 评估人力资源开发过程中的优缺点；

(3) 比较培训项目的成本与利润；

(4) 衡量各种培训方法是否有效；

(5) 确定某个培训项目可否满足某种特殊需求；

(6) 建立数据库帮助管理层作决定等。

除此之外，还可以了解哪类学员收获最大，帮助确定应该参加下一次培训的人员。强化学员在培训中所学的知识并使其充分利用，并能帮助推广其他培训项目。

3. 培训项目评估中要注意的问题

进行评估前要可行性分析。一般的培训项目都要进行评估，但不能绝对化，有些培训项目本身不具备评估的价值。如对培训目标不明确的培训项目，因为缺乏评估的依据，就不能对其做出评估。

培训评估不能完全由培训者做出，这样会影响评估的效果。培训评估者有内部评估者和外部评估者之分，两者各有优劣，要根据培训项目的特点作出选择。

评估也有很多种方法，在评估中运用何种方法进行评估，可依据评估者所掌握的信息以及评估者（特别是评估方面的专家）的建议。

4. 培训结果的评价

(1) 评价的内容

评价的内容就是在具体的评价中，应该衡量哪些培训结果。培训结果可以被划分为五种类型，即认知结果、技能结果、情感结果、成效和投资净收益。

认知结果可被用来判断受训者从培训项目中学到了哪些原理、技术和知识。直接的一种评价结果，可通过书面测验的方式来评价。

技能结果是用来评价受训者通过培训获得的技能以及行为改变的指标。技能结果包括两方面内容：一是获得的技能，二是技能在工作行为中的应用，也就是技能的转化。对受训者的技能结果的评价往往都是通过对他们工作行为的观察得出的，也可以通过让员工的同事和上司进行评价得出。

情感结果是用来评价受训者对待培训的态度以及学习动机的一个指标。也就是评价受训者对培训计划的反应如何。他们对本培训计划的满意程度如何，他们认为计划有价值吗？这些问题可以通过让受训者填写问卷的形式获得答案。

成效是被用来判断培训项目给企业带来的回报，比如客户的投诉是否减少？产品质量是否有所提高？员工离职率是否降低等等。对于成效的评估可能是最重要的一点。

投资净收益是指对培训所产生的货币收益与培训的成本进行比较之后，评价企业从培训项目中获得的价值。对培训收益的确定比较困难，因为它可能是潜在的。对它的确定可以通过考察培训目的来获得。比如，企业当初进行培训的目的是为了提高产品的质量，那么可以对培训前后的质量进行比较，然后计算出这种差异所代表的货币量。

（2）评价的方法

对培训进行评价的方法有很多，比如观察法、书面测试法、管理人员评价法、调查法以及培训前后对照法等等，在此介绍两种比较复杂也比较有效的方法。

1. 培训前后对照法

培训前后对照法就是在培训之前对参加培训的员工进行一次测评，在培训结束之后，再进行一次同样内容的测评。测评的内容可以采用前面介绍的几项培训结果的方法。然后对这两组信息进行比较，如果培训后的绩效同培训前相比改进了很多，那么就说明培训确实导致了绩效的改进。

不过这种方法有一个缺陷，就是在培训过程中，除了采取的培训措施可能对员工绩效改进有效外，可能还有其他的因素导致了员工绩效的改善，而企业往往无法判断哪些绩效改进是培训带来的，哪些是其他因素带来的。

2. 控制实验法

对培训计划进行评价还有一种较常用的方法就是控制实验法，具体的操作如下：

在控制的实验情境中，设置一个实验组（接受培训组）和一个对照组（没有接受培训组），参照培训目标，确定将要收集的数据指标（比如技能方面的变化、认知方面的变化等），然后对实验组相对照组在培训进行前后的相同时间跨度内分别进行同样的测验或问卷调查，收集所需的数据。用这种方法企业就可以确定员工的绩效改进是否是培训导致的结果，而不是其他因素的影响（如报酬的提高等）。

（二）常见的评估模型

1. 柯克帕特里克的四级评估方法

表 8-4 柯克帕特里克的四级评估

| 级别 | 解 释 |
| --- | --- |
| 1. 反应 | 学员对培训项目的哪些方面感到满意？ |
| 2. 学习 | 学员从培训项目中学到了什么？ |
| 3. 行为 | 通过培训，学员的行为是否发生了变化？ |
| 4. 结果 | 行为的变化是否对组织产生了积极的影响？ |

2. 考夫曼的五级评估方法

表 8-5 考夫曼的五级评估

| 级别 | 解 释 |
| --- | --- |
| 5、社会效益 | 社会和客户的反映、结果和报偿情况 |
| 4. 组织效益 | 组织的贡献和报偿情况 |
| 3. 应用 | 在组织中个人和小组（产品）的应用情况 |
| 2. 掌握 | 个人和小组的掌握能力情况 |
| 1b. 反应 | 方法、手段和程度的接受情况和效用情况 |
| 1a. 可能性 | 人力、财力和物力的有效性、可用性和质量 |

3. CIRO 评估方法

该方法描述了四种基本的评估级别，由四个单词的首字母组成：

（1）情景评估（context evaluati on）

（2）输入评估（input evaluatlon）

（3）反应评估（reaction evaluatlon）

（4）输出评估（output evaluation）

可以对三个层次的目标进行评估：

（1）最终目标。培训项目将消除或克服组织内部的特殊缺陷。

（2）中间目标。为达到最终目标而必不可少的使员工行为的改变。

（3）直接目标。员工必须具备的新知识、新技能和观念，以便达到行为的变化和目标的实现。

4. ClPP模型

表8-6 CIPP模型

| 级别 | 解 释 |
| --- | --- |
| 情景（context） | 确定相关环境，鉴别需求机会，并对特殊问题进行诊断 |
| 输入（input） | 输入所需信息资料，用来确定如何最有效地使用现有资源才能达到培训目标 |
| 过程（process） | 为负责实施培圳项目的人们提供信息反馈 |
| 成果（product） | 对目标结果进行衡量和解释 |

5. 菲力普斯的五级投资回报率

表8-7 菲力普斯的五级投资回报率

| 级别 | 解 释 |
| --- | --- |
| 1. 反应和既定的活动 | 评估学员对培训项目的反应以及略述实施的明确计划 |
| 2. 学习 | 评估技能、知识或观念的变化 |
| 3. 在工作中的应用 | 评估工作中行为的变化以及对培训资料的确切应用 |
| 4. 业务结果 | 评估培训项目对业务的影响 |
| 5. 投资回报率 | 评估培训结果的货币价值以及培训项目的成本（往往用百分比来表示） |

在以上模型中，在各级组织中应用最广泛的是柯克帕特里克所提出的模型，而菲力普斯的五级投资回报率模型是对柯克帕特里克模型的一种增补。目前越来越被众人所接受。但是，由于每个组织都有自己的独特之处，因此并不存在一种最佳的模型，企业应根据自己的实际情况进行选择。

**本章小结**

员工培训是指通过一定的科学方法，促使员工在知识、技能、能力和态度四个方面的行为方式得到提高，以保证员工能够按照预期的标准或水平完成所承担或将要承担的工作和任务，以满足企业目前或将来的工作需求。培训是增进员工的知识和能力。

员工培训的方式很多，企业应该根据自身的发展状况、所处阶段的实际情况，选择合适的培训方式。目前常见的培训方式有岗前培训、在岗培训、外派培训等。

在职培训方法主要有：

1. 带徒 2. 轮换法 3. 教练法 4. 行动学习法 5. 初级董事会

评估是一个用来确定某个活动的价值或意义的系统过程。因此，培训效果评估就是确定培训活动的价值或意义的系统过程，就是对培训进行评价，依据培训目标，对培训对象和培训本身做一个价值判断。

## 复习与思考

一、名词解释

1. 培训　　2. 学习型组织　　3. 反应评估

4. 学习评估　　5. 行为评估　　6. 成果评估

二、选择题

1. 企业对新员工上岗前进行的培训称为（　　）。

A. 在岗培训　　B. 岗前培训　　C. 脱产培训　　D. 在职培训

2. 员工在不脱离工作岗位的情况下，利用业余时间和部分工作时间参加的培训称为（　　）。

A. 在岗培训　　B. 岗前培训　　C. 脱产培训　　D. 短期培训

三、判断题

1. 组织层面分析指的是确定组织范围内的培训需求，确保培训计划符合组织的整体目标与战略要求。（　　）

2. 柯克帕特里克提出的培训效果四级评价模型，将培训效果分为四个递进的层次，即反应、学习、行为、成果。（　　）

3. 岗前培训是指员工离开工作岗位，去专门从事知识或技能的学习。（　　）

四、简答题

1. 员工培训的含义与意义是什么？

2. 培训计划都包括哪些内容？

3. 简述柯克帕特里克提出的培训效果四级评价模型的基本内容。

五、论述题

1. 如何进行培训需求分析？

2. 怎样运用案例教学法进行培训？

## 案例讨论

### 上海大众：人才争夺是企业成功的奠基石

上海大众汽车有限公司生产的“桑塔纳”轿车，1996年的全国市场占有率达53%，年产20万辆，产销率达90%以上。而2000型车，更受到广大用户的青睐。在上海大众成功的经验中，人员培训被认为是成功的“奠基石”。

“上海大众”公司认为“质量是企业的生命”，“人才是‘上海大众’最宝贵的财富”。在这里，谁都能就“生命”与“财富”的关系作出解释：企业的生命力在于产品的高质量，而产品的高质量则依赖于人员的高素质。因而，“上海大众”从1985年开业至今，中德双方一贯把人员培训放到十分重要的地位上。

早在1994年中穗双方在签订合营合同时，就建立了培训中心。11年来这个培训中心为“上海大众”输送了515名技术工人，培训了200万人次的在职职工。

目前，我国汽车工业进入新的发展时期。“上海大众”员工从一两千人发展到万人，企业的管理水平与产品质量亟待更上一层楼，新车型自行开发能力有待加快形成，由此急需造就一支更高素质的职工队伍。公司又建造了一幢新的培训大楼，内部建有可编程控制、汽车电工、自动化、电子电工、数字模拟技术等更为先进的一流教学实验室。

“上海大众”设有人员培训部，下设“职前”与“在职”两个培训职能机构。

职前培训的“上海大众”技校，参照穗目职业教育教学大纲，自编和应用紧密结合本公司实际的若干教材，技能训练和理论知识的学习同步进行。技校6个专业的学生，以专业学习为主，并与多工种知识学习相结合，以期通过3年学习实现一专多能。

在职培训的鲜明特色是，紧扣本公司各部门、各工厂、各车间的需要组织培训。“需要什么，培训什么”，这是该项工作的着眼点与着力点。在大众公司车间常设“培训岛”。岛内设有培训教室和解剖助车身，各类配件等，用以组织上岗培训。

工长、班长的培训则是各自联系实际进行生动活泼的形象演示，并被摄成录像，以供大家评论。他们做思想工作的艺术，语言表达能力，乃至文明坐相与站相等，都引发成话题。

“上海大众”11年的实践，迅速缩短了中国轿车与世界先进水平之间的差距。驱动这一腾飞的“发动机”无疑是人才，而为人才成长提供丰富营养的则是高质量的、不间断的人员培训。我国机械工业部有关领导称，“上海大众”人员培训的成功经验，应当成为我国企业界的共同财富。

问答：

1. 简述大众公司员工培训的特点

2. 该中心采用哪些培训方法？

# 第九章　绩效管理

【本章要点】

通过本章内容的学习，应了解和掌握如下问题：

1. 什么是绩效?
2. 什么是绩效管理?
3. 绩效管理的实施步骤是什么?
4. 绩效管理实践中常见的问题有哪些?
5. 绩效评估常见的方法有哪些?

【开篇案例】

**“一刀切”凉了谁的心**

2004年1月1日，东北某城市民营企业A公司的总经理张迈克早早地就来到了公司，显得特别兴奋。他年前去了一趟北京，参加了一次企业绩效考评方法学习班，听完后热血沸腾，决心要在公司里按标准实行这一制度。A公司主营电梯生产，虽成立仅4年，却已经在当地做到前列。由于公司所在的行业竞争激烈，企业想进一步发展越来越困难。员工在企业的快速成长中赚了一些钱，多数员工产生了“够吃就行”的想法；且同行业的竞争者快速逼近，让公司领导有一种强烈的危机感。

张经理把从北京带回来的材料交给了人力资源部的李部长，并叫他尽快拿出一套绩效考评方案。张经理强调绩效考评一定要统一标准，一视同仁，叫所有的员工都服气。李部长是一位做事雷厉风行的人，很快与副部长设计一套绩效考评制度。重点内容如下：

人力资源部平时对员工的出勤、奖惩等情况进行整理统计，年底由员工向公司提供总结报告并公开述职，然后由员工所在部门的全体人员和其他部门的代表对员工进行民主评议，外部门的代表由人力资源部在公司内随机抽取确定，本部门和外部门人员打分分数按6∶4的比例加权汇总，最后计算出个人平均成绩。民主评议的内容是依德、能、勤、绩四个方面内容细化延展成考量的10项指标，主要内容及分配如下：

各部门考评后根据分数可将员工划定三类：优（比例为20%）、良（比例为70%）、差（比例为10%）。公司对优、良者适当奖励，对差者适当处罚。

人力资源部设计这套考评办法用了10天时间，然后全员讨论。由于总经理的支持，大家又都觉得很新鲜，全员讨论只用了一周时间就获得了通过，尤其是很多想做事的人踌躇满志，认为机会来了。

经过近一个月的考评后，人力资源部发现了一个怪现象：对员工的考评结果没有体现出真实的工作水平。经过民主评议，原先工作比较出色和积极的职工考评成绩却常常排在多数人后面，一些工作业绩并不出色但错误很少的人却又排在了前面。还有就是一些管理干部对考评结果大排队的方法不理解甚至有抵触心理。

问题最后反映到张迈克这里，2005 年 2 月 1 日，张经理决定亲自请一些人来深入了解一些实际情况。

首先找到财务部刘经理，她说道，财务部门工作基本上都是按照规范和标准来完成的，平常填报表和记账等都要万无一失，怎么能要求具有创新能力？如果没有这项内容，评估我们是按照最高成绩打分还是按照最低成绩打分？另一个问题，在本次考评中沿用了传统的民主评议的方式，让其他人员为财务人员打分。因为我们财务工作经常得罪人，让被得罪的人评估我们财务，这样公平吗？

售后服务部潘经理明显有备而来，他说，我认为本次考评方案需要尽快调整，因为它不能真实地反映我们的实际工作状况，例如我们售后服务部主要负责公司电梯设备的维护管理工作，全部门总共只有 20 个人，却管理着全国近 200 台电梯的日常维护管理工作，为了确保它们安全无故障地运行，我们主要工作就是按计划到基层各个点上检查和抽查设备维护的情况。在日常工作中，我们不能有一次违规和失误。但是在考评工作业绩时需要打分，我们的考评就只有合格和不合格之说，怎么给分？

又了解了几位员工，对此考评方案也都有看法，张迈克确实感觉到了当初设计绩效考评方案的草率，但当初大家都同意的，问题究竟出在哪里呢？

**点评：**

绩效评估是人力资源管理部门的核心任务。科学公平的绩效考核是激发员工劳动热情，稳固员工队伍，提高劳动生产率的前提。

## 第一节　绩效概述

### 一、绩效的概念

绩效（Performance），也称为业绩、效绩、成效等，反映的是人们从事某一种活动所产生的成绩和成果。只要有需求、有目标，就有绩效。我们做任何事情都存在着绩效，绩效的问题始终伴随在我们周围，也存在于与我们相关的各种组织、团体之中。角度不同，对绩效的看法不同，总的来说，绩效就是结果。我们通常所说的企业绩效，指的就是企业管理活动的效果和效率。

从绩效的定义可以知道，对员工进行绩效考评涉及工作结果和工作行为。员工的工作结果，被称为“任务绩效”，即指按照其工作性质，员工完成工作的结果或履行职务的结果。换言之，任务绩效就是组织成员对组织的贡献，或对组织所具有的价值。在一个组织中，员工绩效具体表现为完成工作的数量、质量、成本费用以及为组织做出的其他贡献等。对任务绩效的考评通常可以用质量、数量、时效、成本、他人的反应等指标来进行考量评估。员工的工作行为，被称为“周边绩效，或者关系绩效”，即指影响员工完成某项工作结果的行为、表现和素质。就这个角度而言，绩效并不仅仅是指员工把工作做得怎样。某一员工即使把工作做好了或完成了某项既定的工作，但如果其在完成工作的过程中，并没有规范自己的行为，表现出良好的素养，则综合起来考评，这个员工的绩效至少不能算好。对周边绩效的考评通常采用行为性的描述来进行评价。目前，越来越多的企业在绩效考评系统中同时包括任务绩效和周边绩效两部分。当然，在对每一类人员进行绩效考评时，每一部分所占的比重并不完全相同。一般来说，越是接近生产一线的职位，就越是强调“任务绩效”的分量；越是接近管理的职位，特别是中高层管理职位，就越是注重“周边绩效”。

绩效具有三个显著特点：

1. 绩效的多因性。多因性是指绩效的优劣不是取决于单一的因素，而要受到主、客观多种因素的影响。图 9-1 所示的工作绩效模型，列出了影响工作绩效的四种主要因素，即员工的激励、技能、环境与机会，其中前两者是员工自身的主观性影响因素，后两者则是客观性影响因素。

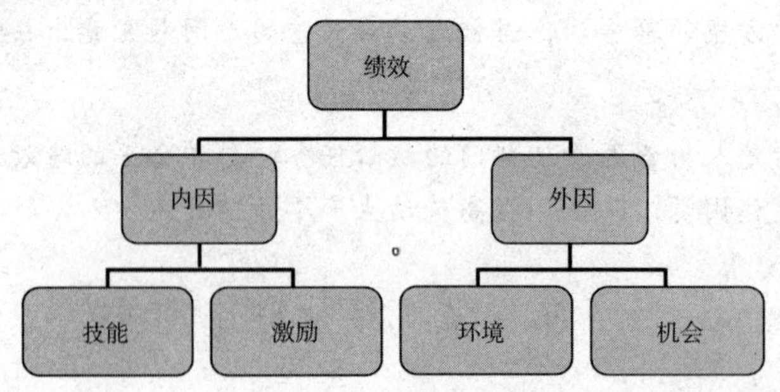


图 9-1 工作绩效模型

图 9-1 所示模型也可用如下函数来反映：P=F（S，O，M，E），式中，P（Performance）为绩效；S（Skill）为技能；O（Occasion）为机会；M（Motivation）为激励；E（Environment）为环境；F 为函数。

2. 绩效的多维性。多维性是指绩效考评要从多种维度去分析与考评。例如，一名工人的绩效，除了产量指标完成情况外，质量、原材料消耗率、能耗、出勤，甚至团结、服从纪律等硬、软方面的表现，都需要综合考虑，逐一评估，尽管各维度可能权重不等，考核侧重点会有所不同。

3. 绩效的动态性。动态性是指员工的绩效随着时间的推移会发生变化，绩效差的可能改进转好，绩效好的也可能退步变差，因此管理者切不可凭一时印象，以僵化的观点看待员工的绩效。总之，管理者对下级绩效的考察，应该是全面的、多角度的、发展的和权变的，力戒主观片面和僵化。

## 二、绩效考评的概念及特点

考评是考核和评价的总称。考核是为评价提供事实依据，只有基于客观的考核基础上的评价才是公平合理的。绩效考核是应用科学的方法对员工业绩进行客观的描述过程。绩效评价是应用考核结果的描述，并根据工作说明书来确定员工业绩的高低，做出评价。

绩效考评是指针对企业中每个员工所承担的工作，根据工作说明书，应用科学的定性和定量的方法，对员工的工作业绩，包括工作行为和工作效果，进行全面系统考察与评估的过程。

绩效考评具有以下特点：

1. 绩效考评不是孤立的事件，它与企业的发展战略、组织结构、人力资源管理、经营管理息息相关。

2. 绩效考评具有指向性，它的出发点和终点就是企业的整体绩效，是为了使企业更好地生存和发展。

3. 绩效考评具有层次性和针对性，不同的岗位、不同的部门和不同的行业对绩效考评的标准、方式和内容是不同的。

4. 绩效考评具有时限性，它要求在一段时间内，对考评做出明确的结论。考评既可以按照月度、季度、年度定期进行，也可以不定期进行。

5. 绩效考评是一个过程，不是简单的行为，它是由诸多步骤共同组合而成的行为的集合。

6. 在实际管理过程中，对员工的绩效考评工作可以是正式的，也可以是非正式的。现代企业里，正式的绩效考评是必不可少的，非正式的考评评价也很重要。根据企业实际情况，建立以绩效考评为中心的管理体系，企业需采用科学规范的绩效考评程序，选择最适合自身情况的考评制度、考评方法。有效的绩效考评会给企业日常管理工作带来巨大的好处。如果绩效考评运用得当，对企业每个员工都能提供有益的帮助。

## 三、绩效管理的概念

绩效管理本身代表着一种观念和思想，代表着对于企业绩效相关问题的系统思考。绩效管理的根本目的是为了持续改善组织和个人的绩效，最终实现企业战略目标。为改善企业绩效而进行的管理活动都可以纳入到绩效管理的范畴之内。应该说绩效管理作为一种管理思想，渗透在企业管理的整个过程之中，涉及企业文化、战略和计划、组织、人力资源、领导、激励、统计与控制等各个方面。比如流程再造、全面质量管理、目标管理等等，都可以纳入到绩效管理的范畴之中。因此，给绩效管理下一个定义并不容易。目前，关于绩效管理的观点有三种：

(1) 绩效管理是管理组织绩效的一种体系。这种观点认为，绩效管理是由三个过程组成的：计划、改进和考察。其中，绩效计划主要是制定企业的愿景、战略以及对绩效进行定义等活动。绩效改进则是从过程的角度进行分析，包括业务流程再造、持续性过程改进、全面质量管理等活动。绩效考察则包括绩效的衡量和评估。这种观点的核心在于确定企业的战略并加以实施，雇员并不是绩效管理的核心。它引起广泛关注的原因之一在于它把20世纪80年代和90年代出现的众多新兴管理思想、原理和实践结合了起来。

(2) 绩效管理是管理雇员绩效的一种体系。这种观点通常用一个循环过程来描述绩效管理，具有多种形式。这种观点强调，管理者与被管理者应该对雇员的期望值问题上达成一致的认识。绩效激励是部门管理者的一项职责。此外，部门管理者还在绩效考察方面发挥着特殊的作用。应该特别注意的是，绩效考察是管理者和被管理者共同参与的活动，其责任不仅在管理者，被管理者也要承担相应的责任。而且，绩效考察应该是一项不断进行的活动。

(3) 绩效管理是把对组织的管理和对雇员的管理结合在一起的一种体系。这种观点可以看作是前面两者的结合。这种观点认为有必要对各个层次的绩效进行管理。

### 四、绩效考评的作用

绩效考评可以使管理者了解和掌握组织成员的工作情况，有助于对企业人力资源进行有效的控制和使用，是人力资源管理不可缺少的一个环节。具体来说，绩效考评的作用主要表现在以下几个方面：

1. 为员工薪酬管理提供依据。企业组织内的物质利益的分配必须遵循按劳分配的原则，报酬与贡献相匹配，才能使员工感到公平合理，从而激发员工的工作积极性。这就需要对员工的绩效进行定期测量和考评，以获得必要的客观依据。

2. 为员工的职务调整提供依据。员工的职务调整包括员工的晋升、降职、调岗，甚至辞退。绩效考评的结果会客观地对员工是否适合该岗位做出明确的评判。基于这种评判而进行的职务调整，往往会让员工本人和其他员工接受和认同。

3. 为员工培训提供依据。有效的员工培训必须针对员工目前的看法，对员工的行为、绩效及素质同其职务规范、组织发展要求方面的差距来进行，以确定培训目标、内容及方式。通过绩效考评，可以发现员工的长处与不足、优势与劣势，从而根据员工培训的需要，制订具体的培训措施与计划。

4. 为上级和员工之间提供一个正式沟通的机会。考评沟通是绩效考评的一个重要环节，它是指管理者（考评人）和员工（被考评人）面对面的对考评结果进行讨论，并指出优点、缺点和需改进的地方。利用这个沟通机会，管理者可以及时了解员工的实际工作状况及深层次的原因，员工也可以了解到管理者的管理思路和计划。

5. 能帮助和促进员工自我成长。员工在工作中取得成绩和进步，通过绩效考评，得到组织的承认和主管的肯定，可以更好地激励其发挥技能和潜力。员工如存在不足和缺点，通过绩效考评，能促使其清醒认识到自己的差距，可以起到鞭策作用。

6. 为企业组织决策提供参考依据。通过绩效考评，可以了解生产、供应、销售、财务等各种职能部门情况与问题，从而为组织的有关决策提供参考依据。

## 五、绩效考评的原则

1. 客观性原则

这是一个最基本的考核原则，一方面在考评方式的设定和标准的选取方面要保证客观性，也就是说考评方法的选择和使用要尽量与被考评目标的实际情况相符；另一方面，在考评结果的讨论和分析上也要做到与实际考评结果应有的结论相一致，既不能任意夸大或贬低考评结果的实际意义，也不能肆意委曲考评的结果。

2. 公平、公开的原则

绩效考评的过程和结果要对被考评对象进行公开，应该最大限度地减少考核者和被考核者双方对考评工作的神秘感，绩效标准和水平的制定是通过协商来进行的，考核结果公开，使考评工作制度化。同时考核的公开也保证了考评的公平性，既保证考评过程中有群众的监督，也有助于不断提高考评的质量。

3. 经常化原则

对于组织而言，绩效考评不是进行一次就可以一劳永逸的事情，员工工作质量的改进和工作效率的提高是一个永不停止的过程。这就要求企业对员工的绩效考评要合理地选择考评周期，通过经常性的定期考评，发现一些潜在问题，同时挖掘个人和组织的潜在优势，提高组织的竞争力。

4. 全面性原则

全面性原则是指绩效考评过程中对被考评对象的分析要从多方面收集信

息，全面看待一名被考核对象，进行综合考评。考评渠道要多样化，考评结果要全面化，形成全方位、多渠道、多层次的立体考评体系。

5. 及时反馈原则

绩效考评的结果如果不及时加以反馈，将失去考评的现实意义。在考评之后，进行面谈讨论，把结果及时反馈给被考核者，同时听取被考核者的意见及自我评价情况，在此基础上形成改进的方案，达到考评的最终目的。如果被考评对象不能接受考评的结果，管理者应进一步分析其中的原因，找到解决的办法。

6. 敏感性原则

敏感性原则也称区分性原则，是指考评的结果应当能够有效地对员工的工作效率高低予以区分。如果考评体系不能有效区分绩效不同的情况，优、劣不能区分，无疑会使懒惰怠工者受到纵容，这必然会挫伤员工的工作积极性。

## 第二节　绩效考评

绩效考评应按照规范合理的程序进行，以确保考评的科学性和有效性。一般而言，员工绩效考评要经历制订绩效考评计划、确定绩效考评的标准和方法、选择考评人员、考评实施、绩效考评反馈和考评结果运用等六个阶段，如图 9-2 所示。

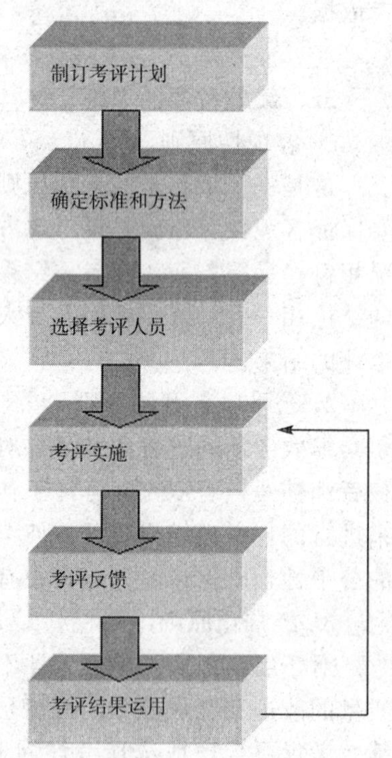

图 9-2　员工绩效考评程序

### 一、制订绩效考评计划

为了保证绩效考评的顺利进行，必须事先制订考评工作计划，在明确考评目的的前提下，根据目的的要求选择考评的对象、内容和时间等。

（一）明确考评的目的和对象绩效考评的目的不同，其考评的对象也不同。例如，为评职称而考评，对象是专业技术人员；而评选先进、决定提薪奖励的考评，则往往在全体员工的范围内进行。

（二）选择考评内容和方法

根据不同的考评目的和对象，重点考评的内容也不同。例如，为发放奖金的考评，应以业绩为主，按业绩的高低发放奖金以鼓励员工提高绩效，着眼点是当前行为；而提升职务的考评，既要考核成绩，更要注意其品德及能力，着眼点是发展潜力。

人员绩效考评的内容是十分复杂的，一般来说，员工的工作绩效评价大致可以分为德、能、勤、绩四个方面。

1. 德。德是指人的政治素质、道德素质、心理素质和思想作风等。它决定着一个人的行为方向——为了什么人生目的而奋斗，决定着行为的强弱——为达到目的所做的努力程度，决定着行为的方式．采取什么手段达到目的。

2. 能。能是指人的能力，是指认识世界和改造世界的本领，指人完成各项工作的能力。对能力的考评应以素质考核为依据，结合他在工作中的种种具体表现来判断其能力。一般来说，能力包括一个人的动手操作能力、认识能力、思维能力、研究能力、创新能力、口头表达能力、文字表达能力、组织指挥能力、协调能力、综合分析能力、自学能力、决策能力等。

3. 勤。勤是指人的勤奋敬业精神。主要表现在员工的工作积极性、主动性、创造性、努力程度以及出勤率等方面。出勤率高是勤的一种表现，但不能简单地理解为勤就是出勤率高。如果是“出勤不出工”，“出工不出力”，那么这种出勤就不是勤的表现。

4. 绩。绩是指员工的工作业绩。工作业绩包括完成工作的数量、质量、经济效益和社会效益。数量多、质量好、效益好是对员工业绩的要求。对不同的职位，考核的侧重点应有所不同，但效益应该是处于中心地位的。在考查“绩”时，不仅要考核员工的工作数量和质量，更应该考核其工作满足社会需要所带来的经济效益和社会效益，也即工作的社会价值。

员工绩效考评的内容也可以分为以下三个方面：

1. 业绩考评，主要是评定员工的工作业绩。

2. 态度考评，从工作态度方面把握其工作完成过程。

3. 能力考评，评定员工在何种条件下达到了企业所期待的技能水平。考核的方法与考核的内容是相互关联的，要根据不同的考评内容确定有效的考评方法。

（三）要根据不同的考核目的、对象和内容，确定考评时间

例如，思想品德及工作能力，是不会迅速改变的，因此，考评间隔期可长一些，一般是一年一次；工作态度及工作业绩则变化较快，间隔期应短些。生产、销售人员的勤、绩可每月考评；而专业技术人员、管理人员的工作短期内不易见效，一年一次考评为好。

## 二、确定绩效考评的标准和方法

（一）确定考评标准

绩效应以完成工作所达到的可接受的条件为标准，不宜定的过高。由于绩

效标准是考评评判的基础，因此，必须客观化、定量化，具体做法是将考评要素逐一分解，形成考评的评判标准。考评标准包括绩效标准、行为标准及任职资格标准。任职资格标准也称职务规范或岗位规范。确定考评标准与前述的考评内容有类似之处。

1. 绩效标准。例如，对生产人员的定额要求、对独立核算单位的利税指标等。

2. 行为标准。例如，要求服务员热情待客，不得与顾客争吵；采购员不得收受回扣等。

3. 任职资格标准。例如，某装饰公司设计部经理岗位，其任职资格如表 9-1 所示。

**表 9-1　某装饰公司设计部经理任职资格**

| 条件 | 最低要求 |
| --- | --- |
| 学历方面 | 装饰设计专业本科以上学历，或具有实际设计经验的同等学历 |
| 知识方面 | 必须具备从事经理业务的良好知识；非常熟悉公司的政策；必须理解接受公司的目标、标准 |
| 能力方面 | 强有力的领导品质；有分析、解决问题的能力；良好的沟通及人际交往能力，勤奋实干，综合素质高 |
| 经验方面 | 有 2～3 年以上的设计部管理经验 |

（二）选择或设计考评方法

根据不同考评目的，选择、设计不同的考评方法。考评方法的选择、设计首先要解决的问题是考评需要掌握哪些信息，从何处获取这些信息，以及采用何种方法收集这些信息。通常采用的收集、记录考评信息的方法有：考核记录、工作日志生产报表、备忘录、现场视察记录、事故报告、交接班记录等，以及收集各种统计账目和有关会计核算资料。

## 三、选择考评人员

在员工绩效考评过程中，对考评人员的基本要求有以下几个方面：

1. 考评人员应该有足够长的时间和机会观察员工的工作情况。

2. 考评人员有能力将观察结果转化为有用的评价信息，并且使得绩效考评可能出现的偏差最小化。

3. 评价人员有动力提供真实的员工绩效考评结果。不管选择谁作为考评人员，如果考评结果的质量和考评人员的奖金能够结合在一起，那么考评人员都会更有动力去做出精确和客观的评价。一般而言，员工在组织中的关系是上有上司，下有下属，周围有自己的同事，组织外部还可能有客户，因此对员工工作绩效进行考核的候选人有以下几种类型：

1. 员工的直接上司
2. 员工的同级同事
3. 员工的下级职员
4. 员工的自我评价
5. 客户的评价
6. 外界人事专家或顾问

近年来，美国的很多企业开始实行所谓的360°评价，即综合自己、上司、下属和同事的评价结果对员工的工作业绩作出最终的评价。这些业绩考评的信息来源在评价员工业绩的不同侧面时具有不同的效力，因此，将它们综合起来无疑可以得到一个最全面的结论。但是实践证明，360°的业绩考核方法只有在那些开放性高、员工参与气氛浓和具备活跃的员工职业发展体系的组织中才能够取得理想的效果。

**阅读资料**

美国通用电气公司何以成为世界实力最雄厚的跨国企业之一，在很大程度上这要归功于韦尔奇独特有效的经营管理方式。

“360°评价”是通用电气的一大特色，每个员工都要接受上司、同事、部下及顾客的全方位评价，每个部门每年都要界定出20%的优秀人员，70%的表现普通人员以及10%的后进人员，业绩差的员工便会被公司无条件辞退。为了使通用电气这个美国老式的大企业在国际市场竞争中具有更强竞争力，韦尔奇曾进行了600多次兼并行动，一次为使公司商务业务集中而“精简”了10万多名职工。此外，为了将财力、物力和精力集中投入具有发展前途的行业和产品生产中，韦尔奇曾卖掉了被看成是通用电气公司心脏和灵魂的计算机集成电路以及电视机等经营项目。因此在有些人看来，韦尔奇是一个无情的管理者，他的一些行为近乎残忍，令人不解和愤慨。

然而，韦尔奇正是从战略角度思考，从员工和公司的切身利益出发，经过深思熟虑作出了这些决策。他在回忆录中对“360°评价”进行了深入分析。韦尔奇认为区别是一个企业生存发展的根本要素，也是经营管理的重要理念。对员工进行分类，便于管理者对他们区别对待、对症下药，奖励表现优秀者并委以重任，积极鼓励表现普通者并帮助他们迅速提高，而对于表现不佳者，辞退其实有利于他们抓紧时间重新自我定位，找到合适的岗位。员工在分享公司的收益增长中体会到韦尔奇“道是无情却有情”的独特管理经营方式，一年内员工奖金增长幅度可以达到150%，即使本人职位不提升，工资增长幅度也会高达25%，优先认股权发放范围也由只限于高级职员扩大到专业雇员总数的1/3。

韦尔奇虽然大权在握，但绝非是一个孤高自傲的独裁者，他经常突然视察工厂和办公室，安排与比他低好几级的经理共进午餐；他向从直接的汇报者到小时工人等几乎所有的员工发出手写体便条，给人以一种亲切和自然感；他凭外貌就能叫出公司至少 1 000 多人的名字，并且清楚地知道他们各自的职务。这一切都意味着他对一个庞大的企业王国的领导和影响滴水不漏，深入而全面。(资料来源：王薇。2004 美国“头号经理”光彩依旧 www. cnhan. com)

### 四、考评实施

考评实施是指对员工的工作绩效考核、测定和记录。这一阶段的主要任务是了解被考评者的工作行为和工作结果的实施情况。在了解实际情况的过程中，一定要实事求是、全面准确地收集反映员工工作绩效的有关资料。

1. 收集信息资料

收集信息资料是考评实施阶段的中心工作。应根据考核目的确定需要哪些信息，从何处获得这些信息，采用何种方法收集这些信息。不同的评价标准，所得到的员工业绩考核信息对人力资源管理中的各项目标也具有不同的意义。收集信息的方法一般有：

(1) 生产记录法。就是对生产、加工、销售、运输、服务的数量、质量、成本等，按制度规定填写原始记录和统计数据。

(2) 考勤记录法。这是最常用的方法，就是把每个员工的出勤、缺勤的情况及其原因如实地记录下来。

(3) 定期抽查法。就是按照规定的时间，定期抽查生产、加工、服务的数量、质量等，并由专人记录抽查情况。

(4) 问卷调查法。设计和发放调查问卷，指定专人对收集上来的问卷进行汇总和分类，逐项进行记录。

(5) 减分抽查法。按职位要求规定应遵守的项目，制定对违反规定者的减分方法，定期进行登记。

(6) 关键事件法。这种方法对优秀行为和不良行为分别予以记录，所收集的事件资料都是明确而容易观察且对绩效好坏有直接关系的，收集并整理后，加以分类和记录。

2. 分析评价

根据考评目的、对象、选定的方法以及收集的信息进行分析评价工作。分析评价是一个由定性到定量再到定性的过程，其过程一般是：

(1) 等级评定。对员工每一个评价项目，如工作质量、出勤、协作精神等方面评定等级，一般可分为五级。五等级划分一般可按下表尺度进行，如表9-2 所示。

表 9－2 五等级评定表

| 等级 | 优秀 | 良好 | 中等 | 合格 | 不合格 |
|---|---|---|---|---|---|
| 表现 | 非常出色 | 比组织期望水平高 | 达到组织期望水平 | 比组织期望水平低，但不妨碍业务 | 水平低，已妨碍业务 |
| 以出勤为例 | 全勤无迟到 | 几个月无迟到 | 每月允许迟到1～2次 | 每月迟到3～4次 | 每月迟到5次以上 |

（2）评价项目的量化。为了将不同性质的项目综合，就必须分别予以量化。即赋予不同评价等级以不同数值。

（3）同一项目不同考核结果的综合。有时同一项目由若干人对某一员工同时进行考评，但得出的结果不一定相同。为综合这些考评的意见，可采用算术平均法或加权平均法综合。例如对某一科长的工作能力的考核分值（5分为满分）为：上级评分为5分，下级评分为3分；相关的两个部门，一个评为4分，另一个评为2分。按算术平均综合为（5＋3＋4＋2）/4＝3.5；若考虑到上级意见更为重要，权数为2，其他权数为1，则加权平均为：（5×2＋3＋4＋2）/5＝3.8分。其结论不完全一样。

（4）不同项目考核结果的综合。在评价一个员工总体能力时，则要将其知识、判断能力、社会交际力等综合起来考虑。确定各个考核项目的权数值主要根据考核的主要目的、阶层、具体职务而定。考核的目的不同，同一项目在整个评价体系中的地位不同，其权数值也不同；具体职务不同，同一要素其地位也不同。

## 五、绩效考评反馈

绩效考评反馈是指将考评结果通过一定的方式反馈给被考评者。一般有两种形式：一是对绩效考评意见的认可，即考评者以书面的形式将考评意见反馈给被考评者，若被考评者同意认可，则签名盖章；若被考评者有异议，可以提出，并要求上级主管或人力资源管理部门予以裁定。二是绩效考评面谈，即考评者与被考评者面对面交谈，将考评结果反馈给被考评者，了解其反映与看法。绩效考评面谈记录和绩效考评意见也需要被考评者签字认可。

## 六、考评结果运用

绩效考评并不是最终目的，因此要特别重视考评结果的运用。在绩效考评过程中获得的大量有用信息可以运用到企业人力资源管理的各项活动中去。首先，可以利用向员工反馈考评结果的机会，帮助员工找到问题、明确方向，这对员工改进工作、提高绩效会有促进作用。其次，可以为人力资源规划的调整、岗位工作说明书的修订，员工招聘，员工培训与开发，员工的激励、奖励和惩罚，员工薪酬调整，员工晋升、降职、轮换和调动等提供依据。最后，还可以用来加强企业与员工之间的沟通，可以发现组织还存在哪些问题等。

## 第三节　绩效管理的实施

一旦绩效评估系统被设计出来，管理者的工作重点就将转向在组织内对该系统加以实施。任何一个绩效评估系统都不会自动地发挥管理功能，需要进一步确定目标、制订计划、分配资源、落实进度、合理控制。许多企业面临着这样的问题：企业花费了大量的金钱和精力制订了绩效评估方案，却推行不下去，于是，我们经常看到的是“匆匆过客”般的绩效考核：又到绩效考核的时间了，人力资源部照例将一些固定的表格发给各个部门经理，各个部门经理则需要在规定的时间内填完这些表格，交回人力资源部。于是经理们忙得不亦乐乎地在这些表格中圈圈勾勾，再加上一些轻描淡写的评语，然后就表中的内容同每位下属谈话十几分钟，最后在每张考核表上签上名。这次考核工作就算万事大吉了。每个人又回到了现实工作当中，至于那些表格去哪里发挥作用了，也就不了了之，也没有人再关心它们。造成绩效考核流于形式原因很多，但更根本的往往是忽视了对绩效管理全过程的把握，只问结果、不问过程，忽视了绩效管理的实施这一重要环节，导致绩效管理过程偏离预定的方向和目标。

### 一、绩效管理的过程性

认识绩效管理的过程特性，首先必须区分传统的绩效考核观念和绩效管理理念。

绩效考核，又可称为绩效评估或工作表现鉴定。就是组织的各级管理者通过某种方法对其下属的工作完成情况进行定量与定性评价，通常被看作管理人员一年一度的短期阶段性事务工作。在单纯的绩效考核中，管理者和下属关注的焦点主要集中在考核的指标和考核的结果上。这种关注的焦点往往导致企业将现有绩效考核系统的失败归咎于考核指标的不完美、不够量化等，进而不断花费成本寻求更完美的考核指标。管理者和下属对考核结果的关注，则容易产生对立情绪。管理者面对着打分的压力，下属则普遍保有抵触情绪，双方处于矛盾和对立之中。

绩效管理，是包含着绩效考核的管理过程。它以目标为导向，将企业要达到的战略目标层层分解，通过对员工的工作表现和业绩进行诊断分析，改善员工在组织中的行为，通过充分发挥员工的潜能和积极性，提高工作绩效，更好地实现企业各项目标。绩效管理更突出的是过程管理，它以改善行为为基础，通过有计划的双向沟通和培训辅导，提高员工绩效，最终实现提高部门绩效和企业整体绩效的目的。绩效管理对企业来说，是一项管理制度，对管理者个人来说，则是管理技能和管理理念。在进行绩效管理的企业中，绩效管理是贯穿各级管理者管理工作始终的一项基本活动。

## 二、绩效管理的实施循环

了解了绩效管理和绩效考核的区别，我们可以进一步认识绩效管理的实施过程。绩效管理的实施，和任何一项管理过程一样，始终是一个从计划、实施到反馈控制的循环过程，如图 9－3 所示。

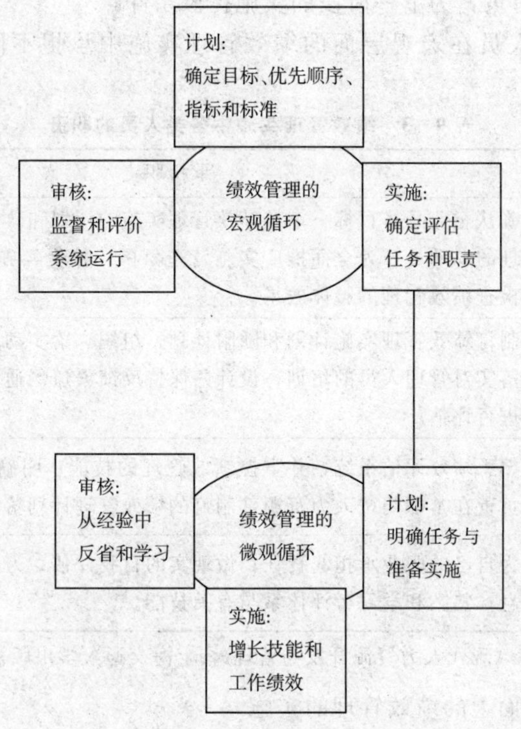


图 9－3　绩效管理实施循环图

本循环图参照威廉姆斯，《人员管理》，中信出版社，1997 年版改写

从图中可以看出，绩效管理的实施，可以分成两个层面：一是组织的宏观层面，二是管理人员在微观层面上实施绩效管理。

（一）宏观层面上的绩效管理实施过程

在宏观层面上，绩效管理的实施过程分为三个阶段：

1. 制订整体实施计划阶段。这一阶段的计划针对如何在公司范围内顺利实施绩效管理。整体实施计划应当包括：确定绩效目标、选择评估方案、落实评估的时间、频率、责任人等行动要项，建立反馈的沟通渠道等。同时整体实施计划还应当包括随附的支持性计划，如宣传动员计划、培训计划、监控计划等等。不少企业将组织宏观层面的绩效管理实施计划作为制度细则确认下来，形成稳定的管理政策，每年再根据企业战略对目标加以确认。

2. 实施阶段。宏观层面的实施主要包括目标分解、落实绩效管理责任、推动绩效管理按时间进度运行、进行相应的奖惩以及保持反馈系统畅通。对于准备实施新的绩效管理系统的组织，在整体实施之前，还需要先在局部范围内进行试验。取得实施的经验后，再在全公司内广泛推行。

3. 评估审核阶段。主要是通过对一个周期的企业整体实施效果进行分析，发现问题，找出对策，为下一阶段的实施提供条件。

组织中各类人员在宏观层面的绩效管理实施中承担不同责任，如表 9-3 所示。

**表 9-3　绩效管理实施中各类人员的职责**

| 人员类别 | 承担职责 |
| --- | --- |
| 最高管理层 | 确认企业总体目标，审核绩效管理实施的计划和政策；做有关绩效管理的总动员，为全面推广实施营造氛围；接受实施过程的反馈信息；检查绩效管理的整体效果。 |
| 人力资源部 | 制订绩效管理实施计划和随附计划；组织、落实动员宣传工作；组织落实对管理人员的培训；设计并保持反馈渠道畅通，对整体实施效果进行评估。 |
| 部门经理和基层管理人员 | 熟悉绩效评估系统，并掌握绩效管理的技能；明确本部门绩效目标；负责在本部门按人力资源部制订的绩效管理计划落实实施绩效管理。 |
| 被评估者 | 为自己的职业承担起责任；做现实的自我评估；为评估者提供有效信息；熟悉和学习考评体系与有关技能。 |

摘自石金涛主编《现代人力资源开发与管理》，上海交通大学出版社，1999 年

（二）微观层面上的绩效管理的实施

绩效管理的微观实施，指管理人员在管理过程中，根据宏观绩效管理实施计划对目标进行分解，明确下属绩效目标，对下属员工的工作绩效进行诊断、沟通，提高下属工作绩效的过程。微观层面的绩效管理同样可以分为三个阶段：

1. 制订绩效计划。微观层面的绩效计划具有上下级协商制订、共同认可的特点。通过绩效计划，主管人员让下属明确任务和完成任务的标准。

2. 管理实施阶段。主要通过主管人员收集绩效信息，与下属进行面谈，反馈和指导帮助下属实现目标。

3. 评估审核阶段。主管人员依据设定的评估方法和标准对下属进行的正

式评价，并与下属进行反馈面谈，通过沟通达成共识，找到改进绩效的方向和措施，进而制订下一步的绩效改进计划。

**三、绩效管理的实施步骤**

绩效管理的实施可以分为六个阶段：

（一）根据企业总目标确定部门及个人工作目标

制定目标的主体：管理者与员工共同制定。

制定目标的依据：参照企业或部门的经营计划和工作目标，结合员工个人实际工作，确定员工工作目标。设立绩效目标着重贯彻三个原则：其一，导向原则，依据公司总体目标及上级目标设立部门或个人目标；其二，SMART原则，即目标要符合具体的（Specific）、可衡量的（Measurable）、可达到的（Attainable）、相关的（Relevant）、基于时间的（Time－based）五项标准；其三，承诺原则，上下级共同制定目标，并形成承诺。

在企业中，如果说所有人都实现了他们各自的目标，则他们所在部门的目标将可能达到，因而企业整体目标的实现也就成为可能。

（二）根据工作要点确定绩效考核标准

工作要点主要是指出了在工作中该做的主要任务，它包括两类：一类是虽然占用的工作时间不多，但非常重要；一类是虽看起来重要程度不高，但占用了大量的工作时间。总之，我们应精选出少量具有该工作特征的任务，同时又能覆盖80％以上的工作职责。

评价指标是指对哪些方面进行评价，而绩效考核的标准则说明指按什么尺度进行评价。

一般地说，应该以完成工作所达到的可接受程度为标准，不应定得过高或低。考核指标和评价标准是绩效考核的难点和重点，因为它关系着部门与部门之间以及个人的切身利益。

（三）根据考核标准实施绩效考核

在实施绩效考核过程中，如何消除非客观因素的影响是考核的关键环节。在考核中，容易产生两个方面的问题：一是主观效应；二是成见效应。这些都是考核者应该避免的。

（四）根据考核结果实施考绩面谈

管理者有责任向下属员工不断提供信息反馈，及时而准确的信息反馈对成功的绩效管理和员工的职业发展意义重大。对下属的工作提出建议和评价，目的在于保证员工的活动和行为不偏离既定的绩效目标。

（五）根据绩效面谈制订绩效改进计划

在绩效面谈中讨论员工存在的不足的原因及成功的原因，诊断原因后，双方就应该对今后应采取的措施达成共识，讨论进一步提高的方法。通常在什么情况下需要制订改进绩效的计划呢？一般来说，当员工的工作绩效未达到最低的期望，或其工作绩效明显下降，应格外重视绩效改进计划。

（六）根据绩效改进计划进行绩效改进指导

有了绩效改进计划后，最重要的是要确保计划落到实处。管理者要随时跟踪计划的实施情况。如果下属员工在计划实施的过程中遇到了障碍，管理者应及时给予支持和帮助。必要时，可以和员工一起对计划作出调整。另外，作为管理者，应该重视在日常工作中对下属的培养。要经常带头与下属讨论工作，并及时对下属的工作和绩效改进予以具体的忠告和指导。管理者要时刻牢记：下属的工作绩效就是你自己的绩效，下属的失误就是你自己的失误，如果不能有效地指导下属改进工作，就是你的失职。

**四、对实施过程进行监控**

对实施过程的监控可以分为几个层次：

（一）对操作程序进行监控。例如，如果希望员工将填写好的表格返回到人力资源部门，最终是否做到这一点？员工不返回表格就说明存在着问题，可能出于某种原因，系统没有被接受，因此应对所出现的问题进行调查。

（二）对评价结果进行监控。这包括对员工在表格中填写的信息和管理人员的评价两方面进行分析。例如，分析工作目标是否符合（SMART）要求。可以截取公司的一个纵面进行分析，考察员工绩效目标是否与组织目标和部门目标相关？目标设定程序是否按照公司所提倡的“瀑布式连接方式”在运行？目标是否与工作结果相关？能否识别出于目标相联系的“业绩逻辑”等。这种分析本身就是一种诊断业绩问题的工具，也是改进和管理绩效的工具。

（三）对人员的接受和参与程度以及行为进行监控。这一层次的监控应根据不同群体来进行。

1. 通过询问高级管理者对绩效管理实施进行监控。

了解高级管理者对绩效管理实施的看法，可以采用问卷调查的方法。通常调查的项目集中在组织宏观运作的方面。如表 9－4 所示。

**表 9－4　高级管理人员绩效分析问卷**

| |
|---|
| 1. 询问对组织目标的看法，如： |
| ——公司对其使命和核心价值是否有清晰而明确的观点？ |
| ——公司是否有一套明确的目的和目标？ |
| 2. 询问组织的经营计划 |
| 3. 询问对绩效考核的看法，如： |
| ——是否广泛地使用绩效指标来对投入、产出、服务效率和服务有效性进行监控？ |
| ——当定量指标不实际也不相关时，是否使用了定性指标？ |
| ——绩效评估是否导致了改进不良业绩行为的产生？ |

（续表）

| 4. 询问对绩效管理实施中个体评价的看法，如：<br>——是否是一个有效的双向程序（例如在目标设定中包括自我评价、自下而上的评估和员工参与）<br>5. 询问组织的外部沟通效果<br>6. 询问组织的内部沟通情况，如：<br>——是否有效地将公司目标和部门目标在整个公司内进行了传达？<br>——部门经理和基层员工是否积极地参与到目标开发之中？<br>——是否向所有职员提供了有关公司目标完成情况的充足信息？ |
|---|

资料来源：威廉姆斯，《绩效管理》中信出版社，2001 年

2. 通过了解中、基层管理人员看法，对微观绩效管理的实施进行监控。

了解部门经理和基层管理人员的看法，可以采用会谈、小组讨论和问卷调查等多种方式。每种方法都有其各自的优缺点，例如，问卷调查可以大规模收集定量资料，但即使其中包括了一些开放式的、可以书写个人意见的资料，其格式仍然会起到限制作用。会谈和小组讨论可以使参加者更加自由地表达自己的观点，但数量、范围受到人力和时间的限制。因此，将各种方法综合运用，效果会更好。

3. 了解员工的看法

建立一个适用的针对员工的调查问卷，作为日常监控和诊断活动的一部分，可以在较长时间和较大范围内反复使用。反复使用调查问卷可以抵消最初的开发成本，具有较好的成本效益比。

以上问题很多是关于上司行为的，这些行为向部门经理一样在绩效管理中起到中心作用。问卷调查的资料在一个部门或在整个组织中积累起来后，通过分析就可以成为实施绩效管理的工具。

调查可以提高人们对绩效管理系统的预期，但同时相应的改进措施必须配套实行。如果组织采取了这样的反馈行动，但又没有准备对发现的问题采取行动，即可能对组织产生危害。因此，对资料进行反馈，寻求有关绩效管理中运行不好的方面的改进建议，十分必要。

## 第四节 员工绩效评估的方法

我们通常可以将员工绩效评估的方法划分为比较法、特性法、行为法、结果法、质量法，下面分别对其进行介绍。

### 一、比较法

员工绩效评估的比较是指评价者拿一个人的绩效去与其他的人进行比较，

从而确定每位被评估员工的相对等级或名次的方法。这种方法通常是对员工的工作绩效或者价值从某方面进行全面的评估，并且根据评估结果设法对在同一工作群体中工作的所有员工进行排序。一般来说比较法可分为：排序法、强制分布法以及配对比较法。

（一）排序法

排序法是指根据被评估员工的工作绩效进行比较，从而确定每一员工的相对等级或名次。等级或名次可从优至劣或由劣到优排列。比较标准可根据员工绩效的某一方面（如：出勤率、事故率、优质品率）确定，一般情况下是根据员工的总体工作绩效进行综合比较。排序法可分为简单排序法和交替排序法。(1) 简单排序法是指管理者把本部门的所有员工从绩效最高者到绩效最低者（或从最好者到最差者）进行排序。(2) 交替排序法则是指管理者对被评估员工的名单进行审查后，从中找出工作绩效最好的员工列为第一名，并将其的名字从名单上划去。然后从剩下的名单中找出工作绩效最差的员工排为最后一名，也把其名字从名单中划去。随后，在剩下的员工中管理者再找出一名工作绩效最好的员工将其排为第二名，找出一名最差的员工列为倒数第二名，依此类推，直到将所有的员工排序完。

（二）强制分配法

强制分配法同样是采取排序的形式，只不过对员工绩效的排序是以群体的形式进行的。强制分配法是按照事物“两头小，中间大”的分布规律，把评估结果预定的百分比分配到各部门，然后各部门根据各自的规模和百分比确定各等级的人数的方法。强制分配法会迫使管理者根据分布规则的要求而不是根据员工个人的工作绩效来将他们进行归类。因此，此方法得出的结果是一个相对的概念，比如说，即使一位管理人员手下的所有员工的绩效水平都高于平均水平，这位管理者也会被迫将某些员工的绩效评价为“无法让人接受”。

**表 9－5　排序评估表**

| 部门＿＿＿＿＿＿＿＿＿＿ | 评估内容＿＿＿＿＿＿＿＿＿＿ |
|---|---|
| 工作绩效最好的员工 | |
| 1. ＿＿＿＿＿＿＿＿＿＿ | |
| 2. ＿＿＿＿＿＿＿＿＿＿ | |
| 3. ＿＿＿＿＿＿＿＿＿＿ | |
| 4. ＿＿＿＿＿＿＿＿＿＿ | |
| ………………………… | |
| N ＿＿ — ＿＿＿＿＿＿ | |
| 工作绩效最差的员工 | |

例如 1，在绩效最差的部门中（无法让人接受），只能有 1%的员工能够得

到最高一级的绩效评价（TF＝绩效最佳的前5%），而在绩效最好的部门中(卓越)，则可以有8%的员工获得最高等级的评价。如表9－6所示。

表9－6 强制分配法

| 评估内容 | 员工工作绩效 | | | | |
|---|---|---|---|---|---|
| 绩效等级 | 最好 | 较好 | 一般 | 较差 | 最差 |
| 百分比 | 10% | 25% | 30% | 20% | 15% |
| 员工姓名 | A____<br>B____<br>-------- | J____<br>K____<br>-------- | P____<br>Q____<br>-------- | W____<br>U____<br>-------- | H____<br>X____<br>-------- |

（三）配对比较法

配对比较法是管理者将每一位员工与工作群体中的所有其他每一位员工进行一对一的进行比较，如果一位员工在与另外一位员工的比较中被认为是绩效更为优秀者，那么此人将得到1分。在全部的配对比较都完成之后，管理者再统计一下每一位员工获得较好评价的次数（也就是对所得分数进行加总），这便是员工的绩效评估的分数，然后根据员工所获分数将员工进行排序。

配对比较法对于管理者来说是一项很花时间的绩效评价方法，并且随着组织变得越来越扁平化，控制幅度越来越大，这种方法会变得更加耗费时间。例如，一位手下只有10个员工的管理人员必须进行45次（即10×9/2）比较。然而，如果这一工作群体的人数上升到15人，则这位管理者所必须进行的比较次数就上升到了105次（即15×14/2)。如果需对n个员工进行评估则需进行n（n—1）/2次的比较。例如管理人员如需对5个员工进行绩效评估则需进行10（$5\times\frac{4}{2}$）次比较，具体比较如表9－7所示。

表9－7 配对比较

| 员工姓名 | A | B | C | D | E |
|---|---|---|---|---|---|
| A | —— | 1 | 1 | 1 | 1 |
| B | 0 | —— | 1 | 1 | 1 |
| C | 0 | 0 | —— | 1 | 1 |
| D | 0 | 0 | 0 | —— | 1 |
| E | 0 | 0 | 0 | 0 | —— |

## 二、特性法

员工绩效评估的特性法是指评估者主要评估员工在多大程度上具有某些被认为对企业的成功是非常有利的特性。在使用这种方法之前，我们需要对那些被认为对企业的成功是非常有利的特性，诸如主动性、领导力、竞争力、创造力、沟通能力等一一加以界定，并且根据这些特性来对员工绩效进行评估。

（一）图评估尺度法

图评估尺度法（graphic rating scales）是最常用的一种绩效评估的方法。此方法使用前必须确定两个因素，一为评估项目，也即从哪些方面评估员工绩效；二为评定每一项目分为几个等级。在使用过程中，评估者每次只要考虑一位员工，然后从中圈出一个与被评估员工具有某一种特性的程度最为相符的分数即可。表 9-8 是一家制造业公司所采用的图评价尺度等级的例子。在表中我们可看到的，在一张清单中所列举的每一项特性都要被根据一个五分（或其他的分数）评估尺度来进行等级评估。

**表 9-8　图评估尺度法举例**

| | 评价尺度 | | | | |
|---|---|---|---|---|---|
| 绩效维度 | 优秀 | 良好 | 中等 | 需要改进 | 不令人满意 |
| 知识 | 5 | 4 | 3 | 2 | 1 |
| 沟通能力 | 5 | 4 | 3 | 2 | 1 |
| 判断力 | 5 | 4 | 3 | 2 | 1 |
| 管理技能 | 5 | 4 | 3 | 2 | 1 |
| 质量绩效 | 5 | 4 | 3 | 2 | 1 |
| 团队合作 | 5 | 4 | 3 | 2 | 1 |
| 人际关系能力 | 5 | 4 | 3 | 2 | 1 |
| 主动性 | 5 | 4 | 3 | 2 | 1 |
| 创造性 | 5 | 4 | 3 | 2 | 1 |
| 解决问题能力 | 5 | 4 | 3 | 2 | 1 |

资料来源：［美］雷蒙德·A. 偌伊，约翰·霍伦拜克，拜雷·格哈特，帕特雷克·莱特著．人力资源管理：赢得竞争优势．第三版．刘昕译．北京：中国人民大学出版社，2001 年

（二）混合标准尺度法

混合标准尺度法（mixed standard scales）是为了解决图评估尺度法的缺陷而创建的。其主要进行了两方面的改动：为了创建一种混合标准尺度，这种方法首先在对相关绩效维度进行界定之后，然后再分别对每一个维度内部代表好、中、差绩效的内容加以阐明。最后再在实际评价表格的基础上将这些说明与其他维度中的各种绩效等级说明混合在一起。表 9-9 中所示的就是一个混合标准尺度的例子。

**表 9-9　混合标准尺度法举例**

| 被评价的三个特征 | 评价等级 | 绩效等级说明 |
|---|---|---|
| 主动性 | | 高 |
| 智力 | | 中 |
| 与他人和关系 | | 低 |

说明：请在每一项陈述后面标明员工的绩效是高于陈述水平的（填“＋”）、相当于陈述水平的（填“O”），还是低于陈述水平（填“—”）的。

（续表）

| | | | |
|---|---|---|---|
| 主动性 | 高 | 1. 该员工确实是个工作主动的人。这个人一贯都是积极主动地做事，从来不需要上级来督促。 | ＋ |
| 智力 | 中 | 2. 尽管这位员工可能不是一个天才，但是他/她确实比我认识的许多人都更聪明。 | ＋ |
| 与他人的关系 | 低 | 3. 这位员工有与别人发生不必要冲突的倾向 | 0 |
| 主动性 | 中 | 4. 虽然通常来说这位员工工作还是积极主动的，但是有时候也需要由上级来督促其完成工作。 | ＋ |
| 智力 | 低 | 5. 尽管这位员工在理解问题的速度方面比某些人慢一点，在学习新东西也比别人要花更长的时间，但是他/她还是具有一般的智力水平。 | ＋ |
| 与他人的关系 | 高 | 6. 这位员工与每一个人的关系都不错，即使是与别人意见相左的时候，他/她也能够与其他人友好相处。 | － |
| 主动性 | 低 | 7. 这位员工有点儿坐等指挥的倾向。 | ＋ |
| 智力 | 高 | 8. 这位员工非常聪明。她学东西的速度非常快。 | － |
| 与他人的关系 | 中 | 9. 这位员工与大多数人相处都比较好。只是在少数情况下偶尔会与他人在工作上产生冲突，这些冲突通常都是很小的。 | － |

赋分标准：

| 陈述 | | | 得分 |
|---|---|---|---|
| 高 | 中 | 低 | |
| ＋ | ＋ | ＋ | 7 |
| 0 | ＋ | ＋ | 6 |
| － | ＋ | ＋ | 5 |
| － | 0 | ＋ | 4 |
| － | － | ＋ | 3 |
| － | － | 0 | 2 |
| － | － | － | 1 |

根据上述评估等级确定分数的过程举例：

| | 陈述 | | | 得分 |
|---|---|---|---|---|
| | 高 | 中 | 低 | |
| 主动性 | ＋ | Z＋ | ＋ | 7 |
| 智力 | 0 | ＋ | ＋ | 6 |
| 与他人的关系 | － | － | 0 | 2 |

资料来源：［美］雷蒙德·A. 偌伊、约翰·霍伦拜克、拜雷·格哈特、帕特雷克·莱特著。

人力资源管理：赢得竞争优势．第三版．刘昕译．北京：中国人民大学出版社，2001 年混合标准尺度法最初是被作为特性导向尺度法开发出来的。但是，这种技术后来却被广泛用在以行为描述而不是以特性导向描述为基础的绩效评价工具之中，在那里，它被作为一种减少绩效评价误差的手段。

## 三、行为法

员工绩效评估的行为法是一种试图对员工为有效完成工作所必须显示出来的行为进行界定的绩效管理方法。这种方法的主要内容是：首先利用各种技术来对这些行为加以界定，然后要求管理者对于员工在多大程度上显示出了这些行为作出评估。以下我们将讨论基于行为的五种员工绩效评估的方法。

### （一）关键事件法

关键事件法（critical incident approach）是管理者将每一位员工在工作中所表现出来的代表有效绩效与无效绩效的优良行为和不良行为的具体事例记录下来。这种方法要求在管理的过程中，企业应为每一个员工准备一本记事本，由管理人员或负责评估的人员将员工每日工作中的关键事件随时记录下来。所记录的事情既可从事好事也可从事坏事，但必须是比较突出且与工作绩效相关的，记录时只需将具体事件和员工的行为记录下来即可，无须对事件和员工行为本身加以评价。对时间和员工行为的评价是由评估人员在对员工绩效评估的时候作出。下面所举的例子就是对一位家用电器维修人员的绩效进行评估时所用到的一个事件：

一位顾客打来电话说其电视机出现图像不稳定并且每隔几分钟就要发出劈劈啪啪的打火声的问题，这位维修人员在出发前就提前诊断出了引起问题的原因所在，然后再检查自己的工具箱里是否备有维修所需要的必要零配件。当他发现自己的工具箱里没有这些零配件的时候，他就到库存中去查找到了这些零配件，以保证在他第一次上门维修的时候就能把顾客的电视机修好，从而让顾客很快就能感到满意。

关键事件法通过对记录下来的关键事件的评估可向员工提供明确的反馈，让员工清楚地知道自己哪些方面做得好、哪些方面做得不好，有助于员工改进自己的工作行为。此外，在使用关键事件法时还可以通过重点强调那些能够最好地支持组织战略的关键事件而与组织的战略紧密联系起来。关键事件法存在的主要不足为：(1) 许多管理者都拒绝每天或每周对其下属员工的行为进行记录。(2) 由于每一个事件对于每一位员工来说都是特定的，因此要对不同员工进行比较通常也是很困难的。

### （二）行为锚定等级评估法

行为锚定等级评估法（behaviorally anchored rating scale，BARS）是建立在关键事件法基础之上的。设计行为锚定等级评估法的目的主要是，通过建立与不同绩效水平相联系的行为锚定来对绩效维度加以具体的界定。它为每个评估项目都设计一个评分量表，并使典型的行为描述与量表上的一定的等级评分标准相对应，以供评估者在评估员工的工作绩效时作为参考。典型的行为锚定等级评估量表包括7个或8个个人特征，被称作"维度"。每一个都被一个7分或9分的量表加以锚定，它没有使用数目或形容词，行为锚定等级评估量表是用反映不同绩效水平的具体工作行为的例子来锚定每个特征。如表9-10所示。

**表9-10　行为锚定等级评估法评分量表举例：大学讲师（部分）**

| 难度：教学内容 | | |
|---|---|---|
| 优秀 | 7 | 教师能够向学生介绍国际前沿学科的知识，并给予清楚的讲解。 |
| 优良 | 6 | 教师能够使用适当的例子辅助自己讲解。 |
| 较好 | 5 | 教师讲课能够生动地传授知识，但是缺乏新意。 |
| 中等 | 4 | 教师能够传授知识。 |
| 合格 | 3 | 教师讲课缺乏新知识，照本宣科。 |
| 较差 | 2 | 教师对传授的知识缺乏理解。 |
| 极差 | 1 | 教师讲课知识有错误。 |

### 四、结果法

结果法比较注重对目标的管理以及对员工工作或群体的工作结果进行评估。此方法假设，绩效评估过程中的主观因素是可以消除的，同时工作的结果是对员工为组织的有效性所作出的贡献进行评估的最为接近的指标。结果法主要包括目标管理法以及生产率衡量与评价系统法，这里主要介绍目标管理法。

目标管理法（Management By Objective，MBO）是由美国管理学家彼得·德鲁克（Peter Drucker）于1954年在《管理的实践》一书中提出来的。根据德鲁克的观点，管理过程中应遵循的一个原则是每一项工作都须为达到总目标服务。员工的工作绩效是根据其对实现总目标所作贡献的大小来确定。作为一种成熟的绩效考核模式，目标管理模式迄今已有几十年的历史了，如今也广泛应用于各个行业。目标管理的模式过程图，如图9-4所示。

为了保证目标管理的成功，目标管理应做到：（1）确立目标的程序必须准确、严格，以达到目标管理项目的成功推行和完成；（2）目标管理应该与预算计划、绩效考核、工资、人力资源计划和发展系统结合起来；（3）要弄清绩效与报酬的关系，找出这种关系之间的动力因素；（4）要把明确的管理方式和程序与频繁的反馈相联系；（5）绩效评估的效果大小取决于上层管理者在这方面所花费的努力程度，以及他对下层管理者和员工在人际关系和沟通的技巧水平；(6) 下一步的目标管理计划准备工作是在目前目标管理实施的末期之前完成，年度的绩效评估作为最后参数输入预中。

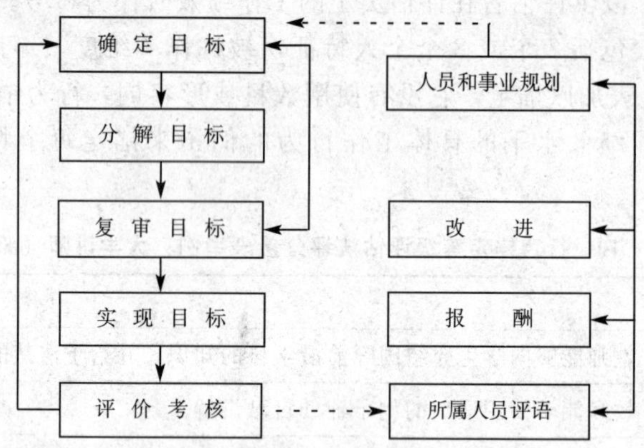


图 9-4 目标管理的模式过程图

目标管理具有三个共通性的组成部分：(1) 它要求确定具体的、有一定难度的、客观的目标。(2) 目标管理法中所确定的目标通常是由管理者及其下属人员共同参与制定的，而不是由管理层单方面确定的。(3) 管理者在整个评估期间通过提供客观反馈的方式来监控员工达成目标的进展过程。

目标管理法的优点：(1) 目标管理法通常是能够提高生产率的。美国的研究人员在对目标管理法进行考察的 70 项研究中发现有 68 项研究都表明这种管理方法带来了生产率方面的收益，而只有两项研究发现因为采用这种方法而导致了生产率的损失。(2) 当公司的最高管理层对于目标管理法具有很强信任感的时候，这种方法所能够实现的生产率增长是最大的；当高层的信任感比较强的时候，生产率的平均增长幅度在 56%；当高层的信任程度一般时，生产率的平均增长幅度为 33%；而当高层的信任程度比较低时，生产率的增长幅度只有 6%。(3) 目标管理法对于组织的绩效水平起着积极的作用。(4) 由于目标管理法中的目标是通过全员参与确制定的，因此目标管理法较容易将员工个人的绩效与公司的战略目标联系在一起。

目标管理法的缺点：(1) 设计目标评估体系需花费的资金和时间较多，因此成本较高；(2) 容易引导员工过于注重短期目标而忽视组织的长期目标；(3) 评估重结果轻行为。

### 五、质量法

#### (一) 质量法的产生

企业常常用销售额、利润和员工的行为等指标作为评估员工绩效的依据。因为管理者假设员工完全有能力控制这些结果。但质量法的提倡者认为企业不应当把这些结果作为评估员工绩效的标准，因为员工并不能完全控制这些结果。他们认为在现行的对员工的绩效考核中主要存在以下几个问题：(1) 大多数组织对员工绩效评估都是根据工作数量而不是质量来衡量的；(2) 由于员工的工作绩效除受自身因素影响外，还受许多外部不可控因素的影响，而现在的员工绩效评估则未能考虑这些因素；(3) 大多数组织并未根据员工对组织成功的贡献来与其分享组织成功所带来的利润；(4) 员工的报酬并未与企业的经营业绩挂起钩来。为了解决这些问题，质量法应运而生。

（二）质量法的主要观点

质量法认为绩效评估的重点应该是向员工提供绩效反馈告诉员工还需在哪些方面进行改善。以下两种反馈是十分重要的：(1) 来自于上级主管人员、同事、客户对员工个人品性的主观反馈；(2) 根据统计质量控制提供的关于工作流程本身的客观反馈。

质量法还强调：(1) 绩效评估系统应当避免对员工绩效进行总体性的评估，如优秀、良好、较差等；(2) 由于员工不能完全控制自己所在的工作系统的质量，因此员工的绩效评估的结果不应当与薪酬挂钩。薪酬应该根据现行市场工资率、资历、公司经营业绩来确定。

质量法认为以质量为导向的评估应该达到：(1) 在绩效评估系统中既要重视人的因素和也要重视系统的因素；(2) 强调管理者和员工应该同心协力来解决绩效问题；(3) 让组织内外的客户参与绩效评估标准的确定及绩效评估的实施；(4) 利用多种信息来源对人和系统的因素进行评估。

## 第五节　绩效考评中的常见问题及防范

### 一、绩效考评中的常见问题

绩效考评是人力资源管理活动中的一项系统工作，在具体的实施过程中都会遇到各种问题，从而影响了绩效考评的准确性与合理性。

（一）绩效考评本身方面的问题

1. 考评标准不严谨。当考评项目设置不严谨、考评标准说明不清时，人们打分时必然有一定的任意度，这会导致考评结果的不正确。

2. 考评内容不完整。在考评体系当中，如果考评内容不够完整，尤其是关键指标有缺失，不能涵盖主要内容，自然不能正确评价员工的真实的工作绩效。

3. 考评方法选择不当。如前所述，绩效考评方法有很多种，每种方法都有一定的适用范围与优缺点。因此，在考评工作当中如果对考评方法选择不当，也会使考评结果产生偏差。

4. 考评结果的反馈方式不当。现代人力资源管理中的绩效考评应该是一个开放的系统，这种开放性意味着整个考评过程应该是上下级之间的双向交流的互动过程。绩效考评的最终目的不仅仅是为了制定各项人事决策，更重要的是肯定员工的优点，激发员工向上的精神，帮助员工找到不足，以明确其今后自我改进的方向。因此，如果不能把考评结果以适当的方式反馈给被考评者本人，绩效考评本身就失去了意义，更谈不上考评目的的实现。久而久之，员工对考评失去兴趣，将其视为流于形式的一项活动。

（二）考评人员方面的问题

1. 晕轮效应。晕轮效应也称“光环效应”，是指考评者在对被考评者进行评价时，对被考评者的某种要素评价较高或较低，将导致对其所有的其他要素也评价较高或较低。例如，某信息系统经理认为某计算机程序员在开发新软件方面是部门最好的，如果仅仅基于这种印象之上就给予这名程序员在决策和同事合作及领导潜质等方面高等级评定，那么晕轮效应就发生了。

2. 宽容或苛刻倾向。宽容倾向指考评中所做的评价过高。苛刻倾向指考评中所做的评价过低。误差的原因主要是缺乏明确、严格、一致的判断标准，不同的考评者掌握的评分标准各不相同，而往往依据自己的经验。在评价标准主观性很强、并要求评价者与员工讨论评价结果时，很容易出现宽容倾向，评价者不愿意因为给下属过低的评价而招致其不满并在以后的工作中变得不合作；当评价者采用的标准比组织制定的标准更加苛刻时，则会出现苛刻倾向。

3. 居中倾向。居中倾向也称平均倾向或调和倾向，是指大多数员工的考评结果都居于“平均水平”的同一档次，并往往是中等或良好水平。与宽容或苛刻倾向相反，考评者不愿意给员工们“要么优秀、要么很差”的极端评价，无论员工的实际表现如何，统统给中间或平均水平的评价。这种“平均主义”评价几乎是无用的，它不能区分下属。这样，对于制定有关薪酬、晋升、培训或者某些应该被反馈给被考评者的人力资源决策，基本不能提供任何信息。

4. 近因效应。近因效应是指考评者只看到考评期末一小段时间内的情况，而对整个考评期间的工作表现缺乏了解和记录，以“近”代“全”，使考评结果不能反映整个考评期内的员工绩效表现的合理结果。产生这种情况的原因，通常是因为考评者对被考评者近期表现印象深刻，或者被考评者在临近评价时有意表现自己以留下较好印象所致。

5. 对照效应。对照效应是指由于考评者对某一员工的评价受到之前的考评对象的结果的影响，而使该员工的绩效考评结果有误差。在通常情况下如果考评人员前面所考评的几个员工表现较差的话，那么一般员工就会显得比较突出；相反，如果之前考评的员工表现优秀，那么一般员工就会显得较差。例如，当一名普通员工的绩效在一名杰出员工的绩效之后被立即评价时，主管可能会给这名普通员工的打分为“中等以下”或者“较差”。对照效应是一种很难消除的考评问题。

6. 首因效应。首因效应也称优先效应，是指考评者通常会根据所获得的关于被考评者的最初信息来评价其绩效的好坏，之后与最初判断相吻合的信息就容易被接纳，而相反的信息往往容易被忽略不计。例如，考评者与被考评者初次见面时，后者给前者留下了极好的印象，在考评过程中，即使发现被考评者有缺点或错误，也会找出理由为其开脱；相反，如果被考评者给考评者留下的是不好的印象，那么在考评中，后者就容易发现前者的缺点，而忽略其优点。

7. 感情效应。人与人之间的感情有好有坏，在考评过程中，考评人员也容易受到感情因素的影响。通常，考评人员倾向于根据被考评者与自己的感情的好坏程度，过高或过低地评价员工。采用基于事实（如工作记录）的客观考评方法，由多人组成考评小组进行考评，有助于减少感情因素所导致的考评误差。

8. 偏见误差。偏见误差是由于考评者对被考评者的某种偏见而影响对被考评者的正确评价而造成的误差。例如，有研究表明，在员工绩效考评中存在这样一种趋势，即老年员工（60 岁以上者）在“完成工作能力”和“工作潜力”等方面所得到的评价一般都低于年轻员工。此外，由于种族和性别而导致的偏见也会对考评结果有影响，如另一项研究显示，高绩效的男性员工所得到的评价显著高于高绩效女性员工所得到的评价。员工过去的绩效状况也有可能会影响其当前所得到的评价。偏见误差是绩效考评中常见的问题，需要对考评者进行考评培训，以消除或减少偏见对考评结果的影响。

## 二、防范绩效考评问题的措施

为了使以上问题对绩效考评的影响减少到最小程度，保证考评过程和结果的准确、合理，需采取如下措施：

1. 采用客观性考评标准

在绩效考评中，要尽量采用客观性的考评标准。用于考评绩效的标准，必须与工作密切相关的。以工作说明书为依据制定考评项目和标准，是一个简便有效的方法；如没有工作说明书，必要时可以进行专门的工作分析来确定工作信息，制定考评标准。

2. 合理选择考评方法

每一种考评方法都有其优点和不足，应该根据组织的实际情况予以取舍，形成有效的方法组合。正确选择考评方法的原则是：根据考评的内容和对象选择不同的考评方法，使该方法在该次考评中具有较高的信度和效度，能公平地区分工作表现不同的员工。

3. 由了解情况者进行考评

绩效考评工作应当由能够直接观察到员工工作的人承担，甚至由最了解员工工作表现的人承担。一般情况下，绩效考评的主要责任人是员工的直接上司。这是因为，直接上司在观察员工的工作绩效方面处于最有利的位置，而且也是他应该承担的责任。但是，直接上司不可能对下属的所有工作全部了解，他在评价下属时可能会强调某一方面而忽视其他方面，因此，考评者还应当包括考评对象的同事、下属和本人，以避免这一问题。

4. 对考评者进行相关的培训

对考评者进行培训，是提高考评科学性的重要手段。通过培训使考评者对上述几种在绩效考评过程中容易出现的问题以及正确的做法都有清楚的了解，这样有助于在实际工作中避免问题的出现。

5. 以事实材料为依据

在考评工作中，每一项考评的结果都必须以充分的事实材料为依据，如用具体事例作为评分的理由。这可避免凭主观印象考评和由晕轮效应、偏见误差等所产生的问题。

6. 公开考评过程和考评结果

绩效考评必须公开，这不仅仅是考评工作的民主化的反映，也是组织管理科学化的客观要求。考评结果做出以后，要及时进行考评沟通，让员工了解自己的考评结果，也使管理者了解下级工作中的问题及意见。

7. 进行考评面谈

绩效考评不仅仅是考核员工过去的表现，而且要在考评的基础上帮助员工开发工作潜力。绩效考评面谈，将考评的结果反馈给员工本人，将其优点、长处告知本人，有利于激发其向上的动机；而告知本人存在的不足，可以使其明确自己需要完善和改进的地方，也可以使其认识到加强学习参加培训的必要性。为了使绩效考评面谈能顺利地进行，需要注意有关面谈的技巧。经常采用的面谈技巧有：

（1）做好绩效考评面谈的准备工作；

（2）面谈中要创造良好的面谈气氛；

（3）要开诚布公地对待员工，鼓励员工说话；

（4）要仔细聆听被考评者的陈述；

（5）避免与员工冲突，妥善处理员工的对抗情绪；

（6）把握面谈结束的时机与方式。

8. 设置考评申述程序要设立一定的程序，处理员工因认为对其评价结果不正确和不公平所提出的申诉，以从制度上促进绩效考评工作的合理化。处理考评申诉，一般由人力资源部门负责。

## 本章小结

员工的工作绩效是指员工经过考评并被认可的工作行为、表现及结果。对组织而言，绩效就是任务在数量、质量及效率等方面完成的情况，对员工个人来说，则是上级和同事对自己工作状况的评价。绩效具有多因性、多维性和动态性等三个显著特点。

绩效考核是应用科学的方法对员工业绩进行客观的描述过程。绩效评价是应用考核结果的描述，并根据岗位工作说明书来确定员工业绩的高低，做出评价。绩效考评是指针对企业中每个员工所承担的工作，根据岗位工作说明书，应用科学的定性和定量的方法，对员工的工作业绩，包括工作行为和工作效果，进行全面系统考察与评估的过程。

绩效考评可以使管理者了解和掌握组织成员的工作情况，有助于对企业人力资源进行有效的控制和使用，是人力资源管理不可缺少的一个环节。

根据国内外企业管理的实践，绩效考评应坚持客观性原则，公平、公开原则，经常化原则，全面性原则，及时反馈原则和敏感性原则。

绩效考评应按照规范合理的程序进行，以确保考评的科学性和有效性。一般而言，员工绩效考评要经历制订绩效考评计划、确定绩效考评的标准和方法、选择考评人员、考评实施、绩效考评反馈和考评结果运用等六个阶段。

绩效考评方法多种多样，各种方法都有其优点和局限性，有其特定的范围。考评方法的选用要从企业组织的类型、工作的性质及考评对象的特点等方面来考虑。如果考评方法不当，再理想的考评量表也只是个花架子，不但达不到考评的目的，还会产生副作用。

主观考评法是当绩效指标难以量化时采用，没有准确的标准，主要依赖于考评者经验判断。主观考评法包括：自我与他人评价法、序列比较法、成对比较法和比例控制法等。

客观考评法是根据客观标准对员工的行为进行评价的方法。其实质是对员工的行为按照评价的标准给出一个量化的分数或者程度判断，然后再对员工的各个方面的得分进行加总，得到一个员工绩效的综合评价结果。客观考评法包括：量表评定法、分定考评法和关键事件法。

目标管理法是按照员工的工作成果进行考评的方法。其过程是：先由主管人员和下属共同协商制定员工在一定的时期内需达到的绩效目标及检验目标的标准；经过贯彻执行后，在规定期未，主管人员和下属双方共同对照既定目标、检验目标的标准，考评下属的实际绩效，找出成绩和不足；然后双方本着合作互利、发扬优点克服缺点的原则，制定下一阶段的绩效目标。

绩效考评是人力资源管理活动中的一项系统工作，在具体的实施过程中都会遇到各种问题，从而影响了绩效考评的准确性与合理性。绩效考评中的问题主要有考评本身中的问题和考评人员方面的问题。解决这些问题需要采取相应的措施。

## 复习与思考

一、名词解释

1. 绩效　　2. 绩效考评
3. 序列比较法　　4. 关键事件法
5. 考评面谈　　6. 首因效应
7. 比例控制法　　8. 目标管理法
9. 晕轮效应　　10. 绩效考评反馈

二、选择题

1. 一名工人的绩效，除了产量指标完成情况外，质量、原材料消耗率、能耗、出勤，甚至团结、服从纪律等硬、软方面的表现，都需要综合考虑，逐一评估，这体现了绩效的（　　）的特点。
   A. 多因性　B. 多维性　C. 动态性　D. 不确定性
2. （　　）是绩效考评中比较简单易行的一种综合比较的方法。
   A. 序列比较法　B. 成对比较法　C. 比例控制法　D. 关键事件法
3. （　　）优点是既拉开了被评估对象之间的等级差距，便于相对比较，又可以有效控制各等级的人数分布，保持人配合理，避免盲目考评与失控现象。缺点是使绩效水平相近的员工因为比例限制而被划分到不同的等级中去，从而产生评估的偏差。
   A. 目标管理法　B. 比例控制法　C. 关键事件法　D. 量表评定法
4. 以下关于绩效考评结果应用的说法错误的是（　　）。
   A. 可以根据结果帮助员工制订绩效改进计划
   B. 可以作为员工晋升的依据
   C. 可以据此给员工发放奖金
   D. 工作分析方法的选择
5. 管理人员、专业技术人员以及销售人员等比较适合采用（　　）进行绩效考评。
   A. 直接指标法　B. 成绩记录法
   C. 目标管理法　D. 加权选择量表法
6. 绩效考评是对员工（　　）进行全面系统的考察和评估过程。
   A. 工作行为　B. 工作效果　C. 工作效率　D. A项和B项
7. 在使用绩效考评的关键法时（　　）。
   A. 考评者要记录并观察员工工作中的关键事件
   B. 关键事件只能作为衡量员工的辅助证据资料
   C. 考评者无需考虑行为的情景
   D. 考评者要对人不对事
8. 绩效的多因性是指绩效的优劣不是取决于单一的因素，而要受到主、客观多种因素的影响，即（　　）。
   A. 激励　B. 技能　C. 环境
   D. 机会　E. 过程

9. 组织在利用目标管理法进行绩效考评，在制定绩效目标时（　　）。

A. 由员工的上司为员工制定个人目标

B. 目标可以用数量、质量和影响等来衡量的

C. 设定的目标应与单位和员工的实际需要相符合

D. 表示目标是有时间要求的

E. 目标一旦制定，就不能再修改，要保持它的一致性

10. 绩效标准是绩效考评的基础，必须（　　）。

A. 精确化　　B. 简易化　　C. 定量化　　D. 客观化

三、判断题

1. 在考虑影响员工绩效的多维因素的时候，最好赋予各个维度相同的权重，这样才会更全面地进行考评。（　　）

2. 目标管理法是按照员工的工作行为进行考评的方法。（　　）

3. 绩效考评只能由员工的主管对其进行考评。（　　）

4. 绩效面谈过程即主管评价下属业绩好坏的单向沟通过程。（　　）

5. 考评方法的准确性是选择考评方法时应该考虑的唯一因素。（　　）

四、简答题

1. 简述绩效管理的内容。

2. 简述绩效考评的原则。

3. 选择考评人员有哪些基本要求？

4. 简述防范绩效考评问题的措施。

5. 常用的绩效考评方法有哪些？

五、论述题

1. 试述员工绩效考评的程序。

2. 试述绩效评估的方法。

六、案例分析

**通达公司员工的绩效考评**

通达公司，成立于20世纪50年代初，目前公司有员工1 000人左右。总公司本身没有业务部门，只有一些职能部门。总公司下有若干子公司，分别从事不同的业务。

绩效考评工作是公司重点投入的一项工作，公司的高层领导非常重视，人事部具体负责绩效考评制度的制定和实施。人事部在原有的考评制度基础上制定了《中层干部考评办法》。在每年年底正式考评之前，人事部又出台当年的具体考评方案，以使考评达到可操作化程度。

公司的高层领导与相关职能部门人员组成考评小组。考评的方式和程序通常包括被考评者填写述职报告、在自己单位内召开全体员工大会进行述职、民意测评（范围涵盖全体员工）、向科级干部甚至全体员工征求意见（访谈）、考评小组进行汇总写出评价意见并征求主管副总经理的意见后报公司总经理。

考评的内容主要包含三个方面：被考评单位的经营管理情况，包括该单位的财务情况、经营情况、管理目标的实现等方面；被考评者的德、能、勤、绩及管理工作情况；下一步

工作打算，重点努力的方向。具体的考评细目侧重于经营指标的完成、政治思想品德、对于能力的定义则比较抽象。各业务部门（子公司）都在年初与总公司对于自己部门的任务指标进行了讨价还价的过程。

对中层干部的考评完成之后，公司领导在年终总结会上进行说明，并将具体情况反馈给个人。尽管考评的方案中明确说考评与人事的升迁、工资的升降等方面挂钩，但最后的结果总是不了了之，没有任何下文。

对于一般员工的考评则由各部门的领导掌握。子公司的领导对于下属业务人员的考评通常是从经营指标的完成情况来进行的；对于非业务人员的考评，无论是总公司还是子公司均由各部门的领导自由进行。至于被考评人员来说，很难从主管处获得对自己业绩有利评估的反馈，只是到了年度奖金分配时，部门领导才会对自己的下属做一次简单排序。

（案例来源：《企业人力资源管理人员》. 北京：中国劳动社会保障出版社）

**试分析**

1. 绩效管理在人力资源管理中有何作用？这些作用在通达公司是否有所体现？
2. 通达公司的绩效管理存在哪些问题？如何才能克服这些问题？

七、小组讨论

**天龙航空食品公司的员工考评**

罗芸在天龙航空食品公司担任地区经理快一年了。他分管10家供应站，每站有1名主任，负责向一定范围内的客户销售和服务。天龙公司不仅服务于航空公司，也向成批订购盒装中、西餐的单位提供所需食品。天龙公司雇请所有需要的厨房工作人员，采购全部原料，并按客户要求的规格，烹制订购的食品。供应站主任要负责订计划、编预算、监控分管指定客户的销售服务员等活动。

罗芸上任的头一年，主要是巡视各供应站，了解业务情况，熟悉各站的所有工作人员。通过巡视，他收获不少，也增加了自信。

罗芸手下的10名主任中资历最老的是马伯兰。他只念过一年大专，后来就进了天龙，从厨房带班长干起，三年多前当上了如今这个供应站主任。

近一年的接触，罗芸了解了老马的长处和缺点。老马很善于和他重视的人，包括他的部下和客户们搞好关系。他的客户都是“铁杆”，三年来没一个转向天龙的对手去订货的；他招来的部下，经过他指点培养，有好几位已被提升，当上其他地区的经理了。

不过他的不良饮食习惯给他带来严重的健康问题，身体过胖，血管病加胆囊结石，使他这一年里请了三个月病假。其实医生早给过他警告，他置若罔闻。再则，他太爱表现自己了，做了一点小事，也要来电话向罗芸表功。他给罗芸打电话的次数，超过另9位主任的电话数总和。罗芸觉得过去共事过的人没有一人是这样的。

由于营业扩展，已盛传要给罗芸添一名副手。老马已公开说过，在主任中他资格最老，他觉得这地区经理非他莫属。但罗芸觉得老马若来当他的副手，真叫他受不了，两人管理风格太悬殊；再说，老马的行为准会激怒地区和公司的工作人员。

正好年终考绩要到了。公正地讲，老马这一年的工作，总的来说，是干得挺不错的。天龙的年度考绩表总体评分是10级制，10分是最优；7～9分属良，虽然程度有所不同；5～6分合格、中等；3～4分是较差；1～2分最差。罗芸不知道该评老马几分。评高了，他就更认为该提升他；太低了，他准大为光火，会吵着说对他不公平。

老马自我感觉良好，觉得跟别的主任比，他是鹤立鸡群。他性格开放豪迈，爱去造访客户，也爱跟手下人打成一片，他最得意的是指导部下某种新操作方法，卷起袖子亲自下厨，示范手艺。跟罗芸谈过几次后，他就知道罗芸讨厌他事无巨细，老打电话表功，有时一天两三次，不过他还是想让他知道自己干的每项成绩。他也知道罗芸对他不听医生劝告，饮食无节制的看法。他为自己学历不高但成绩斐然而自豪，觉得这副经理就该提他，而这只是他实现更大抱负过程中的又一台阶而已。

考虑再三后，罗芸给老马考绩总体分评了个 6 分。他觉得这是有充足理由的：因为他不注意卫生，病假三个来月。他知道这分数远低于老马的期望，但他要用充分说理来坚持自己评的分。然后他开始考虑给老马各考评维度的分项分数，并准备怎样跟老马面谈，向他传达所给的考绩结果。

（案例来源：萧鸣政，么刃．人力资源管理．北京：中央广播电视大学出版社，2000）

**讨论题：**

1. 你认为罗芸给马伯兰等的考绩用的是什么方法？
2. 罗芸对老马绩效的考评合理吗？老马不服气有令人信服的理由吗？
3. 天龙公司的考绩制度有什么需要改进的地方？你建议该公司应做哪些改革？

# 第十章　薪酬与薪酬管理

**【本章要点】**

通过本章内容的学习，应了解和掌握如下问题：

1. 薪酬的含义；
2. 薪酬与薪酬管理的内容；
3. 薪酬设计的程序；
4. 薪酬管理的原则；
5. 战略薪酬的内容；
6. 薪酬设计的程序。

**【开篇案例】**

我们身边可能不乏这样的人，尤其是一些刚刚毕业的大学生：公司给他们的薪水很高，福利待遇也不错，而且短短几年里就成为公司的中层管理人员，但他们总是抱怨公司的薪酬制度不公平、不合理，甚至黑暗透顶，下一步的打算就是跳槽另谋高就。一些公司的高层管理者在谈起这些人时，统一的评价口径是年轻，心浮气躁，这山望着那山高……

某房地产集团属下一家物业管理公司，成立初期，非常注重管理的规范化和充分调动员工的积极性，制订了一套比较科学完善的薪酬管理制度，公司得到了较快的发展，短短的两年多时间，公司的业务增长了110%。随着公司业务的增加和规模的扩大，员工也增加了很多，人数达到了220多人。

但公司的薪酬管理制度没有随公司业务发展和人才市场的变化而适时调整，还是沿用以前的。公司领导原以为发展已有了一定的规模，经营业绩理应超过以前，但事实上，整个公司的经营业绩不断滑坡，客户的投诉也不断增加，员工对工作失去了往日的热情，出现了部分技术、管理骨干离职，其他人员也出现不稳定的预兆。其中：公司工程部经理在得知自己的收入与后勤部经理的收入相差很少时，感到不公平，他认为工程部经理这一岗位相对后勤部经理，工作难度大、责任重，应该在薪酬上体现出这种差别，所以，工作起来没有了以前那种干劲，后来辞职而去。因为员工的流失和对工作缺乏积极性，致使该公司的经营一度出现困难。公司领导意识到问题的严重性，经过对公司内部管理的深入了解和诊断，发现问题出在公司的薪酬系统上，而且关键的技术骨干力量的薪酬水平较市场明显偏低，对外缺乏竞争力；公司的薪酬结构也不尽合理，对内缺乏公平，从而导致技术骨干和部分中层管理人员流失。针对这一具体问题，该公司对薪酬水平进行了市场调查和分析，并对公司原有薪酬制度进行调整，制订了新的与企业战略和组织架构相匹配的薪资方案，激发了员工的积极性和创造性，公司发展又开始恢复良好的势头。

**点评：**

在现代市场经济中，薪酬管理是企业人力资源管理中最重要、最敏感的管理环节之一，对企业的竞争能力有着很大的影响。近年来，随着企业经营机制的逐步转化和建立现代企业制度的需要，企业内部的工资分配制度逐渐由政府行为转变为企业的自身行为。当企业真正获得了生产经营自主权之后，如何搞好企业利润在自我积累与员工分配之间的关系，如何客观、公正、公平、合理地报偿为企业做出贡献的劳动者，从而既有利于企业的发展，又能保证员工从薪酬中获得经济上、心理上的满足，激活员工的积极性与创造性，已成为企业自身必须解决好的问题。因此，如何建立与现代企业制度相配套的适合企业自身发展的薪酬管理制度与分配方案，最大限度地开发企业人力资源的潜能，便成为人力资源管理者的重要研究课题。我们认为，市场经济条件下，在新的薪酬管理制度取代传统工资制度、人事管理向人力资源管理演变的过程中，有必要重新认识薪酬管理及其制度，这也是我们树立全新的人力资源管理理念，进行现代人力资源管理不可逾越的一步。

## 第一节　薪酬与薪酬管理

### 一、薪酬的本质及构成

（一）薪酬的本质

薪酬是劳资双方互相进行交换的砝码：一方将劳动力出售给另一方，而另一方则出资购买，双方一旦达成合意，即可成交，也就是所谓的彼此确立劳动关系；反之则视为不能成交。薪酬的本质是指，企业针对它的员工给企业所做的贡献，包括他们实际绩效，付出的努力与占用的时间，以及他们的学识、技能、经验与创造，所付给的相应的回报或答谢。其实质是一种等价交换过程，是一种公平的交易或交换关系，是员工在向企业让渡其劳动或劳务使用权后获得的报偿。

（二）薪酬的构成

薪酬是一种价格表现，所以人们常常将其与货币划等号。实际上，薪酬的表现形式是多种多样的，主要包括工资、奖金、福利、津贴与福利、股权等具体形式，支付方式除了货币形式和可间接转化为货币的其他形式之外，还包括终生雇用的承诺（职业保障）、安全舒适的办公条件、免费的午餐、参与决策的机会、反映个人兴趣和爱好的工作内容、学习成长的机会和条件、引人注目的头衔和荣誉、充分展示个人才华的工作平台等等。可见，薪酬的外在表现是十分广泛的。它可以从不同角度区分为直接薪酬与间接薪酬、货币性薪酬与非货币性薪酬、外在薪酬与内在薪酬等。如果将薪酬狭义地理解为货币，势必会影响薪酬管理作用的发挥，造成薪酬管理实践上的偏差。

薪酬构成的基本要素包括基本薪酬，可变薪酬和间接薪酬。

基本薪酬是指企业根据员工所承担的或完成的工作，或根据员工所具有的完成工作的技能和能力，而向员工支付的稳定性报酬。基本薪酬是一个员工从企业那里获得的较为稳定的经济报酬，因此这一薪酬的组成部分对于员工来说是至关重要的。

可变薪酬是指薪酬系统中与绩效直接挂钩的部分，也被称为浮动薪酬或奖金。可变薪酬的目的是在绩效和薪酬之间建立起一种直接的联系，而这种联系可以是员工个人的业绩，也可以是企业某一业务单位、员工群体、团队甚至整个公司的业绩。

间接薪酬是指员工福利与服务。之所以被称之为间接薪酬，是因为它与基本薪酬和可变薪酬存在一个明显的不同，即福利与服务不是以员工向企业供给的工作时间来计算薪酬的组成部分。间接薪酬一般包括带薪非工作时间（例如年休假、承担法院陪审任务而不能工作等），员工个人及其家庭服务（儿童看护、家庭理财咨询、工作期间的餐饮服务等），健康以及医疗保健、人寿保险、养老金等。

## 二、薪酬的功能

### （一）薪酬对企业的功能

1. 改善经营绩效。一方面，人的状态是企业经营战略成功的基石，也是企业达成优良经营绩效的基本保障；另一方面，不谈薪酬，我们就无法谈及人和人的工作状态。如前所述，薪酬对于员工的工作行为、工作态度以及工作业绩有直接的影响，薪酬不仅决定了企业可以招募到的员工的数量和质量，也决定了企业中的人力资源存量，同时，它还决定了现有员工受到激励的状况，影响到他们的工作效率、出勤率、对组织的归属感以及组织承诺度，从而直接影响到企业的生产能力和生产效率。薪酬实际上是企业向员工传递的一种特别强烈的信号，通过这种信号，企业可以让员工了解什么样的行为、态度以及业绩是受到鼓励的，是对企业有贡献的，从而引导员工的工作行为和工作态度以及最终的绩效朝着企业期望的方向发展。

2. 控制企业成本。由于企业所支付的薪酬水平高低会直接影响到企业在劳动力市场上的竞争能力，因此，企业保持一种相对较高的薪酬水平对于企业吸引和保留员工来说无疑是有利的。但是，较高的薪酬水平又会对企业产生成本上的压力，从而对企业在产品市场上的竞争产生不利影响。因此，一方面，企业为了获得和保留企业经营过程中不可或缺的人力资源不得不付出一定的代价；另一方面，企业由于产品或服务市场上的竞争压力又不能不注意控制薪酬成本。

3. 塑造和加强企业文化。薪酬会对员工的工作行为和工作态度发生很强的引导作用，因此，合理和富有激励性的薪酬制度会有助于企业塑造良好的企业文化，或者是对已经存在的企业文化起到积极的强化作用。但是，如果企业的薪酬政策与企业文化或价值观之间存在冲突，那么它会对企业文化和企业的价值观产生严重的消极影响，甚至导致原有企业文化土崩瓦解。

（二）薪酬对员工的功能

与人力资源管理的总体功能是一致的，也就是能吸引、保留加激励企业所需的人力资源。而吸引、保留、激励三者归结起来，就是薪酬激励功能的目的，即激发起员工的良好工作动机和热情，鼓励他们创造出优秀绩效。最简单的理解就是调动员工的工作积极性，使他们愿意并努力为企业工作。从劳动经济学角度讲，薪酬有三大功能：即保障功能、激励功能和调节功能。

## 三、薪酬管理的含义

（一）薪酬管理的界定

薪酬制度也常称工资制度。工资制度是指与工资决定和工资分配相关的一系列原则、标准和方法。它包括工资原则、工资水平、工资形式、工资等级、工资标准、工资发放等内容。在现代工资制度的发展中，形成了岗位工资制、技能工资制、结构工资制、绩效工资制等工资制度类型。

薪酬管理，是薪酬制度的最后一块基石，没有有效的管理，世界上最完美的薪酬制度也会毫无用处。企业的薪酬管理，就是企业管理者对本企业员工报酬的支付水准、发放水平、要素结构进行确定、分配和调整的过程。

薪酬管理的目的和作用是：能够降低人员流动率，特别是防止高级人才的流失；短期激励和长期激励相结合，更容易吸引高级人才；减少内部矛盾，薪酬涉及到每位员工的切身利益，极易引起员工的不满和不公平感。

（二）薪酬管理的作用

薪酬管理的作用与意义是由薪酬本身的重要性和职能决定的。由于人们对薪酬的理解存在着差异，因而在薪酬重要性和职能的认识上也存在着较大的差异。笔者认为，薪酬的重要性和职能既可从雇员方面分析，也可从雇主方面分析。如果从一般管理的角度看，其重要性和基本职能主要体现为分配、调节和激励三个方面，因此，薪酬管理的作用与意义也就体现为如下方面：

1. 薪酬管理决定着人力资源的合理配置与使用

在薪酬管理中，存在着两种不同的管理机制，一种是政府主导型的薪酬管理机制，这种机制主要是通过行政的、指令的、计划的方法来直接确定不同种类、不同质量的各类劳动者的薪酬水平、薪酬结构，从而引导人力资源的配置。这种机制由于无法回答人力资源是否真正用于最需要的地方，也无法确定人力资源是否真正用于最能发挥他的作用的地方，因而很难真正解决好人力资源的合理配置问题。另一种是市场主导型的薪酬管理机制，这种机制实质上是一种效率机制，它主要是通过劳动力的流动和市场竞争，在供求平衡中所形成的薪酬水平和薪酬差别来引导人力资源的配置。显然，这种机制不但能够及时、准确地反映各类劳动力的稀缺程度，而且能在劳动者通过流动调换职业或岗位实现薪酬最大化时也找到尽其所能的位置，从而使人力资源的配置与使用更加合理。因此，在薪酬管理中，为了更合理的配置与使用人力资源，应尽可能采用市场主导型的薪酬管理机制。

2. 薪酬管理直接决定着劳动效率

薪酬管理是对人的管理，对人的管理实质上是让别人去做管理者想做的事，而要被管理者去做管理者想做的事，除非建立一种机制，使被管理者的行为符合管理者的要求，这样管理才能成功。现代薪酬管理将薪酬视为激励劳动效率的主要杠杆，不仅注重利用工资、奖金、福利等物质报酬从外部激励劳动者，而且注重利用岗位的多样性、工作的挑战性、取得成就、得到认可、承担责任、获取新技巧和事业发展机会等精神报酬从内部激励劳动者，从而使薪酬管理过程成为劳动者的激励过程。劳动者在这种薪酬管理体系下，通过个人努力，不仅可以提高薪酬水平，而且可以提高个人在组织中的地位、声誉和价值。

3. 薪酬管理直接关系到社会的稳定

在我国现阶段，薪酬是劳动者个人消费资料的主要来源，从经济学角度看，薪酬一经向劳动者付出即退出生产领域，进入消费领域。作为消费性的薪酬，保障了劳动者的生活需要，实现了劳动者劳动力的再生产。因此，在薪酬管理中，如果薪酬标准确定过低，劳动者的基本生活就会受到影响，劳动力的耗费就不能得到完全的补偿，如果薪酬标准确定过高，又会对产品成本构成较大影响，特别是当薪酬的增长普遍超过劳动生产率的增长时，还会导致成本推动型的通货膨胀，这种通胀一旦出现，从国内来说，一方面会给人民生活直接产生严重影响；另一方面，通胀造成的一时虚假过度需求，还会促发“泡沫经济”，加剧经济结构的非合理化。

## 四、薪酬管理的内容

### （一）薪酬的调查

关于薪酬调查的选择，不是一个简单的问题。薪酬管理是一项专业性较强的工作，企业实施科学化薪酬管理的目标，是要以最有效地方式，吸引和保留人才，激励和发展员工。企业首先应该明确自己为什么需要薪酬调查的数据，薪酬调查究竟能为企业提供什么信息。因此企业应该首先明确自己的薪酬战略是什么，然后根据薪酬战略确定自己企业的薪酬结构。在薪酬结构的设计上，要实现的两个目标，一个是保证一个企业内部薪酬的相对公平性，即内部公平性，另一个是保证本企业的薪酬在市场上的具有竞争力，即外部竞争性。薪酬调查提供的市场数据，能够提供向企业提供各种职位薪酬的详细市场趋势信息，同时还能提供不同职位之间市场数据的比较，对于企业设计科学的薪酬结构和实施有效的薪酬管理提供了参照信息。

市场上不同的公司所组织实施的薪酬调查，在两个方面有重要区别。一是所覆盖的市场不同。不同市场的人员情况和薪酬实践差异很大，只有准确选取企业直接竞争市场的薪酬信息，才对企业具有最重要的参考价值；比如目前跨国咨询公司的调查客户多是外资企业，对某些国内中小企业就缺乏直接参考价值。二是用于确定职位价值的职位评估方法不同，该评估方法的有效性将极大地决定最后薪酬数据的准确性和可用性。这也是外资公司选择跨国咨询公司的原因。

总的来说，薪酬调查应该注意以下问题：是否具有内部一致性、是否具有外部竞争力、是否与员工贡献成比例工资和借机了解内部信息。

（二）确定薪酬管理的目标

根据企业的人力资源战略确定薪酬管理目标，包括：建立稳定的员工队伍，吸引高素质员工；激发员工的工作热情，创造高绩效；努力实现组织目标和发展目标的协调。

（三）确定影响本企业的薪酬管理因素

影响薪酬管理的因素很多，主要有以下三类：

外在环境因素：包括政府指令、经济、社会、工会、团体协商、生活水平等。

企业内在因素：包括财务能力、预算控制、薪酬政策、公平因素等。

个人因素：包括资历、绩效、经验、教育程度、协商能力等。发展潜力、个人协商能力等。

（四）选择薪酬政策

所谓企业薪酬政策，就是对企业薪酬管理运行的目标、任务和手段的选择和组合，是企业在员工薪酬上所采取的方针策略。薪酬政策选择包括三方面内容：

企业薪酬成本投入决策。比如，根据组织发展的需要，采取扩张劳动力成本或紧缩劳动力成本政策。

根据企业的自身状况选择适合的工资制度。例如，是采取稳定员工收入的策略还是激励员工绩效的策略？前者多于等级和岗位工作制度相结合后者与绩效制度相结合。

确定企业的工资结构及工资水平。例如是采取向高额工资倾斜的工资，还是采取均等化，或者向低额结构倾斜的工资政策？前者要加大高级员工比例，提高其薪酬水平；后者要缩减高级人员比例，降低其员工的薪酬水平。

（五）制订薪酬计划

所谓薪酬计划，就是企业预计要实施的员工薪酬支付水平、支付结构以及薪酬管理重点等。企业在制订薪酬计划时，要把握以下原则：

1. 与企业管理目标相协调的原则

在企业人事管理非规范化阶段，员工的薪酬管理也缺乏科学性。例如，一些企业不是根据企业自身发展的需要选择工资制度和薪酬标准，而是在很大程度上模仿其他企业。事实上，并不存在一个对任何企业都适用的薪酬模式。对此，一些企业明确指出，企业薪酬计划应该与企业的经营计划相结合。

2. 增强企业竞争力的原则

工资是企业的成本支出，压低工资有利于提高企业的竞争能力，但是，过低的工资又会导致激励的弱化。所以企业既要根据其外部环境的变化，也要从内部管理的角度，选择和调整适合企业经营发展的薪酬计划。薪酬计划都不是固定的，实施过程中根据需要随时调整。

（六）调整薪酬结构

薪酬结构是指企业员工之间的各种薪酬比例及其构成。主要包括：企业工资成本在不同员工之间的分配；职务和岗位工资率的确定；员工基本、辅助和浮动工资的比例以及奖励工资的调整，等等。

## 五、薪酬管理的原则

薪酬管理是企业的一项十分重要的管理，它应执行以下原则：

1. 补偿性原则。基本薪酬应该能补偿员工对劳动力的恢复所付出的代价。这包括精神与物质方面的。如果员工得不到补偿，他就无法进行正常的生产活动。

2. 公平性原则。行为学家认为，员工会对自己的付出与收获进行比较，甚至与其他人比较。如果他的所得与他的付出不相符合，他的积极性就会被打击。

3. 激励性原则。薪酬管理的最终目的就是要激励员工，发挥他们的潜能。

4. 竞争性原则。一个企业的薪酬体系要吸引人，不然的话企业将无法留住优秀的员工。

5. 经济性原则。企业的薪酬体系应充分考虑企业本身的实际情况，要进行成本分析与控制。

6. 合法性原则。薪酬应该不与国家的法律相冲突。

# 第二节 薪酬设计

## 一、薪酬设计的原则

1. 可替换原则

薪酬设计是为了留住优秀人才和关键岗位的员工，所以一个岗位的可替换性就成为非常重要的一个考虑因素。如果一个岗位的可替换性很强，就意味着某个人离职给公司造成的伤害会相对较低，因为互换性较强的话，公司可以很快找到替代人员。

那么怎样衡量一个岗位的可替换性呢？主要是看人才市场的供求关系，如果能达到某个岗位要求的人员很多，竞争很激烈，公司就很容易找到合适的人选，而且费用非常低，这样一种岗位的薪酬自然就比较低。如果能达到某个岗位要求的人非常少，甚至一将难求，公司找到合适人选的难度就加大，费用自然就高，所以一旦由于人才流失造成这种岗位空缺，公司付出的代价很大，机会成本很高，所以这些岗位的薪酬就要高，以尽量避免这类人才流失。

在考虑可替换性的时候，公司会计算各种机会成本，比如招一个人花多少成本（管理人员的时间成本、招聘费用、岗位空缺的经济成本等），培训这个人要花多少成本（各种培训课程，交多少学费，犯多少错误等成本），公司要花多少钱才能使这个人达到离职员工今天的水平等等。如果员工掌握很多专业技能，就很难被替换，在这种情况下，公司宁可多给这些员工钱，也不希望因为员工离职而从头再来。比如公司用了3年的时间培养一个人，在给他计算薪酬时就要考虑，再找一个新人薪酬可能会低很多，但是如果把培养一个人所花的成本考虑进去，那么对公司来说，这个人还是不走为好。所以企业对员工的培养时间越长，该员工对于公司来讲，其替换成本就越高。

2. 决策风险大小的原则

薪酬设计需要考虑的另外一个因素是决策风险的大小，即某个岗位的员工一旦决策失误（不管是有意的还是无意的）会给公司造成多大的伤害？伤害越大、决策风险系数就越大，所以待遇就应当越高。比如，秘书没有签字权，即使判断失误，做错了决策，对公司的伤害可能也不会很大，顶多就是把上司交给的工作搞砸了，或者把某个人得罪了，只能影响到一个人，或几个人。但如果一个拥有一定签字权限的部门经理决策失误（比如有20万元的签字权限），对公司的伤害可能就会大很多，而高层经理一旦决策失误有可能给公司带来致命的威胁。

总而言之一句话，要依据某个岗位决策风险的大小定薪酬。

比如银行行长，或者掌握信贷权力的中层领导，可以支配上亿元的资金，一旦做出错误的决策，就可能导致贷款收不回来，损失就可能是上亿元。面对这样一个问题，除了加强监管与控制、形成威慑力之外，这一类岗位的薪酬必须有竞争力。只有当薪酬高到一定程度的时候，大家才会珍惜自己的工作，避免出差错，更不愿意去冒险故意犯错。

## 二、薪酬体系的设计流程

(一) 职位薪酬体系的设计

职位薪酬体系的设计流程职位薪酬体系的设计步骤主要有四个：

其一是搜集关于特定工作的性质的信息即进行工作分析；

其二是按照工作的实际执行情况对其进行确认、界定以及描述即编写职位说明书；

其三是对职位进行价值评价即进行职位评价或工作评价；

其四是根据工作的内容和相对价值对它们进行排序即建立职位结构。

1. 工作分析。工作分析是确定薪酬的基础。结合企业经营目标，企业管理层要在业务分析和人员分析的基础上，明确部门职能和职位关系，人力资源部和各部门主管合作编写职位说明书。

2. 职位评价。职位评价重在解决薪酬的内部公平性问题，它是职位分析的自然结果，同时又以职位说明书为依据。职位评价的作用在于：根据各职位对企业经营目标的价值确定一个合理、系统和稳定的职位结构，在组织内确定工作间的正确差距和相对价值，得出职位等级序列；建立一套符合内部公平性原则的薪酬制度，能够很好地吸引、维系和激励员工；为不同公司内部相似职位间薪酬水平的比较提供依据，消除不同公司间由于职位名称不同、或即使职位名称相同但实际工作要求和工作内容不同所导致的职位难度差异，使不同职位之间具有可比性，为确保工资的公平性奠定基础；帮助企业在劳动力市场上雇佣员工时做出正确的决策；为员工事业的发展指出方向。

3. 职位评价。职位评价是在找出企业内部各种岗位共同付酬因素的基础上，根据一定的评价方法，按每个岗位对企业贡献的大小，确定其具体价值的过程。工作评价的主要目的在于衡量企业内每一个工作岗位的价值，并建立各种工作岗位价值间的相对关系。职位评价通过对理想化职位和现有职位状况进行比较分析，对现有职位进行理论分析和数理统计分析，研究职位设置是否科学，职位工作任务是否恰当，职责权限是否清晰，职务层次是否合理，职位在系统中的地位和作用是否明确，职位工作量是否饱满等，总体而言即是对职位设置的必要性、科学性、合理性、可行性作出分析判断。它是一项非常重要的工作，对薪酬方案的设计具有极其重要的意义。较为常用的工作评价方法有四种：排序法、套级法、因素比较法、评分法。通过职位评价就可以建立起职位结构。

（二）技能薪酬体系设计

通常企业最普遍使用的员工薪酬支付方案就是职位评价方案。但是这种薪酬支付体系不能很好地促进员工学习与工作相关的新知识和新技能，因此，很多企业开始实施技能导向的工资方案。技能工资又称为知识工资，它是根据员工掌握的不同的技能和他们所拥有的新增知识提供薪酬。技能工资最大的优点就在于使员工更主动地工作和学习，提高员工的适应能力以达到生产或服务的标准，使生产率更高，当企业需要新的知识和技能时，技能工资也可以鼓励员工接受培训，同时，这种工资体系也减少了缺勤和人员流动带来的损失。

技能薪酬体系的设计流程及其步骤从本质上来讲，技能薪酬体系的设计目的就是把职位薪酬体系所强调的工作任务转化为能够被认证、培训以及对之付酬的各种技能，或者说技能薪酬体系的设计流程的重点在于开发出一种能够使技能和基本薪酬联系在一起的薪酬计划。因此，技能薪酬体系所要遵循的大体流程和步骤如下：

（1）建立技能薪酬体系设计小组；

（2）进行工作任务分析；

（3）确定技能等级并为之定价；

（4）技能的分析、培训与认证。

**三、薪酬方案的实施与修正**

薪酬方案一经建立，就应严格执行，发挥其保障、激励功能。在实施过程中，薪酬设计者还有一项重要的职责，就是要对制定出来的薪酬制度进行修正，这是薪酬设计的最终环节。这个环节要完成以下任务：

（1）薪酬设计过程中设计者是抛开具体的人而就事也就是工作进行设计的，但在实施过程中则是针对具体的人的，因此难免要出现很多在设计过程中没有考虑到的因素，而且考虑所有这些因素几乎是不可能的，特别是当设计者是外聘专家时更是如此，因此在正式公布实施前要做一个预演式的实施，并根据预演情况进行一些修正，减少公布后出现的风波。

（2）薪酬设计时效很强，方案一旦成型就要立即实施，因为时间一长，方案中涉及的薪酬数据已经发生了变化，市场价格已经进行了调整，那么方案的数据也要进行相应调整，否则员工会对方案的科学性和可行性产生怀疑。

（3）要及时地做好员工的沟通和必要的宣传与培训。从本质上讲，劳动报酬是对人工成本与员工需求之间进行平衡的结果。公平是必要的，但绝对的公平是不可能的，因此实施者要做好宣传解释工作，通过沟通向员工阐明薪酬设计的依据，以尽可能消除误解，让尽可能多的员工满意。

（4）在保证薪酬方案相对稳定的前提下，还应随着企业经营状况和市场薪酬水平的变化做出相应的调整。在确定薪酬调整比例时，要对总体薪酬水平做出准确的预算。目前，大多数企业业务部门做预算。但为了准确起见，人力资源部门做此预算更合适一些，因为财务部门并不十分清楚员工具体薪酬和人员变动情况，更不清楚企业的人力资源规划及实施情况，因此人力资源部门要做好薪酬台账，设计一套比较好的人力成本测算方法。

## 第三节　福利体系的设计

### 一、福利的概念与福利的功能

所谓福利，是指企业向员工提供的除工资、奖金之外的各种保障计划、补贴、服务以及实物报酬。在现代企业中，福利在整个薪酬包中的比重已经越来越大，对企业的人工成本产生了十分重要的影响。

相对于企业提供给员工的工资、奖金等直接报酬而言，福利属于间接报酬，它在整个薪酬体系中发挥着与直接报酬不同的功能，具体而言，福利的运用主要是基于以下考虑：

1. 传递企业的文化和价值观

现代企业越来越重视员工对企业的文化和价值观的认同，因为企业是否有一个积极的、得到员工普遍认同的文化氛围，将对企业的运营效率产生十分重要的影响。而福利恰恰是体现企业的管理特色，传递企业对员工的关怀，创造一个大家庭式的工作氛围和组织环境的重要手段。企业成功的经验也一再证明，那些能够在市场上获得成功的企业，无一不重视企业文化的塑造，无一不强调以员工为中心来展开企业的管理，也无一不向员工提供形式多样、富有吸引力的福利计划。

2. 吸引和保留人才一方面

福利是企业体现其管理特色的一种工具，另一方面，员工本身也存在着对福利的内在需求，因此，越来越多的求职者在进行工作选择时，将福利也作为十分重要的因素来进行考虑。那么对于企业来讲，是否能够向员工提供有吸引力的、能够切实给员工带来效用的福利计划，就成为企业吸引人才和保留人才的十分重要的因素。

3. 税收减免福利相对于工资和奖金，还有十分重要的一个功能就是税收减免。

福利作为企业提供给员工的各种保障计划、服务和实物等，它完全可以用现金来进行替代，那么，把这些福利完全折算成现金计入工资中，将会使员工为这些福利支付一笔高额的所得税。但如果采用福利的形式，那么员工就能够在得到这些报酬时免交所得税，这也是福利在当前越来越受到欢迎的十分重要的原因。

虽然基于上述几个方面的考虑，福利越来越受到企业的重视，但另一方面，福利也存在着许多的消极因素，对企业产生多种不利的影响。比如：福利常常是面向公司中的所有或大多数员工，与员工对企业的贡献和工作业绩并不进行挂钩，从而具有普惠性质，因而使它往往成为薪酬中的保健因素，有它不多，无它则不行，久而久之，员工渐渐将福利看成是企业必备和常规的薪酬部分，不再因为福利而感受到企业对员工的关怀，福利设立最初的目的也就难以实现，并造成企业成本的攀升。因此，现代企业在设计其福利计划时，越来越倾向于将福利也作为对核心人才和优秀员工的一种奖励来进行发放，要求员工通过努力工作来挣得福利报酬，这常常被称为"基于业绩和能力的动态福利计划"。

## 二、福利项目的设计

### （一）福利项目的种类

按企业中福利项目内容的不同，可将福利项目分为以下几类：

1. 经济性福利项目：指除了工资和奖金外，对员工提供其他的经济性补助的福利项目，如住房补贴、结婚礼金等。经济性福利项目可以减轻员工的负担或增加额外收入，进而提高士气和工作效率。

2. 设施性福利项目：指从员工的日常需要出发，向员工提供设施性服务的福利项目，如员工免费宿舍、阅览室与健身房等。设施性福利项目是从关怀员工的日常生活出发，进而提供相关的硬件服务设施。

3. 娱乐性福利项目：指为了增进员工的社交和康乐活动，促进员工的身心健康及增进员工的合作意识，提供娱乐性的福利项目，如旅行、免费电影等。此类福利项目的设计是基于重视员工的管理理念，以满足员工参与感、被接纳、被认同的社会性需求。

4. 员工服务福利项目：指为员工提供各种各样生活上、职业发展上等各方面服务的福利项目，如员工的身体健康检查和外派进修等。

5. 其他福利项目：指以上所列福利项目未包含的其他福利项目，如以本企业员工的名义向大学捐助专用奖学金等荣誉性福利。

### （二）福利项目的设计

除了法律政策规定的福利项目之外，企业中的福利项目种类繁多，不胜枚举，同时随着现代社会人们生活水平的提高，新的福利项目还在不断地被开发出来。于是，怎样设计和挑选出符合企业和员工需求的福利项目就显得非常重要了。

企业在设计福利项目时应当注意以下事项：

1. 进行员工的福利需求调查

不同企业，由于其所处的地域、经营的业务和员工的组成等方面情况的不同，企业员工对福利项目的需求也是不同的。如对地处大城市的企业，企业的外来员工会对“解决当地户口”这项福利的需求，比地处小城市的企业的外来员工强烈一些。

因此，在设计员工的福利项目时应当对企业的员工进行福利需求调查，以使福利项目的设计更加符合员工的需求。福利需求调查的方式可以是由人力资源部发放调查问卷，也可以是对企业相关员工进行访谈。

2. 与企业的战略发展目标相结合

福利项目的实施需要成本，而且如果按照传统普惠的做法，福利属于保健因素，它只可以消除员工的不满，却不能带来更大的激励作用。因此，企业在设计福利项目时应当具有针对性，一方面考虑员工的福利需求，以提高其对员工的激励作用，另一方面要与组织的战略发展目标相结合，以保证企业战略发展目标的实现。如某企业实现其战略发展目标的途径是加大新产品的研发力度，与此相适应，在人力资源管理方面，吸引新的研发人员加盟，降低现有研发人员的流动率就显得非常重要，因此在福利项目的设计和方案的实施范围上，就应当向公司的研发人员有所倾斜。

3. 考虑企业在员工福利方面的成本预算

在现代企业中，福利在整个薪酬包中的比例越来越大，对企业的人工成本也随之产生了重大的影响。因此，进行福利项目的设计时，应当考虑以下两方面的因素，并在两者之间进行平衡。

（1）相对于员工的其他收入，很多福利项目都是可以减免税收的，所以企业可以通过发放福利的形式，在员工的总薪酬水平不受影响的情况下，达到合理避税的目的。

（2）福利与工资、奖金一样，都是企业人工成本的一部分，因此明确企业在员工福利方面的成本预算是福利项目设计的一个重要前提。

4. 可从员工的角度出发对福利项目进行分门别类

企业在进行福利项目的设计时，可从员工的角度出发，对各项福利项目进行分门别类，如“温馨家居”、“幸福生活”等，一方面不仅表达出企业设置该福利项目的意图与作用，而且朗朗上口；另一方面，也使得员工容易理解各项福利项目的内容及意义，以提高福利的激励作用。

## 三、福利方案的设计

### （一）现代企业福利方案设计的趋势

现代企业福利方案的设计偏向于向更具有弹性化和动态化的方向发展。主要体现在以下两个方面：

1. 改变了传统的福利方案普惠的特性，向业绩表现优秀者和企业发展所需的核心人才倾斜，这也常常被称为“基于业绩和能力的动态福利方案”。

2. 实施弹性的自助福利计划，在组织所指定的福利项目的范围内，由员工自主选择其喜好的福利项目。

（二）福利方案的种类

根据方案中的福利项目是否可变，可将企业的福利方案分为固定项目福利方案、自助项目福利方案和固定加自助项目福利方案三种。企业可根据实际情况，选择适用于组织的福利方案。

1. 固定项目福利方案

固定项目福利方案是指在成本预算的基础上，企业根据员工福利需求的情况，结合组织的战略发展目标，设计出一系列固定不变的福利项目组合的方案。对于企业中不同层级的员工，可以采用享用不同固定福利项目组合的福利方案。

固定项目福利方案的优点：

（1）福利项目是既定的，易于操作；

（2）方案简单明了，便于成本预算；

（3）满足了享用对象中大部分员工的需求。

固定项目福利方案的缺点：

（1）如果某项福利项目并不是享用员工所迫切需要的，可能会产生资源浪费；

（2）针对性不强，降低了激励的有效性。

2. 自助项目福利方案

福利是企业提供给员工的一种额外的工作报酬，其目的是体现企业对员工的关怀，塑造一种大家庭式的工作氛围，但很多企业在向员工提供福利的过程中，却发现员工的内在需求多种多样，众口难调，企业很难用统一的福利计划去满足员工多样性的需求。当公司提供的福利与部分员工的需求之间出现脱节时，这种福利就难以真正达到其原本的目的和意义。反过来，如果公司能够让员工自由地选择他们所需要的福利，那么员工对福利的满意度将大幅度提高。所谓自助式福利（Cafeteria Style Benefit），是指像自助餐一样，可以让员工自由挑选所喜欢的福利的一种形式。

企业和员工分别是福利的供给方和需求方，而自助式福利就是在需求和供给之间建立起一种可以进行选择性匹配的“市场机制”。因此，我们可以从需求到供给和从供给到需求两个方面来分析如何构建自助式的福利计划。

（1）从需求到供给

所谓从需求到供给，是指从员工的需求出发来确定企业需要为员工提供什么样的福利。这一方面所需要做的最主要工作是针对员工展开调查，收集他们所需要的福利的信息。公司人力资源部门可以采用问卷调查、访谈等方法，提出一些诸如“你最需要的物品是什么”一类的问题，然后将所收集的信息加以分类汇总，从而确定员工的需求的种类层次。

(2) 从供给到需求

所谓从供给到需求，是指在明确了员工的福利需求的情况下，企业如何来满足员工的需求。这一阶段是需求的实现阶段，也是自助式福利的核心内容，它又分为四个基本的步骤。

①购买力的确定

这时所说的购买力，不是货币购买力，而是一种点数购买力，它是一种虚拟信用形式。具体说来，就是通过资历审查、绩效考核等手段，确定一定的标准，评定出员工的购买点数，它具有类似货币的购买力，可以购买福利。这种点数具有公司信用，可作为公司范围内的交换媒介。

点数的确定依据主要有两大因素：资历和绩效。资历是指员工在本企业的工作年限、职务等级、权责大小等，绩效则是企业的绩效考核体系所反映出来的员工的工作业绩和能力。

②福利物品定价

福利品的定价需要根据物品的现实价格，再根据福利点的单价折算成相应的福利点数作为福利品的点数价格。这只是对某些可衡量的实物或服务的定价，对于那些不能用货币衡量的物品，如带薪假期则需要根据一定的标准折算成现值进行定价。比如，对带薪假期的衡量，可以用它在这期间的工资额加上因不工作造成的损失定价。

③市场交易

当员工手里有了福利点数，而福利物品也一一定价完毕之后，就可以进行交易了。公司首先向广大员工公布福利物品的种类及价格。由广大员工进行挑选，然后按照员工选择的状况向他们提供物品。选购的过程并不是当时现买现付，而是作预先的登记，隔一段时间之后再提供给他们物品。

④约束协调机制

约束协调机制主要是针对交易过程中发生的各种意外纠纷等特殊情况采取的处理措施。比如员工跳槽时的福利点数处理，公司信用危机时的福利点数处理。

自助式福利的最大优点在于，它恰当地提供了员工所需要的福利，使员工的需要得到满足，从而使福利的总效用达到最大化。因此，它作为一种新兴的、具备很强灵活性的福利模式正受到越来越多企业的青睐。

(三) 固定加自助项目福利方案

固定加自助项目福利方案是指企业在成本预算的基础上，根据员工福利需求的情况，结合组织的战略发展目标，设计出一系列的福利项目，其中一部分福利项目组合是不可选的，企业所有员工都可享有，而其余的福利项目是可选的，享有该部分福利的员工可根据自己的喜好，自由挑选福利项目的福利方案。固定加自助项目福利方案的优点：

1. 固定部分的福利项目体现了大部分员工的福利需求；

2. 自助部分的福利项目体现了员工的参与，增强了福利项目的有效性和针对性，增加了员工的满意度；

3. 自助部分的福利项目可采用积分制的形式，提高福利方案的激励性；

4. 固定加自助项目福利方案可在规定自助福利项目的享有对象的基础上，方便地应用于企业的全体员工。

固定加自助项目福利方案与自助项目福利方案一样，具有以下的缺点：

1. 不利于成本准确预算；

2. 操作比较复杂，加大了人力资源部的工作量。

## 本章小结

薪酬与企业员工息息相关，如何去设计薪酬，关系到企业的成败。因此，薪酬管理是人力资源管理的一个核心的部分，通过本章学习，我们了解了薪酬结构、薪酬体系等内容。为深入研究薪酬的管理奠定了一定的基础。

## 复习与思考

一、名词解释

1. 薪酬　　2. 薪酬管理　　3. 福利

二、填空：

1. 技能薪酬体系的设计流程是__________，__________，__________，__________。

2. 薪酬设计的最终环节为__________。

三、选择题

1. 薪酬的构成包括（　　）

A. 基本薪酬　　B. 可变薪酬　　C. 间接薪酬

2. 薪酬设计的原则有（　　）

A. 可替代原则　　B. 决策风险大小原则

四、判断

1. 福利属于薪酬中的间接薪酬。

2. 薪酬就是金钱。

五、简答

1. 薪酬与薪酬管理的内容。

2. 薪酬设计的程序。

六、论述

1. 薪酬管理的原则。

2. 薪酬设计的程序。

七、案例分析

诺基亚的薪酬制度在高科技企业中具有很强的竞争力，吸引了大量的优秀人才。“以人为本”是诺基亚薪酬体系的最大特点，主要体现在下四方面：

第一，诺基亚启动的名为IIP（InvestIn People人力投资）的项目。每年要和员工完成两次高质量的交谈，一方面要对员工的业务表现进行评估，另一方面还要帮助员工认识自己的潜力，告诉他们特长在哪里，应该达到怎样的水平，以及某一岗位所需要的技能和应接受的培训。IIP项目是企业希望员工获得高绩效而拿到高薪酬，并且不遗余力地帮助员工达到这个目标。

第二，进行行业薪酬调查，调整比较率。诺基亚比较率的计算公式为，诺基亚员工的平均薪酬水平/行业同层次员工的平均薪酬水平。当比较率大于1，意味着诺基亚员工的平均薪酬水平超过了行业同层次员工的平均薪酬水平；比较率小于1，则说明前者低于后者；等于1，两者相等。诺基亚每年都会拔出一定的经费，让专业的第三方市场调查公司进行大规模的市场调查。根据这些客观数据，再对企业内部不同层次的员工薪酬水平作适当调整，务求每一个层次的比较率都能保持在1～1.2的区间内（即行内同层次薪酬水平与高于水平的2成之间）。

第三，实施重要员工管理：例如，诺基亚的薪酬比较率明显地随级别升高而递增：在3～5级员工中，其薪酬比较率为1.05；而在更高一层的6级员工中，其薪酬比较率为1.11；到了7级员工，这个数字提高到了1.17。

第四，本土化福利方案的设计，其中体现出的对中国文化的理解，“诺基亚北京公司薪酬体系”中的“现金福利”部分，有明确的中国节日的现金福利发放：春节每个员工发放现金福利600元，元旦200元，元宵节100元，中秋节200元，国庆节300元，员工生日发放400元。

1. 请根据所学知识，谈谈您诺基亚公司的薪酬制度看法及优势分析。

2. 针对案例分析结果，谈谈您你对本单位薪酬体系的看法和意见。

# 第十一章　劳动关系

**【本章要点】**

通过本章内容的学习，应了解和掌握如下的问题：

1. 劳动关系的概念；

2. 劳动合同管理；

3. 劳动争议处理的程序。

**【开篇案例】**

肖某是一家中日合资电子公司（以下简称合资公司）的年轻工程师，去年被公司派往日本接受了为期3个月的技术培训。培训结束回国后，他的技术比以前有了很大提高，于是开始对现在的工作职位和薪水产生了不满足感。为此，他偷偷向一些企业寄发了求职信，希望能找到一份满意的新工作。一家日本独资公司（以下简称独资公司）看了肖某寄来的个人背景材料后，非常满意，决定录用他。当时，肖某本想向合资公司提出辞职后，马上就到独资公司去工作，但合资公司听到肖某要辞职的消息后，拿出了肖某在出国培训前与公司签订的培训协议，要求肖某先按协议中违约条款的规定，向合资公司赔偿近4万元的培训费后，再办理辞职手续。肖某由于一时拿不出这4万元，但又实在不愿放弃独资公司那份新工作，就毅然地离开了合资公司。肖某的不辞而别，使他在合资公司才完成一半的工程陷于瘫痪。合资公司虽采取补救措施，但最终仍然造成近3万元的经济损失。

**点评：**

随着我国经济的快速发展，劳动争议日益增多，用人单位和雇佣者都应该按照法律规定，履行自己的义务，以促进人与社会的和谐发展。

## 第一节　劳动关系概述

### 一、劳动关系的概念

（一）劳动关系的定义

劳动关系是指劳动者与用人单位（包括各类企业、个体工商户、事业单位等）在实现劳动过程中建立的社会经济关系，从广义上讲，即人们在社会过程中发生的一切关系，包括劳动力的使用关系、劳动管理关系、劳动服务关系等。劳动者与任何性质的用人单位之间因从事劳动而结成的社会关系都属于劳动关系的范畴。

从狭义上讲，现实经济生活中的劳动关系是指依照国家劳动法律法规规范的劳动法律关系，即双方当事人是被一定的劳动法律规范所规定和确认的权利和义务联系在一起的，其权利和义务的实现，是由国家强制力来保障的。劳动法律关系的一方（劳动者）必须加入某一个用人单位，成为该单位的一员，并参加单位的生产劳动，遵守单位内部的劳动规则；而另一方（用人单位）则必须按照劳动者的劳动数量或质量给付其报酬，提供工作条件，并不断改进劳动者的物质文化生活。劳动关系表现为合作、冲突、力量和权利关系的总和，它受制于一定社会中经济、技术、政策、法律制度和社会文化背景的影响。

劳动关系发生的过程中常常伴随着劳动合同的签订和执行。机关、企事业单位、社会团体和个体经济组织（统称用人单位）与劳动者个人之间，依法签订劳动合同，劳动者成为用人单位的成员，从用人单位领取报酬和受劳动保护。劳动关系在劳动合同中得到比较具体的反映，合同条款包括：劳动合同的期限；工作内容、劳动保护内容及条件；劳动报酬、纪律；合同终止条件；违反合同的责任等。二者依法产生一定的法律关系。

（二）劳动关系的法律特征

《中华人民共和国劳动法》中，对劳动关系作了明确的界定，是指劳动者与所在单位之间在劳动过程中发生的关系，《劳动法》从法律的角度确立和规范劳动关系，是调整劳动关系以及与劳动关系有密切联系的其他关系的法律规范。

《劳动法》中所规范的劳动关系，主要包括以下三个法律特征：

1. 劳动关系是在现实劳动过程中所发生的关系，与劳动者有着直接的联系。

2. 劳动关系的双方当事人，一方是劳动者，另一方是提供生产资料的劳动者所在单位。

3. 劳动关系的一方劳动者，要成为另一方所在单位的成员，要遵守单位内部的劳动规则以及有关制度。

（三）劳动关系的主体

劳动关系的主体从狭义上讲，主要包括两方，一方是员工以及工会为主要形式的员工团体，另一方是管理方，二者构成了劳动关系的主体。而由劳动关系主体双方构成的组织就是所谓的用人单位，即各类企业、个体工商户、事业单位等。广义的劳动关系的主体还包括政府。因为在劳动关系发展过程中，政府通过法律的制定、实施，对于劳动关系进行调整、监督和干预。

在劳动关系的主体中，员工就是指在用人单位中，本身不具有基本经营决策权利并从属于这种决策权利的劳动者。这种用人单位包括各类企业、个体工商户、事业单位等等。即可以是盈利性的也可以是非盈利性的。工人、医务人员、办公人员、教师、警察、社会劳动者，以及从事低层管理的人员都属于员工的范畴。但是自由工作者或个体劳动者不属于劳动关系意义上的员工。

员工主体主要指的是工会和职工代表大会，还有一些类似于工会的、由共同利益、兴趣或目标组成的员工协会或职业协会等等。我国职工代表大会是企业实行民主管理的基本形式，是职工行使民主管理权利的机构。企业法还规定：职工代表大会的工作机构是企业的工会委员会。企业工会委员会负责职工代表大会的日常工作。企业法规定职工代表大会行使下列职权：

1. 听取和审议厂长关于企业的经营方针、长远规划、年度计划、基本建设方案、承包和租赁经营任责制方案，提出意见和建议。

2. 审查同意或否决企业的工资调整方案、奖金分配方案、劳动保护措施、奖惩办法以及其他重要的规章制度。

3. 审议决定职工福利基金使用方案、职工住宅分配方案和其他有关职工生活福利的重大事项。

4. 评议、监督企业各级行政领导干部，提出奖惩和任免建议。

5. 根据政府主管部门的决定选举厂长，报政府主管部门批准。

我国的工会切实代表职工并参加国家和社会事务的管理，以及在企业中组织和代表职工参与企业的决策和管理。我国目前由于经济成分的多元化，以及劳动力市场的发育和运行，在“三资企业”和私有企业中，工会成为代表和维护劳动者权益的主要组织，成为维护劳动法和其他社会主义法律法规的一支重要的积极力量。

管理方指的是在用人单位中具有经营决策权力的人或团体。一般说来，在单位中，只有一个或是少数几个人具有比较完全的决策权力。管理方具有等级制的特点，权力多集中在上层，管理方的团体一般形式是雇主协会组织。

政府对劳动关系的影响主要是通过制定劳动关系的相关法律来调整、监督和干预劳动关系。此外，政府还是公共部门的雇主，直接参与劳动关系。

（四）劳动关系的类型

劳动关系的类型相当复杂，可以根据不同的标准划分成不同的类型，按照劳动关系主体中各方力量的对比可以将劳动关系划分成均衡型劳动关系、不均衡性劳动关系和政府主导型劳动关系。所谓均衡型劳动关系指的是劳动关系双方的力量相差不大，能够互相制衡。不均衡型的劳动关系指的是劳动关系中的双方力量相差悬殊。政府主导型劳动关系是指政府是控制劳动关系的主要力量，并且决定劳动关系的具体事务。

按照管理方与员工之间在利益方面的相互关系划分，可以将劳动关系划分成利益一致型劳动关系、利益协调型劳动关系以及利益冲突型劳动关系。利益一致型劳动关系是指以管理方为中心建立起来的，强调企业目标和组织机构的单一性原则；利益协调型劳动关系是以劳资双方权利对等和地位平等为基础建立起来的；利益冲突性劳动关系强调主体双方都有自己的利益，是彼此冲突、充满不协调的。

按照用人单位的所有制性质划分，在当前市场经济条件下，我国的劳动关系主要表现为公有制经济的劳动关系，混合经济的劳动关系和私有制经济的劳动关系，也可以划分成全民劳动关系、集体企业劳动关系、私营企业劳动关系以及外商企业劳动关系等等。

## 二、劳动关系与劳务关系的区别与联系

（一）劳务关系

劳务关系是由两个或两个以上的平等主体，通过劳务合同建立的一种民事权利义务关系。

目前，与劳动关系相近的一类劳务关系大致由以下几种情形：

一是用人单位将某项工程发包给某个人员或某几个人员，或者某项临时性或一次性工作交给某个人，一般是自由职业者，身兼数职，自己通过中介机构存放档案，缴纳保险。

二是用人单位向劳务输出公司提出所需人员的条件，由劳务输出公司向用人单位派遣劳务人员，双方订立劳务派遣合同，形成较为复杂的劳务关系。

三是用人单位中的待岗、下岗、内退、停薪留职人员，在外从事一些临时性有酬工作而与另外的用人单位建立的劳务关系。

四是已经办好手续的离退休人员，又被用人单位聘用后，双方签订聘用合同。

（二）劳动关系与劳务关系的区别

劳动关系与劳务关系都是指当事人之间因提供劳务而发生的民事关系。

从整体上看，劳动关系与劳务关系的区别主要有五点：

1. 主体不同

劳动关系的主体是确定的，即一方是用人单位，另一方必然是劳动者。而劳务关系的主体是不确定的，可能是两个平等的主体，也可能是两个以上的平等主体；可能是法人之间的关系，也可能是自然人之间的关系，还可能是自然人与法人之间的关系。

2. 关系不同

劳动关系两个主体之间不仅存在财产关系即经济关系，还存在着人身关系，即行政隶属关系。

3. 劳动主体的待遇不同

劳动关系中的劳动者除获得工资报酬外，还有保险、福利待遇等；而劳务关系中的自然人，一般只获得劳动报酬。

4. 适用的法律不同

劳动关系适用《劳动法》，而劳务关系则适用《合同法》。

5. 合同的法定形式不同

劳动关系用劳动合同来确立，其法定形式是书面的。而劳务关系须用劳务合同来确立，其法定形式除书面的以外，还可以是口头或其他形式。

## 三、劳动关系的内容

劳动关系的基本内容包括劳动者与用人单位之间在工作事件、休息时间、劳动报酬、劳动安全、劳动卫生、劳动纪律及奖惩、劳动保护、职业培训等方面形成的关系。

（一）劳动法律关系的内容

劳动关系依据劳动法律法规确立和调整，形成劳动法律关系。法律关系的构成要素是主体、客体和内容。

同样，劳动法律关系的构成要素也是主体、客体和内容。劳动法律关系的主体包括劳动者、劳动者的组织（工会、职代会）和用人单位。

劳动法律关系的内容是指主体双方依法享有的权利和承担的义务。劳动法律关系主体的任何一方既是权利主体，又是义务主体，而且双方的权利和义务是相对应的，一方的权利即为另一方的义务，一方的义务即为另一方的权利。

（二）劳动者和用人单位的权利与义务

1. 劳动者的权利和义务

我国《劳动法》第 3 条规定，我国劳动者的基本劳动权利有：

（1）享有平等就业和选择职业的权利；

（2）享有获得劳动报酬的权利；

（3）享有休息、休假的权利；

（4）获得劳动安全卫生保护的权利；

（5）接受职业技能培训的权利；

（6）享有社会保险和福利的权利；

（7）提请劳动争议处理的权利；

（8）法律规定的其他劳动权利。

根据我国《劳动法》第 3 条的规定，我国劳动者同时还有以下的义务：

（1）完成劳动任务的义务；

（2）提高职业技能的义务；

（3）执行劳动安全卫生规程的义务；

（4）遵守劳动纪律和职业道德的义务。

2. 用人单位的权利和义务

由于劳动关系双方的权利和义务是相对应的。因此，劳动者的权利就是企业、事业单位、国家机关、社会团体及个体经济组织等用人单位的义务；劳动者的义务则是企业、事业单位、国家机关、社会团体及个体经济组织等用人单位的权利。为了强调用人单位的义务，我国《劳动法》第4条特别规定："用人单位应当依法建立和完善规章制度，保障劳动者享有劳动权利和履行劳动义务。"

劳动法律关系的客体是指主体的权利和义务共同指向的事物，如劳动时间、劳动报酬、安全卫生、劳动纪律、福利保险、教育培训、劳动环境等。在我国社会主义制度下，劳动者的人格和人身不能作为劳动法律关系的客体。

### 四、我国企业劳动关系的现状及存在的问题

（一）产权关系日益明晰，劳动关系日趋复杂。改革开放以来，我国企业所有制结构发生了很大的变化，除国有企业、集体企业外，出现大量的三资企业、私营企业、民办企业和其他经济成分单位。随着国有企业改革的深入发展，单一国有产权逐步向多元产权的企业转化，形成由多种所有制共同分享产权的混合所有制。在建立现代企业制度和进行股份制改造中，"老三会"（指党委会、职代会、工会）正在让位于"新三会"（指股东会、董事会和监事会）。在这样的条件下，需要重塑劳动关系，解决好工会组织的定位，从而使劳动者的权益得到保障。

（二）管理基础薄弱，法制不健全。改革开放前，我国企业主要是国有企业和集体企业，劳动关系相对来讲比较单纯，各方利益主要靠中央政策和思想政治工作来调整，即主要靠行政手段和"人治"的方法，法规较少，不成体系。虽然近十年来，国家先后颁布了一系列相关法律法规，但这一体系尚不健全，配套条例还很缺乏，尤其是对违反法律行为的惩罚办法严重不足，使有些现有法律法规成了难以实施的一纸空文。

（三）劳动争议增多，潜在问题严重。近年来，我国企业的劳动争议逐年增多，尤其是三资企业、私营企业、民办企业和其他经济成分单位，情况较为严重，主要问题有：合法的雇佣关系、劳动安全卫生条件、合法的工作时间、最低工资、社会保险等不能保证；劳资矛盾突出；没有建立工会或者有工会没活动等。国有企业也存在不少问题，由于企业亏损，不得不停产、关闭、破产，造成职工的最低工资无法保证，职工甚至连生活费也拿不到，对社会稳定造成很大的威胁。

劳动关系的基本内容包括劳动者与用人单位之间在工作事件、休息时间、劳动报酬、劳动安全、劳动卫生、劳动纪律及奖惩、劳动保护、职业培训等方面形成的关系。此外，与劳动关系密不可分的关系还包括劳动行政部门与用人单位、劳动者在劳动就业、劳动争议以及社会保险等方面的关系；工会与用人单位、职工之间因履行工会的职责和职权，代表和维护职工合法权益而发生的关系等等。

## 第二节　劳动合同管理

### 一、劳动合同管理概述

（一）劳动合同的概念

劳动合同又称为劳动契约或劳动协议，它是劳动者与用人单位确立劳动关系、明确双方权利和义务的协议。《劳动法》规定：建立劳动关系应当订立劳动合同。根据劳动合同，劳动者加入到用人单位中去，成为用人单位的成员，在用人单位的组织指挥下从事劳动，并且遵守单位内部劳动规则和其他规章制度；而用人单位必须依照劳动合同的规定支付劳动报酬，提供各种必要的劳动条件，保障劳动者依法享有的劳动保护、社会保险等合法权益。

（二）劳动合同的特征

所谓劳动合同，是指企业、事业、机关、等用人单位的行政方面和劳动者之间为了确定劳动关系、明确相互间的劳动权利和义务所达成的协议。

劳动合同具有以下法律特征：

1. 劳动合同的主体是用人单位和劳动者的双方。劳动合同的当事人必须一方是企业等用人单位，另一方面就是劳动者。

2. 劳动合同是以确定劳动关系为目的，以明确双方当事人相互间的权利和义务为内容的协议。

3. 劳动合同的订立、变更、解除只能是双方当事人协商一致的合法而真实的意愿表示。

（三）劳动合同的性质

1. 劳动合同的法律性质

从法律的性质来看，劳动合同作为一种订立合同形式的确立劳动者与用人单位劳动关系的法律手段，具有合同法规定的性质：

（1）劳动合同主体地位平等；

（2）劳动合同是双方当事人自愿协商，达到意思表达一致的法律行为，而不是单方面的法律行为；

（3）劳动合同具有合法性。

2. 劳动合同的社会性质

从社会性质来看，劳动合同是一种企业单位用人制度，不仅资本主义国家可以采用，社会主义国家也可以采用。所以在不同性质的国家里采用，具有不同的社会性质。

在社会主义制度下，由于实行了生产资料的公有制和社会主义市场经济，在现在的企业中，当事人双方在生产关系中的地位不是对立的，而是平等的。

所以从这个意义上讲，我国的劳动合同制度不是雇佣劳动制，而是保障劳动者作为生产资料主人自主选择职业的一种有效的手段。

（四）劳动合同的订立原则

按照我国《劳动法》的规定，劳动合同双方在订立以及变更合同时应当遵循平等自愿、协商一致、不得违反国家法律和行政法规的基本原则规定。劳动合同订立的这一原则，是劳动合同订立的指导方针，应当贯穿于劳动合同订立的全过程，具有普遍约束力。这是衡量当事人双方订立的劳动合同合法性、有效性的依据。

1. 平等自愿原则。“平等自愿”是订立劳动合同的核心原则，平等是指在订立劳动合同的时候，双方当事人之间地位完全平等。地位平等，表现在订立劳动合同的双方当事人都是以劳动关系主体资格出现的，互不隶属，各自独立，订立劳动合同的内容要依照法律的规定，一方不能强迫另一方接受自己的条件。自愿，是指订立劳动合同的双方当事人，以各自的起初意志表示自己的意愿。

2. 协商一致原则。“协商一致”即劳动者个人和用人单位双方互相协商各项内容，在双方达成一致意见的情况下，确定合同的各项条款。我国正在推行集体合同制度，从业者在利益一致、对于劳动合同内容要求一致的情况下，由工会负责人或者其他人作为其代表，与用人单位方面进行集体协商。

3. 依法订立原则。依法订立原则体现在五个方面：

（1）订立劳动合同的目的必须合法。当事人不得以订立劳动合同的合法形式掩盖不法意图和不法行为的内容，达到不良企图的目的，例如有的犯罪分子利用“订立合同雇用时先交押金”等来诈骗钱财。

（2）订立劳动合同的主体必须合法。当事人双方必须具有法律、法规规定的主体资格。作为用人单位，必须是依法成立的企业、事业单位、国家机关、社会团体和个体经营户等用人单位；作为劳动者，必须是具有劳动权利能力和劳动行为能力的公民。

（3）订立劳动合同的内容必须合法。劳动合同程式条款都不能违反国家法律、法规和政策的规定，不得分割国家利益和社会公共利益。

（4）订立劳动合同的形式和程序必须合法。

（5）订立劳动合同的行为必须合法，不得有强迫和欺骗行为。

## 二、劳动合同在企业管理中的地位及作用和建立劳动合同的必要性

（一）劳动合同的地位及作用

从企业科学的管理角度来看，对劳动合同制度进行管理是现代企业管理制度中重要的组成部分。对于加强现代企业人力资源管理，实现人力资源的优化配置，依法保护员工的合法权益，建立和保持稳定和谐的劳动关系，调动员工

的积极性，增强企业的活力与竞争力，都起着非常重要的作用。

1. 劳动合同制度是现代企业制度的重要内容；

2. 全面建立劳动合同制度是实现企业人力资源管理的重要途径；

3. 劳动合同制度有效调整现代企业劳动关系，保护劳动关系双方当事人合法权益的重要法律依据；

4. 实行劳动合同制度，对于调动广大职工积极性，提高劳动者素质具有重要作用。

劳动合同是建立劳动关系的法律形式。从 1980 年我国进行劳动合同试点时起至现在，劳动合同的历史已有二十多年，最终以立法的形式明文规定了劳动合同的重要地位，为稳定劳动关系，发展经济和推动社会进步起到了重要的作用。

（二）建立劳动合同的必要性

1. 劳动合同是劳动者实现劳动权利的法律途径

劳动权利是劳动者生存和发展的基础，现阶段劳动仍然是人们谋生的手段。

2. 劳动合同是维护劳动者合法权益的法律保障

劳动法对用人单位和劳动者的权利义务作了一些规定，但都是纲领性、强制性的、具有强制执行的效力。

3. 劳动合同可以使用人单位择优录用所需要的劳动者

当前规范的劳动力市场在我国已基本形成。在人们以前的意识中，只有资本主义社会中的劳动力可以作为商品，社会主义社会中的劳动力不是商品。在人才市场上用人单位和个人双方自愿选择，达成意向后，双方再签订劳动合同以法律形式确保双方的权利和义务的关系。

4. 劳动合同可以减少和预防劳动争议的发生

劳动者和用人单位之间的权利义务是靠法律、法规和政策规定的。这会使双方按照合同规定履行自己的义务，从而减少劳动争议的发生。

5. 劳动合同是提高劳动生产率的重要手段

劳动者为了能够与自己所希望的用人单位签订劳动合同，必然千方百计地满足用人单位所提出的条件。从而会更加努力学习方方面面的知识，提高技能，以提升自己的竞争力。人力资源得到开发和利用，这样整个社会的劳动生产率会得到很大的提高。

## 三、劳动合同的内容

（一）劳动合同的内容的含义

劳动合同的内容，是指在合同中需要明确规定的当事人双方权利义务及合同必须明确的其他问题。劳动合同的内容是劳动关系的实质，也是劳动合同成立和发生法律效力的核心问题。如果一份劳动合同没有实质性的权利义务条款，或者权利义务条款不清，模棱两可，这份劳动合同就没有意义。

劳动合同内容主要包括三个方面：

1. 劳动关系主体，即订立劳动合同的双方当事人情况。

2. 劳动合同客体，指劳动合同的标的。所谓“标的”，是指订立劳动合同双方当事人的权利义务指向的对象，它是当事人订立劳动合同的直接体现，也是产生当事人权利义务的依据。劳动合同的标的带有综合性，它既是当事人在实现劳动过程中的劳动行为，又体现为公物或成果。

3. 劳动合同的权利义务，指劳动合同当事人享有的劳动权利和承担的劳动义务。

劳动合同的内容分为法定条款和协定条款两部分。法定条款是由法律、法规直接规定的劳动合同必须具备的内容。合同的有些内容不需由法律、法规直接规定，而是由当事人自愿协商确定，这些条款是协定条款。《劳动法》第19条规定，劳动合同应具备以下条款：“(1) 劳动合同期限；(2) 工作内容；(3) 劳动保护和劳动条件；(4) 劳动报酬；(5) 劳动纪律；(6) 劳动合同终止的条件；(7) 违反劳动合同的责任。”除这七项规定外，双方“可以协商约定其他内容。”这就是说，前七项内容是劳动合同的必备条款，后一款规定属于劳动合同的协定条款。

（二）劳动合同具体内容

劳动合同必须具备的七个方面的内容，具体含义是：

1. 劳动合同期限

劳动合同期限是指当事人双方所订立的劳动合同起始和终止时间，也就是劳动关系具有法定效力日期。劳动合同期限是订立劳动合同时必须明确的内容。劳动合同期限分为固定期限、无固定期限和以完成一定的工作为期限。合同期采取哪一种类型主要由双方当事人商定。

(1) 有固定期限的劳动合同，又称定期劳动合同，是指劳动合同中明确规定了起止日期的劳动合同。有固定期限的劳动合同可分为短期（半年至一年）和长期（一年以上）。合同期限内具有法律效力，合同期限届满即行终止，劳动关系也就结束。

(2) 无固定期限的劳动合同，是指合同中只规定了起始日期而不规定终止日期的劳动合同。合同的有效时间即法律效力是不固定的，只要不出现法律、法规规定的或双方当事人约定的可以解除劳动合同的条件，以及当事人双方协商一致自愿解除的情况，劳动合同不能解除。只有法定终止条件具备时，劳动合同才可以终止。

(3) 完成一定的工作为期限的劳动合同，是指当事人双方把完成某一项工作或某项工程起止时间，确定为劳动合同的有效期限，某一项工作或某项工程完毕，合同即告终止。

2. 工作内容

工作内容是针对劳动者而言的，是对劳动者设立的义务条款。工作内容包括劳动者从事劳动的工种、岗位、生产或工作应该达到的数量质量指标或应完成的任务。

3. 劳动保护和劳动条件

这是针对用人单位而言的，是对用人单位设定的义务条款。劳动保护和劳动条件应当符合国家有关规定，进一步具体明确。包括劳动安全和劳动卫生方面的设施、设备和防护措施等。

4. 劳动报酬

劳动报酬是劳动者劳动的成果返还和履行劳动义务后必须享受的劳动权利，包括工资、奖金、津贴等。支付劳动报酬是用人单位的义务。劳动合同中规定的劳动报酬必须符合国家法律、法规和政策的规定。比如，工资不得低于国家规定的最低工资标准，工资支付形式和支付期限不得违反法律法规。

5. 劳动纪律

劳动纪律也可称厂规厂纪，是指劳动者在用人单位必须遵守的工作秩序和劳动规则。劳动纪律是规范劳动行为的一项重要内容，是保证用人单位组织生产经营活动，完成工作任务的保证条件，是劳动者必须履行的一项义务。劳动纪律所包含的内容很多，包括上下班纪律，工作时间纪律，安全技术、生产卫生规程、设备保养纪律，保密纪律，防火、防其他事故的日常纪律等。

6. 合同终止的条件

劳动合同中约定的合同终止的条件是指除法律、法规规定的条件外，当事人自己协商确定的在什么情况下可以终止合同效力的内容。《劳动法》第 23 条规定“劳动合同期满或者双方约定的劳动合同终止条件出现，劳动合同即行终止。”合同终止的条件还应包括合同终止时，双方应履行的义务或承担的责任。

7. 违反劳动合同的责任

违反劳动合同应当承担的责任，是指当事人一方或双方，由于自己的过错造成劳动合同不能履行或不能完全履行，按照法律、法规和劳动合同的规定而承担的行政、经济责任或司法制裁。劳动合同规定这一内容的目的是为了促使当事人双方切实履行劳动合同，加强责任心，维护当事人的合法权益。违反劳动合同的责任可以根据劳动合同法律规定来确定，法律、法规没有规定的，当事人双方可以协商确定，但承担违约责任的原则必须公正。

《劳动法》除了规定上述劳动合同内容的七项必备条款外，还规定双方可以协商约定其他内容。在这里，协商约定其他内容就是劳动合同的协定条款。协定条款是双方当事人自愿协商在劳动合同中规定的权利义务的条款。协定条款可以分为必要条件和补充条件两种情况。必要条件是指法律、法规虽没有作出规定，但劳动合同中必须具备的条件，缺少它劳动合同就不能成立，或者难以履行。比如劳动者的工作特点、工作性质、用人单位为劳动者提供的工作条件等。补充条件是指劳动合同成立非必须具备的条件，有没有都不影响劳动合同的成立。但当事人一方面提出，双方一致同意作为劳动合同条款的，合同内容中要加以确定。补充条件一般为：单位是否为职工提供居住条件、居住的期限；劳动者是否享受单位托儿所、幼儿园和其他生活福利设施；发生劳动争议时解决的途径等。劳动合同的协定条款，无论是必要条件还是补充条件，都必须符合国家法律、法规和政策。

## 第三节　劳动争议

### 一、劳动争议的概述

#### （一）劳动争议概念

劳动争议就是劳动纠纷，是指劳动关系当事人之间因劳动权利与义务而发生的争执。在我国，具体指劳动者与用人单位之间，在劳动法调整范围内，因适应国家法律、法规和订立、履行、变更、终止和解除劳动合同以及其他与劳动关系直接相联系的问题而引起的纠纷。劳动纠纷是劳动关系不协调的反映，只有妥善、合法、公正、及时处理劳动关系，才能维护劳动关系双方当事人的合法权益。

企业劳动关系的纠纷及冲突，是指企业劳动关系的双方主体及其代表在涉及到与劳动相关的经济利益时所产生的矛盾及其激化的外在表现形式，或所采取的各种不同的经济斗争手段。可以看出，企业劳动争议与企业劳动关系的冲突是两个即密切相关又有一定区别的不同概念。它们之间的重要联系和相关之处在于：两者都是指企业劳动关系的双方主体及其代表在涉及到与劳动相关的经济利益或实现劳动权益和履行劳动义务等方面产生的相互矛盾及其表现形式；且这种矛盾在其初始阶段或并不激烈的情况下一般表现为企业劳动争议，当这种矛盾发展到一定程度或变得激烈时就外化为企业劳动关系的冲突。

#### （二）劳动争议产生的原因

劳动争议的产生，一方面是由于劳动者与用人单位的法律意识不断增强，另一方面主要还是由下列原因引发：

1. 劳动报酬和保险福利待遇的保障问题

这主要是企业因生产经营困难，长期拖欠职工工资，造成职工生活困难；还有些企业则是经营者无故拖欠、克扣职工工资而引发劳动争议。另外，因企业不依法履行为职工缴纳社会保险费的义务，不及时支付职工医药费和离退休人员的养老金，部分工亡职工遗属要求提高抚恤标准，内部退养职工要求增发基本生活费等发生的福利保险劳动争议比较多。

2. 劳动合同管理不规范，因变更、解除、终止劳动合同发生的争议较多

有的企业随意解除或终止合同，且不按规定支付经济补偿金或生活补助费，不能妥善处理与职工的债权债务关系；也有部分用人单位存在改制不规范，不与职工协商变更劳动合同，存在强迫职工买断工龄等损害职工利益的现象，使职工的基本生活费没有保障，也有些职工存在随意“跳槽”等违约行为。

3. 因劳动保护和职业培训引发的争议

用人单位不认真履行对职工进行职业培训的义务，劳动保护条件差，职工的劳动安全卫生得不到有效保障；也有的职工因个人原因离开单位后，不按约定承担赔偿单位为其支付的培训费的责任。

4. 法律意识淡薄引起的争议

许多外商、港澳台地区投资企业、乡镇企业和私营企业等非国有企业经营者法律意识淡薄，往往以牺牲劳动者合法权益换取经济效益，大量存在收取风险抵押金、超时加班、体罚员工、欠薪逃跑、生产环境恶劣、工伤事故频发等现象。

## 二、劳动争议处理的原则

根据我国《劳动法》第 78 条规定：“解决劳动争议，应当根据合法、公正、及时处理的原则，依法维护劳动争议当事人的合法权益。”人力资源部门在处理劳动争议时应当遵循下述原则：

1. 在查清问题的基础上，依法处理劳动争议原则。劳动争议处理机构应当对争议的起因、发展和现状进行深入、细致的调查，在查清问题的基础上，依据《劳动法》法规、规章和政策作出公正处理。达成的调解协议、作出的裁决和判决不得违反国家现行法规和政策规定，不得损害国家利益、社会公共利益或他人合法权益。

2. 当事人在法律上一律平等原则。这一原则包含两层含义：一是劳动争议双方当事人在处理劳动争议过程中的法律平等，平等地享有权利和履行义务，任何一方都不得把自己的意志强加于另一方；二是劳动争议处理机构应当公正执法，保障和便利双方当事人行使权利，对当事人在适用法律上一律平等，不得偏袒或歧视任何一方。

3. 着重调解劳动争议原则。我国《劳动法》规定：“在用人单位内，可以设立劳动争议调解委员会。”“劳动争议发生后，当事人可以向本单位劳动争议调解委员会申请调解”，调解不成再申请仲裁。还规定：调解原则适用于仲裁和诉讼程序，即在进入到劳动争议仲裁程序和劳动争议程序时，依然首先进行调解。

4. 及时处理劳动争议的原则。处理劳动争议，还应遵循及时处理的原则，防止久拖不决。劳动争议案件具有特殊性，它关系到职工的就业、报酬、劳动条件等切身利益问题，如不及时迅速地予以处理，势必影响职工的生活和生产秩序的稳定。所以，《劳动法》规定，提出仲裁要求的一方应当自劳动争议发生之日起 60 日内向劳动争议仲裁委员会提出书面申请。仲裁裁决一般应在受理仲裁申请的60 日内作出。

## 三、劳动争议的种类

### （一）企业个别争议与企业集体争议

企业劳动争议按照劳动者一方争议当事人的多寡可以分成企业个别争议与企业集体争议两种。企业个别争议，是指企业个别劳动者与企业管理者之间发生的具有独特内容的劳动争议；企业集体争议，又叫企业团体争议，是指劳动者一方为规定的多数人或某一团体并有共同争议内容和争议请求与企业管理者之间发生的劳动争议。需要指出的是，企业劳动者因与企业管理者签订和履行集体合同而发生的团体劳动争议也属于集体争议的范畴。

一般来说，企业个别争议具有如下特点：

1. 劳动者一方的争议当事人人数未达到集体争议当事人人数的法定要求。比如在我国，劳动者一方的争议当事人人数仅为 1 人或 2 人。

2. 争议内容只是关于个别劳动关系、劳动问题的，而不是关于一类劳动关系、劳动问题或集体合同的。后者只能出现在集体争议当中。

3. 对于争议的处理，劳动者一方的争议当事人只能自己参加，而不能做另一个人的代表。

与企业个别争议相比，企业集体争议的特点是：

1. 劳动者一方的争议当事人人数必须达到法定的要求。比如在我国，法定人数是 3 人及以上。当然，关于集体合同的企业集体争议，劳动者一方的争议当事人是由工会代表的。

2. 争议内容是共同的。这并不排除参加企业集体争议的个别劳动者存在自己个别的利益，但他们提出争议的理由和要求是相同的，争议的处理也是以劳动者集体利益为处理标的的。这在集体合同的争议中表现得更为突出。

3. 对于争议的处理，劳动者一方可由选举的代表或工会出面参加。争议处理的结果，只对参与争议的劳动者有效，对未参与争议的劳动者没有法律效力。当然，关于集体合同争议处理的结果，对全体劳动者或全体工会会员都有法律效力。

### （二）企业既定权利争议和企业待定权利争议

按照争议的内容性质不同，可将企业劳动争议具体划分为企业既定权利争议和企业待定权利争议两种。企业既定权利争议，是指企业劳动关系双方主体及其代表对既定权利和义务的实现和履行产生的争议。企业待定权利争议，是指企业劳动关系双方主体及其代表在确定彼此的权利和义务关系时产生的分歧和争议。

一般来说，有关劳动法规和企业集体合同或劳动合同会就指企业劳动关系双方当事人的权利和义务进行明确的规定。只要双方当事人履行既定的权利和义务，企业劳动争议尤其是企业既定权利争议是不会发生的；而双方当事人不行使既定的权利或不履行既定的义务，或者双方当事人在既定的权利和义务的理解上产生分歧时，企业既定权利争议就会发生。这就是说，企业既定权利争议是就有关劳动法规和企业集体合同或劳动合同的执行与否而产生的争议。

企业待定权利争议一般发生在企业集体合同或劳动合同的订立或变更阶段。当企业劳动关系双方主体及其代表在订立或变更企业集体合同或劳动合同时，对彼此权利和义务关系的确定存在不同的意见，企业待定权利争议就会发生。在实践中，企业待定权利争议较多地出现在集体谈判陷于僵局或失败之时。就争议的处理而言，企业待定权利争议一般适合于调解、利益仲裁和法律诉讼等手段；企业待定权利争议适合于双方协商解决或政府干预下的双方协商解决。

（三）国内企业争议与涉外企业争议

企业劳动争议按照争议当事人的国籍所属不同，可以划分为国内企业争议与涉外企业争议。

国内企业争议，是指具有本国国籍的企业劳动者与本国企业的管理者之间的劳动争议。需要指出的是，在中国，外商投资企业中的中外合资经营企业和中外合作经营企业属中国企业，因此，它的管理者与中国员工之间发生的劳动争议属于国内企业争议。

涉外企业争议，是指当事人一方或双方具有外国国籍或无国籍的企业劳动争议。它包括本国企业管理者与外籍员工之间、外籍雇主与本国员工之间以及外籍雇主与外籍员工之间的劳动争议。需要指出的是，无论是哪种形式的涉外企业争议，企业所在地必须在本国境内；否则不属于本国的涉外企业争议。在中国，外商投资企业中的外商独资企业是由外籍雇主独资兴办的，它与中国员工或外籍员工之间发生的劳动争议属于涉外企业争议。

应当明确的是，按照国际惯例，涉外企业争议的处理适合于本国的法律和处理原则。如我国的《宪法》第 18 条就明确规定："在中国境内的外国企业和其他外国经济组织以及中外合资经营的企业，都必须遵守中华人民共和国的法律。它们的合法权利和利益受中华人民共和国法律的保护。"这就意味着中国的涉外企业在具体决定雇佣、解雇和开除员工以及确定本企业工资、津贴和奖惩等时要体现中国的法律原则，在处理涉及到这些问题的劳动争议时也要符合中国的法律要求。

## 四、劳动争议处理的程序

处理劳动争议的程序一般是：当用人单位与劳动者发生劳动争议后，当事人双方应当协商解决。不愿协商或者协商不成的，可以向本企业劳动争议调解委员会申请调解，调解不成的，可以向劳动争议仲裁委员会提出仲裁申请。当事人也可以不经过企业劳动争议调解委员会调解，直接向劳动争议仲裁委员会申请仲裁，但不能直接向人民法院起诉。只有对劳动争议仲裁委员会的仲裁结果不服的，才可以向人民法院起诉。

### （一）劳动争议协商

劳动争议协商是指由劳动关系双方采取自治的方法解决纠纷，由职工代表和雇主代表出面，根据双方集体协议，组成一个争议处理委员会，就工资、工时、劳动条件等工人提出的争议内容，双方相互协商，达成协议，以和平手段解决争议。

劳动争议发生时，由劳动关系当事人进行协商，妥善解决劳动争议是最直接、最有效的方法，因为劳动争议问题正是发生在他们之间。这些问题如果能够得到解决，所得到的都是双方基本满意或可以接受的结果。

实际上，解决劳动争议最常见的方法就是当事人双方的协商。许多企业会出现各种各样的争议，这些争议，其中一种情况，要么是职工对企业的制度不理解，要么是对企业的要求看法片面，要么对问题带有个人情绪。这些通常都需要企业的人力资源管理部门、工会或行政部门代表企业对员工进行耐心的说服和教育，使他们改变认识，正确理解企业的制度要求。另一种情况则是企业制定的制度存在问题，或者在制度执行过程中有不公正的做法。制度存在问题通常表现为同样的争议不断重复出现，这就要对制度进行修改。执行制度不公正则问题会表现在某些部门，这就需要对部门主管进行考察和对主管的不恰当做法进行及时纠正。当事人协商的做法可以把矛盾消灭在萌芽状态，是企业解决劳动关系矛盾最普遍的方法。

### （二）劳动争议调解

劳动争议调解是指第三者介入劳动争议，促使当事人达成和解协议。当劳动关系双方对争议无法达成一致意见时，就需要由企业劳动争议调解委员会扮演中立角色进行调解。当然，有时是当争议出现时，员工直接要求调解委员会进行调解，这时，就要进入调解程序。

劳动争议调解委员会所进行的调解活动是群众自我管理、自我教育的活动，具有群众性和非诉讼性的特点。劳动争议调解委员会调解劳动争议的步骤如下：

1. 申请。指劳动争议当事人以口头或书面方式向本单位劳动争议调解委员会提出调解的请求。申请是自愿的。

2. 受理。指劳动争议调解委员会接到当事人的调解申请后，经过审查，决定接受申请的过程。受理包括三个过程：(1) 审查，即审查发生争议的事项是否属于劳动争议；(2) 通知并询问另一当事人是否愿意接受调解，只有双方当事人都同意调解，调解委员会才能受理；(3) 决定受理后及时通知当事人做好准备，并告之调解时间、地点等事项。

3. 调查。经过深入调查研究，了解情况，掌握证据材料，弄清争议的原委以及调解争议的法律政策依据等。

4. 调解。调解委员会召开准备会，统一认识，提出调解意见，并找双方当事人谈话和召开调解会议。调解一般包括调解准备、调解开始、调解实施、调解终止几个阶段。调解的期限是 30 天，即调解劳动争议，应自当事人申请之日起 30 日内结束；到期未结束的，视为调解不成。

5. 制作调解协议书。经过调解，双方达成协议，即由调解委员会撰写调解协议书。

(三) 劳动争议仲裁

仲裁也称公断，是一个公正的第三者对当事人之间的争议作出评断。当企业调解委员会对劳动争议调解不成时，可以由争议当事人一方或双方在其权利被侵害之日起 60 日内，以书面形式向当地劳动行政部门的劳动争议仲裁委员会提出申请。仲裁委员会应当自收到申诉书之日起 7 日内做出是否受理的决定。

仲裁委员会在处理劳动争议时，当事人可以委托一至二名律师或者其他代理人参加仲裁活动。仲裁庭审理劳动争议案件应当先行调解 (这时，当事人双方也可以自行和解)，在查明事实的基础上促使当事人双方自愿达成协议。对于调解达成协议的，仲裁庭根据协议内容制作出调解书，调解书自送达之日起具有法律效力。调解未达成协议或者调解书送达前当事人反悔的，仲裁庭应当及时裁决。仲裁庭处理劳动争议，应当自组成仲裁庭之日起 60 日内结束。

仲裁庭做出裁决后，应制作仲裁裁决书。当庭裁决的，应当在 7 日内发送裁决书。

(四) 劳动争议诉讼

劳动争议诉讼是人民法院按照民事诉讼法规的程序，以劳动法规为依据，按照劳动争议案件进行审理的活动。当事人如果对仲裁裁决不服，自收到裁决书之日起 7 日内，可以向人民法院起诉。劳动争议当事人必须经过劳动争议仲裁委员会才能向地方人民法院提起上诉。人民法院受理程序按照《民事诉讼法》规定进行，它包括劳动争议案件的起诉、受理、调查取证、审判和执行等一系列诉讼过程。

## 第四节 社会保障

### 一、社会保障的含义

社会保障是一种公共福利事业和社会救助体系，其目的是保障社会成员在遇到风险和灾难时，可以通过国家和社会的力量得到基本的物质保证。社会保障是国家和社会采取的保护弱者，维护社会公正，以达到社会和谐与社会安全的制度与措施。社会保障是国家的职责，通过政府对社会消费资源的再分配，分流社会风险，保证每个社会成员的基本生活，消除贫困。社会保障制度，是指国家为了保持经济发展和社会稳定，对公民在年老、疾病、伤残、失业、生育、遭遇灾害、面临生活困难时，由政府和社会依法给予物质帮助，以保障公民的基本生活需要的制度。宪法规定："中华人民共和国公民在年老、疾病、或者丧失劳动能力的情况下，有从国家和社会获得物质帮助的权利。"社会保障制度是具有强制性的范畴的，是各用人单位进行人力资源管理时必须执行的内容。

### 二、我国社会保障制度的主要内容

我国的社会保障项目，包括社会保险、社会福利、社会救济和社会优抚四个方面。从用人单位的角度看，社会保障主要是社会保险。我国的社会保险包括五大内容：养老保险、医疗保险、失业保险、工伤保险和女性员工的生育保险，在缴费时一般实行"五保合一"的办法。

（一）医疗保险

医疗保险是指当个人生病或非因工负伤时，由国家和社会给予一定的经济补偿与医疗服务的一种社会保障制度。医疗保险的根本功能，是使受到疾病侵害的人力资源的工作能力得到恢复。医疗保险通常是由国家建立基金，实施强制执行制度，我国的保险费用由用人单位和个人共同缴纳。医疗保险能够将集中在个体身上的由疾病风险所导致的经济损失分摊给所有参加保险的社会成员，并将集中起来的医疗保险资金用于补偿由疾病所带来的经济损失。

我国现行的企业职工基本医疗保险制度，覆盖了城镇所有用人单位及职工，并实行社会统筹和个人相结合的原则。

（二）失业保险

所谓失业保险，是国家和社会为保证劳动者在等待重新就业期间的基本生活而给予的一种物质帮助制度。实行这种保险，可以较好地维持人力资源的工作能力，在社会有需求时能够马上就业和投入使用。对暂时无法就业的社会成员提供经济帮助，是各国政府的责任，也是全社会的责任。通过建立失业保险基金，使人力资源在职业中断期间从国家和社会得到必要的经济帮助，有利于很好地维持其工作能力，进而通过转业培训、生产自救、职业介绍等途径为其重新实现就业创造条件。

我国现行的失业保险制度，覆盖了城镇所有企业事业单位及其职工，包括国有企业、城镇集体企业、外商投资企业、城镇私营企业和城镇其他企业及其职工、事业单位及其职工。

（三）养老保险

养老保险，亦称“老年保险”或“年金保险”，是指劳动者在达到国家规定的解除劳动义务的劳动年龄界限，或在年老丧失劳动能力的情况下，能够依法获得经济收入、物质帮助和生活服务的社会保险制度。可以说，养老保险是对人力资源过去劳动的承认，同时表现了对人力资源的人文关怀。

养老保险可分为基本养老保险、补充养老保险和个人储蓄养老保险，国际社会通常称之为养老保险的第一支柱、第二支柱和第三支柱。基本养老保险是由国家立法强制实行的政府行为，全体劳动者都必须参加。补充养老保险金是在国家法律、法规和政策的指导下，在企业和职工已经参加基本养老保险的前提下，由企业或单位与职工视企业经营状况，通过民主协商，自主确定是否参保和确定保险水平，自行选择经办机构。个人储蓄性养老保险金完全是一种个人行为，公民和劳动者均可按照自己的意愿决定是否投保以及投保的水平和选择经办机构。这里所阐述的养老保险主要是指基本养老保险，建立养老保险制度，通过社会统筹的方式统筹基金，参与国民收入的再分配，解决劳动者的养老问题，对均衡地区之间、企业之间的经济负担，调节劳动者之间的收入分配差距，实现互助互济、缩小贫富悬殊、保障劳动者的基本生活，促进社会稳定等方面，都具有积极作用。

（四）工伤保险

中华人民共和国国务院2003年颁布的《工伤保险条例》对工伤保险的范围、工伤保险基金、工伤认定、劳动能力鉴定、工伤保险待遇、监督管理和法律责任等都作了明确规定。条例规定，各类企业、有雇工的个体工商户都应当为本单位全部职工或者雇工缴纳工伤保险费，中华人民共和国境内的各类企业职工和个体工商户的雇工，均有依照本条例的规定享受工伤保险待遇的权利；工伤保险基金由用人单位缴纳的工伤保险费、工伤保险基金的利息和依法纳入工伤保险基金的其他资金构成；工伤保险费根据以收定支、收支平衡的原则，确定费率，用人单位缴纳工伤保险费、职工个人不缴纳工伤保险费；职工因工作遭受事故伤害或者患职业病进行治疗，享受工伤保险待遇；职工住院治疗工伤的，其所在单位按照本单位因公出差伙食补助标准的70%发给住院伙食补助费，经医疗机构出具证明，报经办机构同意，工伤职工到统筹地区以外就医的，所需交通、食宿费用由所在单位按照本单位职工因公出差标准报销。

（五）生育保险

生育保险是指女性员工生育子女时所花费的生育手术费、住院费等费用的补偿，还包括对女性员工在规定的生育假期内因未从事劳动而不能获得工资收入的补偿。

生育是人口的再生产，属于社会事务范畴。按照以往我国的做法是，女职工生育费都有所在企业负担，实际上是让少部分女工集中的企业承担起大部分社会事务的负担，不利于企业的公平竞争。在市场经济条件下，企业有了较充分的用人自主权，有的企业会认为企业自行负担“产假工资”较多，因而拒绝招用女职工，这在无形中加大了妇女就业的难度。因此，建立女职工生育保险制度，建立用人单位均衡费率负担的生育保险基金，使女职工在规定的生育假期内，不再从本单位领取工资，而从基金中按标准领取生育费用。

## 三、当前我国建立、健全社会保障体系的主要任务

建立、健全与经济发展水平相适应的社会保障体系，既是全面建设小康社会的重要内容和发展社会主义市场经济的必然要求，也是保持社会稳定和国家长治久安的根本大计。必须从各地实际情况出发，根据“独立于企事业单位之外、资金来源多元化、保障制度规范化、管理服务社会化”的目标，坚持广泛覆盖、适当标准、基本保障与补充保障相结合原则，建立健全有中国特色的社会保障体系。

1. 坚持社会统筹和个人账户相结合，完善职工基本养老保险制度。进一步扩大企业基本养老保险覆盖面，逐步将各种所有制企业职工都纳入基本养老保险范围，重点做好个体私营企业、外资企业和灵活就业人员的参保工作。适当提高基本养老保险统筹层次，逐步做实个人账户。改革机关事业单位养老保险制度。建立多渠道筹集养老保险资金的机制，并使之制度化、规范化，以保证养老保险资金有稳定可靠的来源，最大限度地弥补养老保险基金的缺口，为完善我国养老保险制度奠定基础。

2. 推进医疗保险制度改革。旧的公费医疗劳保制度，国家包揽过多，医疗资源浪费严重，而大量企业职工基本医疗又得不到保障。需要完善医疗保险配套制度改革，强化医疗服务管理。城镇职工医疗保险制度改革与医疗卫生体制改革、药品流通体制改革同步推进。

3. 建立健全失业保险制度。随着企业制度的变革和劳动力市场的发育，失业以及失业人员的保障问题已成为社会经济生活的重要问题，在一定的时期甚至成为非常严重的社会问题。因此，应借鉴国外经验，并根据中国实际建立健全失业保险制度。

4. 全面落实城市居民最低生活保障。全面落实城市居民最低生活保障制度，切实贯彻属地管理原则，将符合条件的城市困难居民全部纳入最低生活保障范围。规范低保标准和保障对象范围，加大对城市最低生活保障的财政投入。按照《城市居民最低生活保障条例》的规定，加强对城市居民最低生活保障制度落实情况的监督检查，重点解决保障资金落实和保障对象核查工作问题，防止保障资金不到位、保障对象有遗漏等现象，切实保障城市居民的最低生活需求。完善城市居民最低生活保障、国有企业下岗职工基本生活保障和失业保险制度这三条社会保障线的衔接。

5. 加快建立农村养老保险、医疗保险和最低生活保障制度。农村社会保障是我国整个社会保障制度的薄弱环节。随着农村经济的发展，城镇化进程的加快，农村社会保障问题日益突出。促进城乡协调发展，迫切要求加快农村社会保障制度。当前重点是加快农村养老保险、医疗保险和最低生活保障体系建设。

6. 合理确定社会保障范围、标准和水平，既要保障离退休人员、失业人员的基本生活和职工的基本医疗需要，又不能超出社保资金的承受能力。

**本章小结**

劳动关系是指劳动者与用人单位（包括各类企业、个体工商户、事业单位等）在实现劳动过程中建立的社会经济关系，从广义上讲，即人们在社会过程中发生的一切关系，包括劳动力的使用关系、劳动管理关系、劳动服务关系等。

劳动关系的基本内容包括劳动者与用人单位之间在工作事件、休息时间、劳动报酬、劳动安全、劳动卫生、劳动纪律及奖惩、劳动保护、职业培训等方面形成的关系。

所谓劳动合同，是指企业、事业、机关等用人单位的行政方面和劳动者之间为了确定劳动关系、明确相互间的劳动权利和义务所达成的协议。

劳动争议就是劳动纠纷，是指劳动关系当事人之间因劳动权利与义务而发生的争执。在我国，具体指劳动者与用人单位之间，在劳动法调整范围内，因适应国家法律、法规和订立、履行、变更、终止和解除劳动合同以及其他与劳动关系直接相联系的问题而引起的纠纷。

处理劳动争议的程序一般是：当用人单位与劳动者发生劳动争议后，当事人双方应当协商解决。不愿协商或者协商不成的，可以向本企业劳动争议调解委员会申请调解，调解不成的，可以向劳动争议仲裁委员会提出仲裁申请。当事人也可以不经过企业劳动争议调解委员会调解，直接向劳动争议仲裁委员会申请仲裁，但不能直接向人民法院起诉。只有对劳动争议仲裁委员会的仲裁结果不服的，才可以向人民法院起诉。

## 复习与思考

一、名词解释

1. 劳动关系　　2. 劳动合同
3. 劳动争议　　4. 劳动争议协商
5. 劳动争议调解　　6. 劳动争议仲裁
7. 劳动争议诉讼　　8. 社会保障制度

二、选择题

1. 劳动合同的法定内容不包括（　　）。
A. 试用期限　　B. 劳动合同期限
C. 劳动保护和劳动条件　　D. 劳动报酬

2. 劳动关系当事人为明确劳动关系特定的权利义务，在平等自愿、协商一致的基础上达成的契约称为（　　）。
A. 劳动合同　　B. 专项协议　　C. 法定条款　　D. 约定条款

3. 在（　　）情况下，劳动者可以解除劳动合同，但需提前通知用人单位。
A. 在使用期内　　B. 劳动者欲选择新的用人单位
C. 用人单位以暴力威胁手段强迫劳动者劳动的
D. 用人单位未及时支付劳动者的报酬

4. 根据我国劳动立法的有关规定，当发生劳动争议时，争议双方应协商解决，不愿协商解决或协商不成，当事人可以申请（　　）调解。
A. 法院　　B. 工会
C. 劳动争议仲裁机构　　D. 企业劳动争议调解委员会

5. 电气设备的安全属于（　　）。
A. 安全生产技术　　B. 劳动卫生与健康　　C. 劳动保护制度　　D. 安全管理制度

6. 调解委员会调解劳动争议的期限为（　　）天，到期未结束的视为调解不成。
A. 60　　B. 15　　C. 30　　D. 90

7. 我国的社会保险包括五大内容：（　　）、医疗保险、失业保险、工伤保险和生育保险。
A. 养老保险　　B. 就业保险　　C. 生活保障　　D. 社会救济

三、简答题

1. 简述劳动争议处理应遵循的原则。
2. 简述劳动争议调解委员会调解劳动争议的步骤。
3. 简述劳动保护的内容。
4. 简述缓解员工过大压力和精神紧张问题的措施。

四、论述题

1. 试述劳动合同必须具备的内容。
2. 试述当前我国建立健全社会保障体系的主要任务。

五、小组讨论

李明，1984 年 10 月 12 日出生，2004 年 6 月 28 日，被某市交通局招聘为临时工，负责打字以及其他一些秘书性质的工作。双方约定：合同为不定期合同；工作内容为打字员和其他行政秘书工作；工资为每月 800 元，每月的 31 日为发工资的日子；试用期为 2004 年 6 月 28 日至 12 月 31 日，试用期内每月工资为 600 元。2004 年 8 月，由于连日降雨，道路被冲毁，交通、通信中断，交通局的局长去道路抢修现场了，李明在办公室听电话。一会儿，上级有新的指示，并且报告了进一步的天气状况和各部门的配合工作，给交通局分配了保证救灾物资运输车顺利通过的紧急任务，因为交通局的主要领导都不在，因此李明只好自己骑着自行车，冒雨往指挥现场赶。因雨大路滑，不小心摔倒了，造成右腿大腿骨折，倒在地上不能动弹，等到有其他人来的时候，他才把重要指示告诉他人转告给交通局局长。由于时间耽搁了，在交通指挥和调度上出现了一些差错，局长因此受到了批评，局里作出了将李明辞退的决定。李明认为自己是在工作时间内受的伤，要求交通局承担医疗费用。交通局认为是他自己摔伤的，而且在合同的试用期内，交通局有任意辞退工作人员的权利。2004 年 9 月，李明将交通局告上法庭。交通局在答辩书中称：自己属于具有法人资格的国家机关，国家机关工作人员不适用《劳动法》，当初与李明签订的一纸文书只不过是为了让李明更明确自己的工作而写的。李明认为自己的骨折是在工作时间内发生的，并且自己已经与交通局签订了劳动合同，因此应当根据合同的约定，适用《劳动法》，由交通局支付自己的医疗费。（案例来源：张佩云．人力资源管理．北京：清华大学出版社，2004）

**讨论：**

1. 交通局与李明签订的合同是否应适用《劳动法》？效力如何？

2. 李明受伤，交通局是否要承担医疗费用？作为劳动合同，本案例中的合同有何不当之处？

# 第十二章　人力资源外包

**【本章要点】**

通过本章内容的学习，应了解和掌握如下问题：

1. 人力资源外包的基本定义是什么？
2. 人力资源外包的主要特点和价值是什么？
3. 掌握人力资源外包的基本流程和关键技巧。
4. 熟悉人力资源外包的关键用语。

**【开篇案例】**

最近，总经理托尼感到有些拿不定主意。这半年来，公司业务增长很快，员工数量也增加了将近一倍。昨天，公司人力资源主管苏珊跟他说："嗨，托尼，我们最近可累惨了。工作量太大，又没有人力资源信息系统，所有的信息都得靠我们一点点地整理；而且现在政府又修改了有关福利保险计划的规定。现有的人员实在无法应付这些工作了，必须得增加新人和建立人力资源信息系统了。"托尼相信苏珊说的都是事实。他们共事三年来，苏珊从来都是任劳任怨的。但是，上次公司董事会已决定，要严格控制公司内部职能管理人员的数量以及设备投入……

托尼约老朋友朱丽共进午餐。朱丽是一家会计师事务所的合伙人。过去托尼曾从她那里得到过很多有价值的建议，他希望这次也能。听完托尼的难题之后，朱丽说："为什么不考虑外包呢？"

**点评：**

本章所阐述的内容，将有助于像托尼这样的公司领导人全面了解情况，做出有关人力资源职能外包的决策。

## 第一节　人力资源外包概述

当前，人力资源外包已经占全球外包市场总量的30%左右，据专业机构预测，到2008年全球人力资源外包市场规模将达到800亿美金。在国内，众多企业也正在经历由传统的人事管理向现代人力资源管理转变的过程，在这个过程中，将人力资源的部分业务外包，也成为了很多企业的选择。选择人力资源外包，不但可以利用服务机构的专业优势在较短时期内提高企业内部人力资源管理水平，更重要的是可以提高管理效率，降低管理成本，使企业专注于自己的核心业务。

## 一、人力资源外包的内涵与外延

人力资源外包是指将原来由企业内部人力资源部承担的工作职能，包括人员招聘、工资发放、薪酬方案设计、保险福利管理、员工培训与开发等，通过招标的方式，签约付费委托给专业从事相关服务的外包服务商的做法。

从广义上讲，任何以购买或付费的方式将企业内部人力资源管理活动交由企业外部机构或人员完成的做法，皆可视为人力资源外包。从人力资源外包的发展趋势来看，其业务范围已经扩展到企业内部的所有人力资源管理领域，包括人力资源战略、制度设计与创新、人力资源整合、员工满意度调查、薪酬和福利管理、绩效管理、员工培训与开发、员工关系管理、劳动争议协调等方面，人力资源外包是企业降低投资风险、优化人力资源管理的一种新型选择。

正式的人力资源外包过程应当包含以下要素：

1. 外包提出方有外包项目需求说明；
2. 外包承接方有外包项目计划书；
3. 外包双方经协商达成正式协议或合同。

外包承接方根据协议或合同规定的绩效标准和工作方式完成所承接的活动，外包提出方按照协议或合同规定的收费标准和方式付费；外包双方中的任何一方违反协议或合同规定，外包关系即行终止；外包提出方如果对外包承接方的服务不满意并有相应事实证明，可以提出中止外包关系。

外包承接方即外包服务商，是按照外包双方签订的协议和项目计划书为外包方提供相应服务的机构或组织，其主要包括大型会计师事务所、管理咨询顾问公司、人力资源服务机构、高级管理人才寻访机构等。目前它们通常提供单项人力资源职能服务，也有少数服务商提供全套人力资源职能服务。

## 二、人力资源外包的背景

随着以全球化和 Internet 为特征的新经济时代的到来，产品日新月异而生命周期加速缩短，企业面临着更加激烈的竞争。为了适应更加快速的技术革命，迎接知识经济的挑战，参与世界竞争，许多企业都积极进行组织结构及管理方式的变革和创新，努力朝着柔性化、扁平化、虚拟化的方向发展。不少过去“大而全”、“小而全”的企业很难适应这种变化，这样企业的经营风险也随之增大。于是，为了在竞争中取胜，出现了“人力资源外包”这种能帮助企业提高效率、赢得竞争优势的新型管理模式。人力资源外包之所以在世界范围内兴起，具体说来主要源于以下几种动因：

1. 人事外包减少了分配在行政性、事务性、非经常人力资源活动上的专门的人力资源，从而降低人力资源管理的开支。在美国，一个典型的组织中，平均每年用在每个员工身上与人力资源管理事务有关的开支约为 1 500 美元，效率较低的公司这项开支是此数目的 2～3 倍。而行政性、事务性、非经常性活动的支出等占人力资源管理开支的相当大的一部分。对企业来讲，从专营业主那里获取人力资源方面信息和高质量的服务，远比企业自身拥有庞大繁杂的人事管理队伍更能节约成本和赢得对公司更大的价值，因为专营业主往往以较低的价格提供较佳的服务。

2. 人事外包能使组织把资源集中于那些与企业的核心竞争力有关的活动上。在激烈竞争的情势下企业没有过多的精力去关注于企业价值链的其他环节。对公司的如招聘员工、新员工培训、工资发放、人事档案管理等转交给社会上的专业服务公司或顾问人员，从而使这些活动尽可能少地干扰企业构建核心竞争力。

3. 外包能够帮助企业建立完善的人力资源管理制度。当企业的人力资源部门无力、不擅长或不便于满足某些要求时，将任务外包给社会上的专业服务公司或顾问人员无疑将是必然的选择。

4. 人事外包有助于企业留住优秀员工。人才安全问题已经成为企业人力资源管理过程中一个不可忽视的问题，如何留住关键性人才是企业发展所面临的最大挑战。优秀的 PEO 公司通常拥有人力资源管理各方面的专家，他们能够建立起一整套可以普遍适用于多家企业的综合性专业知识、技能和经验，为客户公司做更为有效的人力资源管理工作。这些外部工作者了解员工的需求，能够提高员工的综合待遇，从而增加员工满意度，员工流失率自然就会下降。

### 三、人力资源外包的作用

人力资源外包在相对长期保持有效的情况下，能够转化为企业的一种竞争优势。由于人力资源活动具有日常性、连续性、一致性特点，短期的人力资源外包项目虽然能满足企业一时的需要，暂时解决企业专业人员不够或专业能力不足的问题，但也会带来变动频繁，连续性或一致性不足，降低项目结束后同类工作成本效益等问题。而比较长期的人力资源外包项目如果能够有效进行的话，企业就可以比较放心地重构人力资源部门结构，减少人力资源职能人员，因此通常能够将低成本、高效率、高质量的人力资源服务转化为企业的一种竞争优势。同时，改造后的人力资源部可以利用外包所提供的时间资源，更多、更实在地关注对企业成功具有直接贡献的领域。人力资源职能人员的专业知识和专业能力也会因此得到重新组合和再开发，从而进一步提高人力资源活动的效益。

另一方面，在外包过程中，由于服务商承担了企业人力资源活动的某些风险和不确定性，比如遵守劳动法规和政府规章以及技术手段变化方面的风险或难以预料的情况，能在一定程度上降低企业人力资源活动的风险和损失。这对于生存在人力资源管理高度法制化和信息技术高度发达环境下的西方国家企业来说，具有非常现实的意义。实际上，面对人力资源管理领域的迅速发展变化，不少企业感到难以承受但又不得不去适应。因此，它们往往将人力资源外包作为"组成抵御风险托拉斯"的一个途径。

### 四、企业人力资源外包的现状分析

1. 企业人力资源外包的现状

(1) 外包实践起步晚，发展势头强劲，前景乐观

人力资源外包是舶来品，国内最早引入此项业务的是外企。与他们相比，虽然多数企业对人力资源管理职能外包还比较陌生，但在一些企业中已经开始外包人力资源管理部分职能。尽管国内企业还没有建立成熟的人力资源管理体系，但现代人力资源管理理念和方法在国内还是得到了较快发展。尤其是随着我国劳动人事工资制度改革的深入，迫切需要灵活用人方式的中小企业越来越钟情于人力资源外包服务。人力资源外包作为企业人力资源管理职能转变的方向，得到迅速的发展。根据国际数据集团的权威统计，2003 年全球外包服务开支突破 1 500 亿美元，而在中国的增长率为 15.1%。有调查显示在中国目前大约有 75%的本土公司还没有实施人力资源管理信息化解决方案，而人力资源外包这一概念还刚被引进不久，正处于起步阶段。同时，相当多的跨国公司、本土公司以及有关机构已经对其表现出浓厚的兴趣和关注度，可以说人力资源外包在中国具有广阔的市场前景。

(2) 服务商整体水平不高，服务单一，多以提供基础性服务为主

目前开展人力资源外包服务的主要是一些人才中介机构、人才市场，专业的人力资源服务机构较少，人力资源外包的内容主要有代办社会保障；代办劳动用工证；推荐人才；录用备案、合同鉴定；档案管理；跨地区人才引进；专业技术职称评定、申报；人事、劳动纠纷的代理办理等等。人力资源外包项目涉及面广，但以基础性业务为主。国内的人才服务机构发展突飞猛进，但是也带来了负面影响，如从业人员素质参差不齐、专业化程度不高等，加上一些机构的违规经营，使服务商的诚信度大打折扣。此外，专业从事人力资源外包服务的机构，从企业观念和区域差异来看，还有一定距离。

(3) 企业对人力资源外包褒贬不一

虽然说人力资源外包既可解决人力资源管理工作中繁琐的事务性工作，又可节约成本，但也有企业对人力资源外包持反对态度。他们认为如果太多地将企业内部的事情交由他人来办理并不合适，企业人力资源管理往往会牵扯到企业的秘密；而且，从员工发展角度来看，容易使企业人力资源管理人员的业务生疏。看来，人力资源外包业务要完全让企业接受还有一段时间。

(4) 立法滞后

人力资源外包业务作为一种新兴产业，相关部门还没有制定相应的政策法规来规范企业与外包服务商的行为，没有制定合理的人力资源外包服务收费标准，各服务商都是自行制定的价格，参照的价格都不一样。政府应当充当好"裁判员"角色，保证其健康有序发展。

(5) 人力资源外包风险

人力资源外包风险包括以下几个方面：企业自身能力约束的风险、企业员工及公众的反应风险、供应商的选择风险及企业文化沟通的风险。此外缺乏有效的监督机制监控外包商的行为和长期的稳定的信任合作关系也是企业开展人力资源外包业务的风险因素。

2. 对策与建议

(1) 发挥政府的积极引导作用

通过多种有效途径宣传人力资源外包这一新生事物，政府引导是人力资源外包得以健康发展的强劲推动力。人力资源外包作为一种新生事物，为社会所完全接受尚需较长时间。在当前我国大力健全和完善社会主义市场经济体制的情况下，政府部门要积极鼓励、支持、提倡人力资源外包这一新的管理模式，加大宣传推广人力资源外包的力度和广度，给进行人力资源外包的企业适当的优惠政策。

(2) 深化改革，培育外包市场

以深化国有企业改革为契机，大力培育人力资源外包市场，做大做强人力资源外包这块蛋糕，推动人力资源外包向深度专业化方向发展。从总的情况来看，人力资源外包市场的发育还很不成熟很不完善，具体表现为企业提供人力资源外包业务的外包服务商整体素质不高，多提供一些基础性服务工作。

(3) 制定价格指导线，加强诚信体系建设

目前，国内没有统一的人力资源外包服务收费标准，各服务商都是自行定价，各自参考的价格都不一样。对企业来说，收费标准还是其考虑外包与否的决定因素。另外，一些外包服务商的违规经营，也扰乱了正常的外包市场运营。为此，应制定统一的人力资源外包价格指导线，加强外包服务商严格自律，加强自身诚信体系建设。

(4) 提高外包服务商服务水平

以市场需求为导向，以提高服务质量为宗旨，开发多种形式的人力资源外包产品。人力资源外包产业还处在发展的初级阶段。从服务的行业结构上看，以中小型高科技企业为主；从服务类别来看，以基础性工作外包为主；从市场需求来看，以外企为主。人力资源外包品种少，外包服务范围较窄，这不利于人力资源外包的快速发展。

(5) 确定核心的人力资源管理职能

企业要加强自身人力资源管理体系建设，分析人力资源管理职能；现代企业人力资源管理部门的工作，应主要集中于人力资源发展战略的制定、人力资源管理制度体系的建设和对员工自我发展活动的专业性支持，履行参谋、激励、服务与咨询职责。把能够提供一体化能合并的人力资源管理环节予以尽可能的合并，可以将不创造价值却又是增值工作所必需的非增值性活动，通过成立人事公司或委托外包的形式予以剥离。

(6) 制定相关的政策法规

人力资源外包是我国劳动人事制度改革的必然产物，而且，从长远来看，人力资源外包具有良好的发展前景，是大势所趋。但是，目前，我国尚无相应的、完善的法律法规去规范猎头公司及外包行业的运作，尚无完善的劳动政策法规去协调企业、员工、外包服务商三方的关系和切实保护员工的权益。为了规范、维护人力资源外包市场秩序，国家必须尽快制定出台相关政策法规，用以明确企业、外包服务商、企业员工之间的权利义务，为人力资源外包这一新兴产业的发展壮大提供完善强大有序的法律保障。

(7) 注意人力资源外包中的风险管理

当我们把招聘、培训、考核、薪资等各个具体的操作内容外包出去时，往往会遇到许多问题，如招聘失败、新政策引起员工的不满、骨干人员离职等，这些事件会影响企业的正常经营。如何防范这些风险事件的发生或把风险损失降到最小，可以从人力资源外包的内容决策、人力资源外包供应商的合理选择、风险监控机制的建立和建立人力资源外包风险预警管理体系等方面进行风险管理。

(8) 注意企业特性对人力资源外包的影响

企业独特的人力资源策略、人力资源管理的战略相关性、积极的人力资源管理成果、提升的机会、需求的不稳定性和企业薪酬水平等等都会对人力资源外包产生深远的影响。以上几点，只是针对目前人力资源外包业务发展中存在问题的一些对策与建议。企业如何根据自身的实际情况进行有效的人力资源外包才是人力资源外包管理面临的最富有挑战性的问题。

## 五、人力资源外包内容的选择

根据国外许多企业的实践，证明以下人力资源活动适合于外包：

(1) 薪酬管理方面，如职位说明书编写，职位评价，薪资调查，薪资方案设计，对管理人员做薪资方案培训，薪资发放等。

(2) 人力资源信息系统方面，如建立计算机系统和维护技术性人力资源信息系统。

(3) 国际外派人员管理方面，如制作委派成本预算、委派信和有关文件资料，外派人员的薪酬和福利管理，对外派人员及其家属进行岗前引导培训等。

(4) 组织发展方面，如管理人员继任计划设计，向外安置人员，新员工岗前培训等。

(5) 遵守劳动法规方面，如向政府有关部门提供各种与雇佣及社会保障相关的数据和报告等。

(6) 人员配置方面，如寻找求职者信息，发布招聘广告，进行招聘面试，预筛选，测试，求职者背景审查及推荐人调查，开展雇员租赁等。

(7) 培训方面，如技能训练，基层管理人员培训，管理人员培训，安全培训，团队建设训练，计算机培训等。

而以下人力资源活动则更适合于在企业内部进行：

(1) 员工关系管理方面，如员工管理指导，仲裁与解决争端，劳动合同谈判（可以与律师一起进行），人员精简，沟通企业人力资源战略、政策和计划，员工职业发展管理，工作绩效评价等。

(2) 人事管理方面，如人事记录保管，雇员日常状态变化管理以及非技术性人力资源信息系统维护，现场人事档案管理等。

(3) 人力资源规划方面，如制订人员增长和扩展计划，制订人员精简计划，制订组织发展计划等。

## 六、人力资源外包方式的选择

(1) 全面人力资源职能外包

全面外包是指将企业的绝大部分人力资源职能包给服务商去完成的外包方式。这种方式对于中型和大型企业来说，可能会有问题，因为它们的人力资源活动不仅规模大，而且复杂程度高，在全面外包的情况下，要求服务商有很全面的系统管理能力，同时企业内部员工的沟通、协调工作量会很大。虽然全面人力资源外包可能是一个发展方向，但鉴于服务商的能力和企业对外包活动的控制力还在发育中，因此，中型和大型企业实行全面人力资源外包还有待时日。而对于小型企业来说，全面外包人力资源职能则比较容易，因为它们的人力资源职能相对简单。事实上，目前实行全面人力资源外包的主要是小型企业。

(2) 部分人力资源职能外包

这是目前最普遍采用的方式。企业根据自己的实际需要，将特定人力资源活动（如人员配置、薪资发放、福利管理等）外包出去，同时在企业内部保留一些人力资源职能。如果选择得当，能获得更好的成本效益。

(3) 人力资源职能人员外包

人力资源职能人员外包是指企业保留所有人力资源职能，但让一个外部服务商来提供维持企业内部人力资源职能运作的人员。这基本上是一种员工租赁方法。采用这类方法的企业常常要求外部服务商雇用他们现有的人力资源工作人员。

（4）分时外包

有些企业分时间段利用外部服务商。在这种情形下，由企业计划系统和设备的使用时间，由服务商提供技术人员，集中处理企业人力资源事务。这种做法看来比较经济，关键是要做好资源分配计划。

## 第二节　人力资源外包的实施

企业在实施人力资源外包时，要进行科学规划，有步骤地进行。具体讲，一个企业要实施人力资源外包，首先要有一个决策机构，要考虑一系列的战略问题，包括对哪些内容进行外包，选择什么样的外包服务商等。

### 一、成立人力资源外包的决策机构

成功的人力资源外包方案始于清晰的短期和长期的目的和目标。为了保证人力资源外包决策机构可以由企业内部不同部门（如人力资源部门、财务部门等）的人员组成，人数不一。一般由人力资源经理来担任该机构的负责人，负责主持有关外包问题的研究，寻找有关信息，起草外包项目计划书等。其中需要研究的最主要问题包括：外包内容的选择，外包方式的决策，外包服务商的选择，成本效益分析，整个外包过程的管理和控制。

### 二、人力资源外包内容的选择

1. 选择外包的内容

企业必须明确人力资源管理职能中，哪些是可以外包，而哪些是不适于外包，必须限制在企业内部进行的。这就涉及到对外包的定位问题：人力资源外包一个很重要的作用就是使企业的人力资源管理人员从日常琐碎工作中解放出来，释放更多的时间和精力来从事战略性的工作。试图把人力资源的所有职能，特别是战略性职能全部外包是不现实的。理性的做法应当是将事务性的工作，如工资发放、档案管理等外包出去，而将人力资源管理人员的精力更多地投入到具有战略意义的核心职能，如人力资源战略制定、人力资源规划等工作中。

2. 做好外包之前的准备

在进行外包之前，特别是如薪酬考核方案、人力资源制度设计等要求人力资源管理变革的外包项目之前，企业应当做好几方面的准备：首先，应当做好对员工的宣传工作，营造变革的气氛，保证服务实施的效果；其次要在内部管理流程方面进行优化，为外包服务的实施搭建顺畅的通道。这就要求企业高层管理人员在进行外包的决策之后，做好内部的功课，完善内部管理，转变人员思想观念，从领导者的层面保障服务的顺利实施。

3. 选择外包服务商

对服务商的选择，除了价格外，应当从公司实力、客户群体、专业背景、客户口碑等方面综合了解，针对所要进行外包的内容，选择专业可靠的服务商。特别是客户口碑，作为在传统的信息渠道的补充非常有帮助。通过曾与服务商合作过的客户的反映，可以更加客观地了解该服务商的水平资质。企业的项目负责人（通常是人力资源部专人负责）必须在服务机构调研、选择时考虑周全，尽量选择实力雄厚、公司历史较长、有丰富的本行业企业服务经验、在合作的内容上具有专长以及客户评价良好的服务商。在与服务商签订合同时，也要特别注意考虑来自服务商方面的风险问题，在外包项目预期效果、阶段考核、信息安全、损失赔偿等方面的条款应当明确详细。

4. 明确人力资源部门在外包过程中的职责和定位，保证过程的参与和监控

虽然外包可以把人力资源部门从日常事务中解放出来，但是企业人力资源管理人员在外包过程中的参与和监控绝不可以忽视。不断地参与，可以保持和提升企业自身的人力资源管理能力，使人力资源管理者从外部专业机构的交流中提高自身的业务水平，避免人力资源职能的边缘化，同时更好地行使其战略方面的职责，而且这种学习的机会也可以提高人力资源部门员工满意度，减少人员流失。更重要的是，作为与外包服务机构接触最为密切频繁的部门，人力资源部门要承担起对服务的监控和评估职能。由于大多数信息资料都是由人力资源部披露给服务商，在信息安全的保障方面，人力资源部门应当与相关部门进行协作，建立起文件管理和信息安全保障机制，避免机密信息的外泄。

总之，人力资源外包本质上虽然是把繁琐复杂的工作交给服务机构处理，从某种程度上减轻了企业管理者及人力资源部门的负担，但是要保证服务的效果并且规避服务过程中的风险，需要进行充分的计划、准备工作，并且要求企业管理者、人力资源部门及全体员工在外包的前、中、后期承担起相应的责任。当然，随着人力资源外包服务行业在国内的发展，规范程度的提高和企业对外包服务的理解认识的不断加深，文中提到的一些风险将会随之减弱，企业应对风险的能力也会逐渐加强，人力资源外包服务的积极效用将会进一步显现。

## 三、人力资源外包服务商选择的途径

一般来说，企业寻求人力资源外包服务商的途径主要有以下三种：

1. 普通的中介咨询机构

他们从事的业务范围很广泛，人力资源管理外包仅仅是其诸多业务中的一项，企业可以把人力资源管理的某项工作（如员工档案管理、员工培训、福利制度、劳动关系等）完全交给他们去承担。如我国有些地区的人才服务中心、

人才开发有限公司等，他们从事中高级人才交流服务与咨询策划，提供办理各种琐碎的录用（退工）办理、异地人才引进、统筹保险、工伤生育申报等各种人事、劳动手续、办理人事档案保管等。

2. 专业的人才或人力资源服务机构

在美国出现了各种“临时雇佣”公司和专业的PEO（professional employer organization）公司，这些公司为客户提供有关工资、福利、员工档案、招聘、录用、培训等管理方面的工作并提供相关报告等，是为企业提供人事方面的服务的专业机构。英法等国新近出现的“快速人员服务公司”就是专门提供企业人力资源外包服务的机构。国际盛行的“猎头”公司，也属于这类公司。

目前市场上出现的薪酬报告供应商就是专门从事薪资调查，为企业提供薪酬报告和人事咨询的专门人力资源服务机构。这类薪酬报告供应商主要有三类：一类是老牌跨国专业人力资源咨询机构，如翰威特（Hewitt）、美世（Mercer）和惠悦（Watson Wyatt）等，提供主要针对外企和大型国企的城市调查报告。其报告重点在分析一些大型企业集团的薪酬体系，数据来源为参与调查的外企和国内大型企业集团人力资源部。报告价格按城市分从3 000元人民币到20 000元人民币不等。第二类是近几年崛起的国内人力资源服务提供者，如前程无忧、北京太和（BeijingFesco）、中华英才网等。他们的薪酬报告各具特色，数据来源和取样差别较大，价格标准也各不相同。第三类供应商是一些尝试学习前述跨国咨询机构模式、规模较小的咨询公司，他们希望以薪酬调查为切入点，重点在于提供人事咨询。由于规模原因，他们一般只集中在个别行业，针对性强，但服务的客户面较窄。

3. 高等院校、科研院所的人力资源专家或研究机构

他们可以为企业出谋划策，比如对员工的绩效评估体系、薪酬体系的设计等。

上述三类外包的方式不是各自孤立、互不相容的，在企业具体的人力资源操作中，可以整合三方面力量，共同组成“智囊团”，合力完成外包工作。

## 四、人力资源外包管理的模式选择

人力资源外包管理模式选择，首先要考虑企业自身的实际，同时要考虑企业所面临的内外环境等因素及其变化趋势。一般来说，企业实施人力资源外包管理可供选择的模式主要有以下几种：

1. 部分业务外包模式

部分业务外包模式或称专项业务外包模式，这是目前普遍采用的模式。企业根据自己的实际需要，将一项完整的人力资源管理职能工作的一部分（如人员配置、福利管理）外包出去，其他部分继续由本企业人力资源管理部门负

责。这种外包模式有利于企业根据自己在人力资源管理职能中的优劣势采取适宜的外包模式，且容易把握和达到外包目的。

2. 整体业务外包模式

整体业务外包模式也称一条龙外包模式，就是将一项完整的人力资源管理职能工作全部外包出去，企业人力资源管理部门不再履行此项管理职能，只是作为联络者、协调者和受用企业的代表。这种外包模式有利于打破企业内部原有的管理格局，尽可能消除人为因素的影响，可以提高一些专项的人力资源管理职能的效果。但这种模式的选择需要有良好的外部服务环境，需要对外部服务提供机构进行深入的调研和抉择。

3. 复合业务外包模式

复合业务外包模式也称为综合业务外包模式。企业根据实际需要，将多项人力资源管理职能工作外包出去。既可将多项外包业务交给同一服务提供机构，也可外包给不同的服务提供机构。同时，既可是某些职能管理的整体外包，也可是某些职能管理的部分业务外包。这种模式需要社会上有健全的人力资源服务提供机构，完善的管理制度和服务体系，且能够大大减轻企业人力资源管理的各种压力和矛盾，使企业人力资源管理部门有更充足的时间关注于战略性、前瞻性和宏观管理等方面的一些重大问题的研究和决策。

**本章小结**

人力资源外包是人力资源管理发展的一个趋势，通过本章的学习，我们了解到了人力资源外包的内涵和处延，更重要的是，我们掌握了人力资源外包的基本流程。而且，我们也了解到了人力资源外包中的一些技巧，等等。

**复习与思考**

一、名词解释

人力资源外包

二、填空

1. 人力资源外包能使组织把资源集中于那些与企业__________有关的活动上。

2. 人力资源外包的方式有__________，__________，__________，__________。

三、选择

1. 人力资源外包的作用有（　　）

A. 转化为企业的一种竞争优势　　B. 风险分担

2. 人力资源外包的方式有（　　）

A. 全部外部　　B. 部分外包　　C. 人员外包　　D. 分时外包

四、判断

1. 人力资源外包的立法是超前的　　（　　）

2. 人力资源外包可以让企业规避风险　　（　　）

五、简答

1. 人力资源外包的途径有哪些?

2. 人力资源外包的程序是怎样的?

六、论述

1. 人力资源外包的风险管理该怎样进行?

2. 人力资源外包的发展趋势是什么?

七、案例探讨

AWP公司是一个拥有将近3 000名员工的制药公司，总部设在休斯敦，并在亚利桑纳和科罗拉多设有分公司。20多年来，AWP公司人力资源管理一直由总部统一管理。去年，AWP收购了得克萨斯州的两家制药厂之后，员工对福利保险管理系统和薪酬管理模式有很多疑问，公司人力资源部的日常工作量陡增，人力资源工作人员也有怨言。在公司高级经理办公会上，公司首席行政执行官杰克逊对人力资源副总裁戴西说，购并后，我们要用创新思路来设计人力资源工作，包括人力资源部的工作重点和人员结构。目前的人力资源部人员还应当减少，而且还要提高工作效率。我听说有的公司委托顾问公司管理一些人力资源工作，效果不错。你要负责尽快提出解决方案。会后，戴西进行了一些调查和研究，提交了一份外包某些人力资源职能的建议报告，得到了CEO的认可。

案例讨论：

1. 戴西在什么范围进行了什么调查?

2. AWP公司的人力资源部会发生哪些变化?

3. AWP公司的人力资源外包方案应包含什么要点和内容?

4. 如果你是戴西，你会如何组织AWP公司的人力资源外包工作?

# 参考文献

[1] 余凯成主编．人力资源开发与管理．北京：企业管理出版社，1999

[2] 李宝山主编．管理经济学．北京：企业管理出版社，1999

[3] 徐二明编著．企业管理战略管理．北京：中国经济出版社，1998

[4] 李春苗．企业员工培训现状．中国企业人力资源管理调查报告，2004（20）

[5] 朱耘主．2005 中国企业普通员工培训现状．中国人力资源开发网，2005.9.7

[6] 李滩奇．2005 中国企业培训现状调查．中国人力资源开发网，2005.9.7

[7] 王克岭．中小企业人力资源开发与管理创新．经济问题探索，2005（2）

[8] 钱振波．全方位培训成果的转化．中国人力资源开发，2005（3）

[9] 胡君辰，郑绍濂主编．人力资源开发与管理．上海：复旦大学出版社，1999

[10] 张一弛编著．人力资源管理教程．北京：北京大学出版社，1999

[11] 黄维德，董临萍编著．人力资源管理．北京：高等教育出版社，2000

[12]（美）劳伦斯·克雷蔓著．孙非等译．人力资源管理．北京：机械工业出版社，2003

[13] Wayne F. Casio，Managing Human Resources，(McGraw－Hill，1986)

[14] Cynthia D. Fisher，Lyle F. Schoenfeldt，and James B. Shaw，Human Resource Management，(Houghton Mifflin Company，3th edition)．

[15] Gary Dessler，Human Resource Management，(Prentice－Hall International，Inc. 1997)．

[16] George T. Milkovich/John W. Boudreau，Human Resource Management，(Richard D. Irwin，1994)．

[17 ] George T. Milkovich/Jerry M. Newman，Compensation，4th edition (Homewood，IL.：Richard D. Irwin，1993)．

[18] John M. Ivancevich，Human Resource Management，7th edition (McGraw－Hill，1998)．

[19] Lawrence S. Kleiman，Human Resource Management：A Tool for Competitive Advantage，(West Publishing Company，1997)．

[20] Randall S. Schuler，Managing Human Resources，(West，1995)